끌리다
거닐다
홀리다

예술가를 매혹시킨 도시

끌리다 거닐다 홀리다

이태훈 글·사진

21세기북스

Prologue

예술가의 흔적을 찾아서
떠난 여행

　예술가의 흔적을 찾아 떠났던 여행들이 10여 년 만에 책으로 만들어져 세상 밖으로 나왔다. 늘 예술가들의 작품을 감상만 하다가 우연찮게 레오나르도 다 빈치가 임종을 맞은 클로뤼세를 방문하면서부터 예술가에 대한 삶의 자취를 찾아가는 여행이 시작되었다.

　이 책에 소개된 19명의 예술가들은 "인생은 짧고 예술은 길다"라는 명언을 증명하듯, 길게는 500년 전부터 짧게는 수십 년 전까지 인류 역사에 소중한 발자취를 남긴 사람들이다. 중학교 미술 시간에 작가의 이름도 제대로 모른 채 그림이 신기해 무작정 따라 그린 피카소의 작품부터, 고등학교 음악 시간에 시험으로 치렀던 모차르트와 베토벤의 음악들은 내 삶의 자양분이 되었다. 그러던 내가 어른이 되어서 그들의 삶의 흔적을 좇는 여행가가 될지는 미처 몰랐다.

　예술가들의 삶과 그들이 남긴 작품들은 동서양의 시공간을 달리하며 우리들의 일상생활에 깊숙이 들어와 있다. 눈을 떠서 눈을 감을 때까지 우리는 예술가들이 피땀으로 일궈놓은 다양한 미美를 감상하며 자신도 모르게 영향을 받고 있다. 지하철이든 카폐든 장소에 상관없이 늘 그들의 음악이 울려 퍼지고, 수백 년이 훌쩍 넘은 책들이 표지만 바뀐 채 변함없이 마음의 양식이 되고 있다.

예술의 보편적 미는 인간의 감성·철학·종교 등 다양한 학문을 기반으로 탄생했기 때문에 누구나 공감하고 사랑받는 형이상학의 실체다. 우리는 눈으로 볼 수 없고, 손으로 만질 수 없는 미에 매료되어 끊임없이 예술을 통해 자신의 의식과 마음을 정화시키려 한다. 바로 이것이 진정한 예술가들이 꿈꾸는 보편적 미의 진정성일 것이다. 그래서 나는 보편적 미에서 절대적인 미의 경지에 오른 예술가들의 삶을 좇으면서 지형과 날씨 그리고 후원자들에 따라 음악과 문학, 그림 등이 서로 다르게 발전하는 이유를 조금이나마 알게 되었다.

섬나라인 영국과 아일랜드는 노벨 문학상 수상자들이 많이 배출된 만큼 문학의 본고장이라고 해도 과언이 아니다. 세계 최고의 문호인 윌리엄 셰익스피어, 최초의 여류 작가 제인 오스틴, 세계 최초의 판타지 소설을 쓴 루이스 캐럴, 사뮤엘 베케트, 제임 조이스 등 이루 셀 수 없을 만큼 훌륭한 문학가가 섬나라에서 나왔다.

영국에서 도보해협을 건너면 프랑스와 벨기에로 갈 수 있는데, 바다를 건너는 순간 문학의 명성은 사그라지고 위대한 화가들이 등장한다. 고전주의를 대표하는 벨기에 출신의 루벤스와 초현실주의의 꿈을 그린 르네 마그리트 그리고 인상주의를 대표하는 반 고흐와 빛의 마술사 렘브란트가 네덜란드에서 태어나고 자랐다.

벨기에서 기차로 몇 시간이면 도착하는 파리. 이곳은 화가들의 영원한 안식처다. 폴 고갱, 마네, 모네, 느와르 등 프랑스를 대표하는 인상주의 화가들과 천재라 불리는 스페인 출신의 파블로 피카소가 젊은 시절부터 파리를 중심으로 활동했고, 이탈리아 출신의 대표적인 천재, 레오나르도 다 빈치가 프랑스에서 삶을 마감했다.

다시 프랑스에서 동쪽으로 가면 유럽에서 가장 아름답고 험준한 몽블랑이 터줏대감처럼 버티고 서 있다. 알프스 산악지대를 벗어나면 스위스, 독일, 오스트리아 등 독일 문화권과 만난다. 독일 문화권은 문학이나 그림보다 음악이 훨씬 발달한 곳이다. 하이든, 바흐, 모차르트, 베토벤, 슈베르트 등 서양 음악사에 한 획을 그은 음악가들이 바로 독일 문화권에서 배출되었다.

이처럼 유럽의 예술은 지형에 따라 서로 다르게 성장했다. 무슨 이유로 영국은 문학, 프랑스는 그림, 독일은 음악이 발전했는지 구체적으로 알 수는 없지만, 그 당시 예술가들을 후원한 왕족이나 귀족들의 삶과 이들의 작품이 궤적을 같이 한다는 사실에서 작은 실마리를 찾을 수 있다.

영국은 개인적 작업이 가능하고 별다른 후원 없이도 혼자 글을 쓰는 문학이 발달했고, 프랑스는 유럽의 3대 왕족인 부르봉 왕가의 막대한 지원과 후원으로 회화 부문에서 많은 화가들이 두각을 나타냈으며, 독일 문화권은 오스트리아의 합스부르크 왕가의 절대적인 도움으로 수많은 음악가들이 궁정을 중심으로 활동했다.

왕가의 권력과 부는 곧 화려한 궁전의 탄생으로 이어졌다. 이것은 궁전 내부를 장식할 많은 조각과 그림이 필요했고, 또한 왕족과 귀족들의 만찬이 있을 때마다 음악이 필요했다는 것을 의미한다. 따라서 프랑스의 부르봉 왕조, 오스트리아의 합스부르크 왕가, 러시아의 로마노프 왕조 등은 그림과 음악에 있어서 아낌없는 지원으로 세계에서 가장 화려하고 아름다운 예술을 탄생시키는 든든한 후원자가 된 것이다.

물론 음악, 미술, 문학 등 모든 예술 분야에서 훌륭한 예술가들을 배출한 이탈리아도 예외는 아니다. 이탈리아는 그림과 음악에 있어서 세계 최고의 수준을 자랑하는 르네상스가 있다. 그 뒤에는 우리도 잘 알고 있는 피렌체의 메디치 명문가가 있다.

이 책은 예술가들의 삶과 여행을 테마로 삼았다. 그러다 보니 예술가들의 작품을 분석하거나 작품의 배경과 관련한 지식은 조금 부족하다. 그 부족함은 독자들의 몫으로 남기고 싶다. 자신이 좋아하는 예술가들의 흔적을 더듬으며 그들의 작품 세계로 깊이 빠져보길 진심으로 바란다.

프란츠 리스트의 음악과 커피 한 잔으로
아쉬운 가을을 위로하며 몇 자 남깁니다.
2011년 가을, 광화문에서
이태훈

Contents

Part 1. 그림의 향기에 끌리다

벨기에 안트베르펜 12
네로와 파트라슈의 영혼의 안식처 _ 파울 루벤스

벨기에 브뤼셀 26
상식에 대한 도전 _ 르네 마그리트

네덜란드 레이던, 암스테르담 40
풍차를 사랑한 빛의 마술사 _ 렘브란트

프랑스 앙부아즈 54
요리를 즐기는 천재의 아이콘 _ 레오나르도 다 빈치

타히티 70
열대의 섬 타히티에서 만난 열정 _ 폴 고갱

스페인 말라가 90
욕망을 불태운 어릿광대 _ 파블로 피카소

스페인 마드리드 110
피카소가 존경하고 스페인이 사랑한 화가 _ 프란시스코 고야

체코 체스키 크룸로프 124
보헤미아 숲에서 만나고 싶다 _ 에곤 실레

Part 2. 문학의 숲을 거닐다

영국 스트랫퍼드어폰에이번 144
언어의 마술사 _ 윌리엄 셰익스피어

영국 옥스퍼드 162
이상한 나라에서 만난 사진 찍는 동화작가 _ 루이스 캐럴

영국 바스, 초턴 178
오만과 편견의 도시에서의 만남 _ 제인 오스틴

독일 칼프 196
수레바퀴 아래서 만난 은둔자 _ 헤르만 헤세

체코 프라하 214
우울한 열정의 지성 _ 프란츠 카프카

영국 호수지방 232
호수지방의 안개처럼, 무지개처럼 _ 윌리엄 워즈워스

Part 5. 음악의 마법에 홀리다

독일 본 250
불멸의 연인에게 보내는 비밀 편지 _ 루트비히 판 베토벤

폴란드 바르샤바 266
한여름 밤의 즉흥환상곡 _ 프리데리크 프랑수아 쇼팽

오스트리아 잘츠부르크 284
열정과 환희로 세상을 점령한 _
볼프강 아마데우스 모차르트

헝가리 쇼프론 306
사랑의 상처를 품은 풍운아 _ 프란츠 리스트

슬로베니아 피란 322
바이올린 선율로 아드리아 해를 울린 _
주세페 타르티니

Part 1.

그림의
향기에
끌리다

페테르 파울 루벤스 · 안트베르펜 | 르네 마그리트 · 브뤼셀
렘브란트 판 레인 · 레이던, 암스테르담 | 레오나르도 다 빈치 · 앙부아즈 | 폴 고갱 · 타히티
파블로 피카소 · 말라가 | 프란시스코 고야 · 마드리드 | 에곤 실레 · 체스키 크룸로프

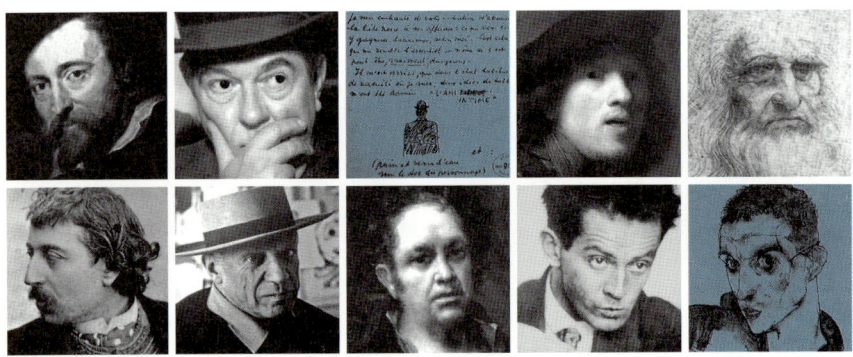

벨기에 안트베르펜
Belgium Antwerpen

네로와 파트라슈의
영혼의 안식처
파울 루벤스

플랑드르Flandre를 대표하는 화가 페테르 파울 루벤스Peter Paul Rubens의 삶의 흔적을 찾아가기 위해서는 벨기에 안트베르펜 Antwerpen으로 가야 한다. 수도 브뤼셀Brussel에서 북쪽으로 41킬로미터 정도 떨어진 곳에 루벤스의 아틀리에이자 그가 평생을 보낸 '루벤스 하우스'가 있다. 시대를 달리한 건축물들이 빨랫줄에 매달린 빨래처럼 어깨를 나란히 하고 있는 이곳의 첫인상은 루벤스의 작품처럼 화려하면서도 귀족적인 분위기가 넘쳐난다.

유럽에서 네 번째로 큰 무역항이자 벨기에에서 브뤼셀 다음으로 큰 안트베르펜은 루벤스의 고향이며, 그의 마르지 않는 예술적 영혼이 강물처럼 도시를 휘감는 곳이다. 어릴 적 누구나 한 번쯤 읽어봤음직한 《플랜더스의 개》의 배경이 된 곳이기도 한 이 도시는 그래서인지 우리에게도 익숙하다. 영국의 작가 위다Ouida의 작품이 아니더라도, 일요일 아침마다 방송되던 미야자키 하야오의 만화영화 〈플랜더스의 개〉는 누구나 기억할 것이다.

이 작품의 주인공인 네로와 그의 친구 파트라슈가 루벤스의 작품인 〈십자가를 세움 *The Elevation of the Cross*〉〈십자가에서 내려옴 *The Descent from the Cross*〉밑에서 죽어간 모습은 수십 년이 지난 지금도 우리의 기억 속에 아련하게 남아 있다. 비록 네로처럼 그의 작품에 열광하지는 않았지만, 플랑드르 출신이자 바로크 화가의 거장인 루벤스의 작품 세계의 원천을 한 번쯤은 꼭 여행하고 싶었다.

사실 루벤스는 네로나 파트라슈 말고도 우리나라와 큰 인연이 있는 화가다. 지난 1983년 11월 29일 런던 크리스티 경매장에서 드로잉 경매 사상 최고 가격인 32만 4000파운드에 팔린 〈한복 입은 남자 *A Man in Korean Costume*〉가 바로 루벤스가 그린 작품이다. 작품에 등장하는 동양인은 조선 시대 무관공복의 일종인 우리의 한복을 입고 있다. 어떻게 해서 루벤스가 한국인을 모델로 그림을 그렸는지 정확한 배경은 알 수 없으나, 그가 이탈리아에서 8년간 유학하는 동안 한국인을 만났을 것으로 추측된다. 400여 년 전에 이미 루벤스는 동양의 작은 나라에서 온 한국인을 멋지게 그려냈고, 그런 이유로 루벤스는 우리에게 아주 친숙한 화가다. 물론 〈한복 입은 남자〉라는 작품 때문만은 아니다. 플랑드르 최고의 화가

루벤스,
〈한복 입은 남자〉

가 한국인을 그렸다는 이유로 우리는 그의 작품 세계를 주목하는 것이다.

한복 입은 남자, 플랜더스의 개, 루벤스 등의 이름을 제외하면 안트베르펜은 우리에게 다소 낯선 이름이다. 하지만 이곳은 빈센트 반 고흐와도 많은 인연을 가진 도시다. 1885년부터 반 고흐는 동서양의 문화가 교차하는 이곳에서 자신의 미술관을 확립시키고 화풍을 만드는 데 노력했다. 중세의 우아한 기품과 동양에서 건너온 오리엔트 문화에 관심을 갖게 된 반 고흐는 일본 판화와 도자기에 많은 관심을 보였다. 〈오이란 *Japonaiserie-Oiran*〉, 〈자두나무 *Japonaiserie-Pruniers en Fleurs*〉 등의 작품이 일본 그림의 영향을 받아 그려진 것들이다. 일본풍의 그림 이외에도 고흐는 이 도시의 자랑이자 벨기에 최고의 화가 루벤스 그림에 몰두하게 된다. 시간이 날 때마다 루벤스 그림을 모사하며 루벤스의 화려한 색조에 유난히 관심을 가졌다.

이 도시를 너무나도 사랑한 고흐는 아예 이곳의 한 미술 아카데미에 등록해 체계적인 미술 수업을 받고자 했다. 하지만 그의 괴팍한 성격과 신경과민증 그리고 그림 솜씨가 썩 좋지 않다는 이유로 3개월만에 아카데미에서 퇴원 조치를 당한 후 고흐는 파리로 떠난다. 파리로 돌아온 그는 안트베르펜을 잊지 못해 〈배가 정박해 있는 안트베르펜 부두 Quayside with Ships in Antwerp〉라는 그림을 그리며 향수에 젖곤 했다. 루벤스의 흔적을 느끼기 위해 찾았던 안트베르펜에서 서양 미술사에 한 획을 그은 반 고흐의 젊은 시절 열정을 함께 만날 수 있는 것은 또 하나의 행운이다. 모든 예술가들처럼 자신의 작품과 이름만 남기고 떠난 안트베르펜에는 거장들의 예술적 영혼이 머물러 있다.

인구 47만 명의 도시 안트베르펜은 과거의 명성과는 달리 규모가 그리 크지는 않다. 스헬데 강 하구에 자리한 이곳은 이탈리아의 베네치아나 피렌체, 네덜란드의 암스테르담처럼 상업과 무역의 중심지로 성장한 도시다. 문헌에 의하면 2세기 때부터 사람들이 살기 시작했으며, 9세기부터 노르만의 요새가 있었다고 한다.

13세기 들어 브라반트 공작, 플랑드르 백작 등의 통치를 받으며 이때부터 유럽의 문화와 예술을 꽃 피울 수 있는 배경을 마련했다. 15세기부터 본격적으로 유럽에서 큰 위상을 차지하며 상업적으로 대성공을 거둔 안트베르펜에 1531년 유럽 최초의 주식 거래소가 생겼다. 안트베르펜은 유럽 최고의 무역항으로 발전한다. 이런 역사적 배경을 품고 있는 이곳은 도시 전체가 천장 없는 박물관을 연상케 할 만큼 르네상스 양식과 고딕 양식, 바로크 양식 등의 건축물들이 고풍스러운 도시 분위기를 만들고 있다.

중세풍의 중앙역을 빠져나오면 저 멀리 파란 하늘 위로 힘차게 솟아오른 123미터 높이의 노트르담 대성당의 첨탑이 눈에 들어온다. 지도 한 장 없이도 저곳이 바로 루벤스의 영혼이 살아 숨 쉬는 대성당임을 한눈에 알 수 있다. 이 도시의 랜드 마크인 성당의 첨탑을 바라보며 10여 분 정도 걸으면 구시가지의 중심이자 안트베르펜의 상징인 대성당의 웅장하고 위엄 있는 자태를 감상할 수 있다. 성당 앞 광장에는 아침 햇볕을 받으며 커피를 마시는 사람, 아름다운 사랑을 속삭이는 연인, 성당을 배경으로 사진을 찍는 사람 등 제각기 다른 목적의 사람들이 가득하다. 특히 광장 중심에 서 있는 루벤스 동상은 시민들의 안식처이자 만남의 장소다.

동상 앞에는 루벤스의 열정이 스민 대성당이 터줏대감처럼 버티고 서 있다. 벨기에에서 가장 큰 고딕 양식의 이 대성당은 1352년에 착공되어 1521년에 완성되었다. 높이 123미터, 너비 117미터의 대성당은 안트베르펜의 고난스러웠던 역사와 함께한 곳이다. 성당이 완성되자마자 화재가 나고 1565년과 1581년에는 성상 파괴자의 횡포로 교회가 심하게 파손 되었으며, 1794년에는 프랑스혁명 주동자들이 성당을 붕괴하고 많은 가구와 미술품을 프랑스인들에게 팔았다. 또한 제2차 세계대전 당시에는 연합군의 본부로 사용되는 등 중세부터 근세까지 대성당은 안트베르펜의 슬픈 역사와 함께 했다. 그래서 시민들은 역경을 딛고 자신들과 함께 살아온 성당을 아끼고 사랑해 마지않는다.

은은한 오르간 소리가 나지막이 울려 퍼지는 성당 내부로 들어서면 눈부시게 빛나는 루벤스의 작품과 스테인드글라스가 사

루벤스의 영혼이 살아 숨 쉬는 노트르담 대성당

람들의 눈길을 자극한다. 아마 이곳을 방문한 대부분의 사람들은 성당에 걸린 루벤스의 작품을 보기 위해서일 것이다.《플랜더스의 개》의 네로처럼 루벤스를 좋아하는 사람들은 그의 위대한 작품이 걸린 노트르담 대성당을 종교적인 장소보다는 마치 미술관처럼 여기며 방문한다. 집채만 한 크기의 그의 작품은 성당 내부를 더없이 우아하고 고급스러운 분위기로 만든다. 벨기에의 7대 보물 중 하나라고 평가받는 루벤스의 〈십자가를 세움〉과 〈십자가에서 내려옴〉을 실제로 볼 수 있다는 그 자체만으로도 엄청난 감동이다.

이 작품은 안트베르펜의 시장이자 길드 조합장이었던 니콜라

안트베르펜 성당에서 〈십자가에서 내려옴〉을 감상하는 사람들

스 로콕스의 요청으로 그려졌다. 프랑스 뤽상부르 궁전의 21면에 그려진 연작 벽화 〈마리 드 메디치의 생애 *The Life of Marie de Medici*〉라는 작품과 함께 이 작품들은 바로크 회화의 최대 걸작으로 손꼽힌다. 이 중에서 〈십자가를 세움〉은 원래 성 발부르가 교회를 위해 루벤스가 그린 것이다. 그러나 이 작품은 나폴레옹 군대가 침략해 프랑스로 가져갔고, 그의 망명과 더불어 벨기에가 네덜란드로부터 독립하면서 지금의 안트베르펜 대성당에 놓이게 되었다. 성당 안에는 이 작품들 이외에도 〈면직 *Deposition*〉 〈거만 *Assumption*〉 〈성모승천 *Assumption of the Virgin*〉 등의 작품이 더 있다. 특히 중앙 돔 천장에 그려진 〈성모승천〉은 루벤스가 바로크 화가의 거장임을 제대로 알려주는 작품이다.

평일인데도 불구하고 성당 안은 발 디딜 틈 없이 많은 사람들로 북적이다. 시간에 쫓겨 아주 잠깐 루벤스의 작품을 감상하고는 아쉬운 발걸음을 옮기는 여행자들과 달리, 미술 수업을 나온 현지의 청소년들은 여유롭게 성당 바닥에 주저앉아 그의 그림에 대해 느낀 점을 쓰거나 모사를 하기도 한다. 진지하게 진행되는 저들의 미술 수업이 무척이나 부럽다. 종교화, 인물화, 풍경화 등 다양한 장르에서 플랑드르 고유의 특성을 뽐낸 루벤스를 만나고 나면 동화 속의 네로처럼 마냥 기쁘고 행복해진다.

　미술관에서 열심히 공부한 학생처럼 마음 한구석이 뿌듯해지는 성당 여행을 마치고 발걸음을 옮겨 성당 바로 뒤에 있는 길드 하우스로 향한다. 길드 하우스는 과거 이 도시가 얼마나 부흥했는지를 간접적으로 말해주는 곳이다. 브뤼셀의 그랑플라스에 있는 길드 하우스만큼이나 규모 면에서도 뒤지지 않는다. 길드 하우스와 시청사로 둘러싸인 그로트 광장 중심에는 브라보 동상이 서있다. 거인의 팔을 잘라내 스헬데 강으로 던졌다는 전설을 바탕으로 만들어진 브라보 동상은 안트베르펜의 또 하나의 볼거리다. 광장 중심에 브라보 동상 분수가 있고, 주변으로 카페와 레스토랑 그리고 아기자기한 기념품 가게 등이 있어서 편안하게 쉬거나 가벼운 쇼핑을 즐길 수도 있다. 루벤스 역시 성당에서 그림을 그리다가 예술적 영감이 떠오르지 않을 때면 이 광장을 서성거리거나 카페 어딘가에서 몸과 마음을 쉬어가지 않았을까 생각해본다.

　예술 작품을 감상하는 우리야 작품에 대해 쉽게 논하거나 평을 하지만, 그 작품을 만들어내는 예술가들의 창작 활동은 그야말로 뼈를 깎고 피가 마르는 고통이 수반되는 행위다. 예술은 행동으로 보여주는 행위이지 말로 설명하는 것이 아니지 않은가.

　돌 위에 오랫동안 앉아 있으니 엉덩이가 너무 차가워, 다시 신발 끈을 조여 매고 도시를 가로지르며 과거에 부와 명성을 누렸던 스헬데 강으로 발길을 옮긴다. 시원한 강바람이 너울너울 춤

그로트 광장에 있는 브라보 동상

을 추는 이 강변은 이곳 시민들의 삶의 휴식처다. 과거 이 강을 통해 수많은 무역선이 오갔고 그와 함께 동서양의 문화도 교차되었다. 지금은 제2차 세계대전으로 인해 강 주변에 현대식 건물과 크레인 등이 들어서 있지만, 과거에는 길드 하우스와 같은 고풍스러운 중세 건축물들이 강을 따라 들어서 있었을 것이다. 이제 이 강가에는 스틴 성이라고 불리는 해양박물관만이 남아 과거의 화려함을 짐작케 할 뿐이다.

 파란 하늘과 맞닿은 강 위로 하얀 궤적을 그리며 지나가는 배를 바라보노라면 수없이 이 강가를 배회하며 그림에 대한 구상이나 열정을 다스렸을 루벤스가 떠오른다. 그리고 나도 그처럼 이 아름다운 풍경을 그림으로 옮길 수 있다면 얼마나 좋을까 하는 어린아이 같은 생각을 해본다. 루벤스와 고흐는 강바람과 가끔씩 지나가는 배 그리고 갈매기들이 춤을 추고 노래하는 이 모습을 멋진 풍경화로 옮겼다. 스헬데 강이 이곳 시민들에게 더없이 중요한 장소이듯이 예술가들에게는 힘의 원천이 되는 곳이다. 끊임없이 흐르는 강물처럼 용솟음치는 루벤스의 열정은 수백 년이 지난 지금도 이 강물 위에 머물러 있는 듯하다.

대성당과 광장 그리고 스헬데 강에서 루벤스의 흔적을 조금이나마 느꼈다면 이제부터는 본격적으로 그의 예술적 영혼과 뜨거운 열정이 집약된 그의 아틀리에 '루벤스 하우스'로 가보자. 중심가인 메이르 거리에 있는 그의 집은 이 도시에서 가장 화려하면서도 귀족적인 분위기를 풍긴다. 1611년 루벤스가 마련한 이 집은 아름다운 정원과 우아한 분위기가 특징이다.

대부분의 화가들이 가난과 굶주림으로 많은 시간을 보냈지만 루벤스는 궁정 화가로서 또 플랑드르를 대표하는 화가로서 비교적 풍족한 생활을 했다. 집과 아틀리에로 사용된 루벤스 하우스는 잘생긴 그의 초상화와 바로크 양식의 그림들로 가득하다. 루벤스 자신이 직접 디자인한 현관에 들어서면 그의 바로크적 향기가 여행자들의 눈을 즐겁게 한다. 또한 이탈리아식으로 만든 정원은 그의 작품만큼이나 아름답다. 조용한 정원을 걷거나 벤치에 앉아 루벤스의 작품집을 감상하면 이보다 행복한 순간이 또 있을까.

본격적으로 그의 작품을 만나기 위해서는 내부로 들어가야 한

루벤스의 뜨거운 열정이 남아 있는 루벤스 하우스

다. 내부 전시장은 두 개의 전시 공간으로 나뉘어 있다. 현재 루벤스 하우스 내부에는 그의 진품들이 전시되어 있는데, 사진 촬영은 금지다. 외부의 아담한 정원과 건물 외형은 얼마든지 촬영이 가능하지만, 내부는 관리원들의 날카로운 눈초리와 CCTV가 있어서 몰래 사진 촬영을 한다는 건 불가능한 일이다.

그래서 나는 루벤스 하우스 관리자에게 정중하게 사진 촬영을 요구했다. 당연히 허락할 리가 없다. 더군다나 수많은 사람들이 구경을 하고 있는 상황에서 사진 촬영을 허락받기란 좀처럼 쉬운 일이 아니다. 포기하려는데 관리자가 "지금 사람이 너무 많으니 내일 아침 문 열기 30분 전에 오라"는 게 아닌가. 이게 웬 행운이란 말인가! 만약 쉽게 포기하고 발길을 돌렸다면 나의 카메라에 루벤스 하우스 내부를 담을 기회는 영영 없었을 것이다.

다음 날 아침, 나는 설레는 마음으로 다시 루벤스 하우스를 찾는다. 입장권을 내고 왼쪽 전시관으로 들어가면 제일 먼저 콧수염에 멋진 모자를 쓴 루벤스의 자화상을 만난다. 루벤스 하우스 입장권에 새겨진 바로 그 그림이다. 경제적인 여유와 그림에 대한 자신감을 바탕으로 한 그의 자화상은 호사스럽고 귀족적인 취향이 물씬 풍긴다. 일반인들이 입장하기 전이라서 그림을 감상하기는 좋았지만, 관리원 몇몇이 나의 뒤를 그림자처럼 따라다니는 통에 뭔가 쫓기는 듯해서 영 차분해지질 않는다. 혹시 그림을 만지거나 카메라 스트로브를 터트릴까봐 걱정스러운가보다. 작품을 보면서 주어진 시간 내에 루벤스의 영혼을 담기 위해 부지런히 움직였다. 입장 시간이 다 되자 관리원이 촬영을 그만둘 것을 요구했다. 아쉽지만 이제부터는 느긋하게 루벤스의 미술 세계로 여행을 떠나기로 한다.

루벤스의 자화상

바로크의 천재 화가 루벤스. 스물세 살에 고향을 등지고 이탈리아로 그림 유학을 갈 때만 해도 그는 재능 있는 젊은 화가 정도였다. 하지만 8년간 베네치아와 로마에 머물면서 고대 미술과 르네상스 거장들의 작품과 화법을 익힌 그는 서서히 명성을 얻기 시작했다. 그 후 루벤스는 이탈

루벤스 하우스 내부

리아 출신의 바로크 화가 카라바조Michelangelo da Caravaggio와 카라치파의 영향을 받아 바로크 화가로서 대성공을 거두었다. 1608년 그의 어머니가 위독하다는 소식을 듣고 안트베르펜으로 귀향했을 당시 그의 명성은 플랑드르의 하늘을 찌를 듯했다. 이런 명성을 등에 업고 루벤스는 1609년 플랑드르 총독 알브레호트 대공의 궁정 화가가 되어 명실공이 플랑드르를 대표하는 화가가 되었다. 그즈음 명문 집안 출신의 이사벨라 브란트Isabella Brant와 결혼까지 하게 된 그는 부와 명예를 한꺼번에 거머쥐었다.

전시관 내부에는 〈천국에서의 아담과 이브〉를 비롯해 루벤스 부인의 초상화와 루벤스가 길드의 조합장일 때 사용하던 의자 등이 전시되어 있다. 또한 그가 만든 조각상과 서랍장에 그린 그림 등 루벤스의 다양한 작품을 만날 수 있다. 그중에서도 〈천국에서의 아담과 이브〉는 우리에게 잘 알려진 작품이기 때문에 이 작품이 걸린 곳에는 항상 많은 사람들로 붐빈다. 루벤스의 아틀리에가

전시장으로 변해버리긴 했어도 이곳 어디에선가 붓을 들고 열심히 그림을 그렸을 그의 모습을 떠올려본다. 그리고 시간이 켜켜이 쌓인 그의 그림을 바라보며 한 예술가의 삶과 열정을 온몸으로 느껴본다.

1640년, 루벤스가 예순셋의 나이로 사망한 후 이 집은 건물 소유주가 여러 번 바뀌었다. 그래서 시에서는 루벤스의 위대한 업적을 기리기 위해 이 집을 다시 사들인 후 여러 차례 복구해 오늘날에 이르게 되었다.

안트베르펜은 유럽에서 크게 알려진 도시는 아니지만 루벤스로 인해 많은 사람들에게 꾸준히 사랑받는 도시다. 루벤스를 기억하는 한 그를 좋아하는 수많은 사람들이 계속해서 이 도시를 찾을 것이고, 그중에서도 그의 희로애락이 담긴 아틀리에를 찾아와 그의 작품과 그의 생각을 공유할 것이다. 여기서 우리는 문화의 아이콘이 얼마나 중요한지를 배울 수 있다. 세계적인 인물 한 명이 후손들에게 물려주는 교훈과 경제적인 효과는 이루 말할 수 없을 정도로 크다. 안트베르펜은 루벤스의 향기에 취해 눈과 귀가 멀어도 좋을 그런 도시다. 네로와 파트라슈처럼.

벨기에 브뤼셀
Belgiums Brussel

상식에 대한 도전
르네 마그리트

나는 나의 과거를 싫어하고 다른 누구의 과거도 싫어한다. 나는 체념, 인내, 직업적 영웅주의, 의무적으로 느끼는 아름다운 감정을 혐오한다. 나는 또한 장식 미술, 민속학, 광고, 발표하는 목소리, 공기 역학, 보이 스카우트, 방충제 냄새, 순간의 사건, 술 취한 사람들도 싫어한다.

20세기 최고의 초현실주의자 르네 마그리트 Rene Magritte 의 말이다. 이처럼 혐오와 증오가 투영된 그의 상상 속에는 천재 화가의 꿈이 꿈틀대고 있다. 〈신뢰 *Good Faith*〉와 〈회귀 *The Return*〉라는 작품으로 우리에게 많이 알려진 르네 마그리트는 벨기에가 낳은 최고의 초현실주의 작가다. 마그리트의 그림은 미술을 좋아하고 사랑하는 팬들의 상상력을 자극하는 묘한 마력을 지니고 있다. 그의 작품은 마네와 고흐의 그림처럼 인상주의적인 요소가 없는 대신 피카소의 큐비즘cubism처럼 인간의 상상 세계를 느끼게 하는 그만의 강한 호소력이 있다.

"인간의 무한한 의식 세계를 통해 눈에 보이는 것만을 붓으로 옮긴다"는 마그리트의 회고전이 지난 2006년 12월에 우리나라 서울시립미술관에서도 열렸다. 이 전시는 벨기에 왕립미술관, 마그리트재단, 뉴욕과 런던의 미술관에 소장되어 있는 걸작과 개인 소장품 등이 총망라되어 그를 좋아하는 팬들에게는 더없는 기회였다. 무엇보다 마그리트 회고전은 친필 서신, 드로잉, 과슈, 유화 등 총 120여 점에 달하는 작품이 전시되어 그의 삶과 예술 세계를 다각도로 이해하는 데 많은 도움을 주었다.

독창적인 화풍과 비주류에 속한 반항적인 성격 때문에 한국에서도 제법 마니아층을 갖고 있는 마그리트는 한 시대를 풍미한 천재 화가다. 우리나라 사람들은 영화배우 제임스 딘, 태양의 화가 반 고흐, 반전주의자 헤르만 헤세 등 세계적으로 유명한 예술가들 중에서도 유난히 비주류에 속하는 이들을 좋아하는 묘한 취향을 갖고 있다. 마그리트도 같은 맥락으로 이해해야 하는 화가 중 한 명이다. 그래서인지 수많은 마그리트의 팬들은 비주류를 고집하며 자신만의 독특한 세계를 만든 한 천재와의 교감을 나누기 위해 영하의 매서운 날씨에도 아랑곳하지 않고 벅찬 감동을 품은 채 전시장을 찾았다. 그들 중에는 나도 포함되어 있었다.

내가 마그리트의 그림을 처음 본 것은 벨기에 브뤼셀의 왕립미술관에서였다. 그의 대표작인 〈빛의 제국 Empire of the Light〉과 〈대화의 기술 The Art of Conversation〉 등을 감상하면서 문득 마그리트라는 한 예술가에 대해 궁금증이 일었다. 마그리트와 그의 작품 세계를 어떤 말로 정의할 수 있을까? 화가, 시인, 철학자 등 다양한 수식어가 붙을 만큼 그의 그림은 매우 독특하다. 현실과 비현실을 넘나들며 우리가 상상할 수 없는 편견과 상식을 무참하게 파괴한다. "내게 있어 세상은 상식에 대한 도전이다"라는 그의 말처럼 마그리트의 그림은 논리와 비논리, 합리성과 비합리성, 현실과 비현실, 이성과 감성 등을 서로 대립시켜 인간의 상상력과 무의식을 자극하고 상식을 뒤엎는 묘한 매력을 가지고 있다.

그래서 사람들은 그의 작품을 통해 다양한 생각과 상상력 그리고 예술적 모티브를 얻는다. 실제로도 마그리트에게 영향을 받은 동서양의 예술가들은 부지기수다. 살아 있는 록의 전설 폴 매카트니는 마그리트 작품에 자주 등장하는 사과를 모티브로 음반회사를 세웠고, 우리나라에서 발표된 김영하의 소설 《빛의 제국》은 마그리트의 작품 이름과 그림 내용을 모티브로 했다. 그 외에도 수많은 예술가들이 마그리트의 작품을 토대로 예술적 영감을 얻고 있으며, 다양한 예술 장르에서 그의 영향력을 느낄 수 있다.

이런 이유에서인지 피카소의 화풍과는 분명 다르면서 디자인 광고 포스터와도 또 다른 그만의 초현실주의적인 감각이 나의 마음을 사로잡았다. 서울 광화문 한복판에서 그의 작품을 다시 볼 수 있다는 것은 그 자체만으로도 감성의 세포들을 하나하나 깨우기에 충분했다. 무엇보다 그의 그림과 더불어 사진작가 듀안 마이클Duane Michals이 마그리트의 임종 때까지 촬영했던 사진들도 함께 전시되어 마그리트의 인간적인 고뇌와 그의 사생활을 엿볼 수 있는 좋은 기회였다.

소파 위에 편안하게 누워 있는 모습, 아내와 즐거운 시간을 보내는 모습, 친구들과 예술에 대해 치열하게 토론하는 모습 등 우리가 쉽게 접할 수 없었던 그의 사진들은 여행자인 내게 또 다른 숙제를 안겨주었다. 단순히 작품으로만 교류하기보다는 그의 작품의 모티브가 된 도시와 그의 모든 정열을 쏟아 부은 아틀리에 등 마그리트와 관련한 흔적을 더듬어보고 싶은 강한 열정이 나의 마음을 흔든 것이다. 나는 어렵게 휴가를 마련해 천재 화가의 그림보다는 그가 늘 보고 즐기고 놀면서 만들어낸 상상력의 원천인 그의 고향, 벨기에 브뤼셀로 무작정 떠났다.

푸른색과 분홍색을 좋아했던 마그리트의 흔적은 벨기에의 수도인 브뤼셀 곳곳에 남아 있다. 이 도시에는 그의 예술과 우정 그리고 사랑이 도시 곳곳에 배어 있어서 그를 좋아하는 팬들에게 브뤼셀은 또 다른 이미지로 다가온다. 사실 브뤼셀은 유럽에서 그리 크지 않은 도시지만 유럽연합EU과 북대서양조약기구NATO의 본부가 있을 만큼 유럽의 심장부이자 교통의 요충지다. 남에서 북으로 강이 흐르고, 중세 시대의 고풍스런 건물과 현대적 마천루가 함께 어우러진 곳. 프랑스 출신의 빅토르 위고Victor Marie Hugo는 브뤼셀을 "유럽에서 가장 아름다운 도시"라고 표현했다.

특히 17세기 중세풍의 이미지를 간직한 구시가지 광장인 그랑 플라스에 들어서면 타임머신을 타고 중세 시대로 거슬러 온 느낌 이 든다. 1998년 유네스코에서 세계문화유산으로 지정한 그랑플 라스는 브뤼셀의 중심부이며 여행의 시작과 끝인 곳이다. 세계에 서 가장 아름다운 광장으로 손꼽힌다는 이유로 언제나 이곳은 수 많은 관광객들로 넘쳐난다. 광장 중심에는 높이 96미터의 시청사 가 있고, 주변에는 바로크 양식의 길드 조합, 르네상스 양식의 건 축물 등이 어깨를 나란히 하고 있어서 건축 박물관을 연상케 한 다. 그래서 그랑플라스는 벨기에를 상징하는 아이콘이자 브뤼셀 의 문화가 살아 움직이는 예술의 광장이다.

수많은 관광객과 현지 사람들의 모습이 쉴 새 없이 오가는 이 광장에서 마그리트는 맥주를 마시며 예술적 영혼의 목마름을 달 래기도 했다. 그는 카페 한 귀퉁이에 앉아 동료들과 열정적인 토 론을 펼치기도 하고, 광장에 앉아 캔버스에 아름다운 구시가지의 모습을 담기도 했다. 자신이 좋아하는 홍합 요리와 함께 프랑스 보드로산 와인을 마시며 환하게 웃는 그의 모습이 나의 머릿속을 스친다. 진한 시가 연기 속에서 사랑하는 여인과 대화를 나누는 모습도 그려지고, 밤새 그림을 그리다 지쳐 아틀리에 한구석에서 잠을 청하는 그의 모습도 떠오른다. 마치 그가 살았던 그 시대에 들어와 있는 것 같은 착각이 들 정도로 나의 상상은 끝 없이 펼쳐

중세풍의 이미지와 현대의 분위기가 어우러진 브뤼셀

진다. 천재 화가 마그리트가 있어서 브뤼셀은 다이아몬드보다 더 눈부시게 빛난다. 거리마다 그의 초현실적인 감각들이 알알이 박혀 있는 것만 같다. 머무는 시간이 길어질수록 그와의 교감은 더욱 깊어진다.

그의 작품 세계와 예술적 영혼을 좀더 가까이서 만나기 위해 구시가지 광장에서 지하철을 타고 벨기카 Belgica 역으로 향한다. 이곳에서는 그의 젊은 시절의 예술적 방황과 고뇌가 스민 아틀리에를 볼 수 있다. 일반인들에게 잘 알려지지 않은 이 아틀리에는 마그리트가 프랑스에서 돌아와 생을 다할 때까지 살았던 곳으로, 현재는 마그리트 미술관으로 개조해놓았다. 그런데 그의 명성이

나 미술관이라는 선입견을 갖고 있는 나에게 마그리트 미술관은 상상 이상이었다.

그곳은 일반 주택가에 위치해 있어서 상세한 지도가 없다면 미술관을 찾는 데 꽤나 많은 시간이 걸린다. 나 역시 동물적인 네비게이터 감각을 가지고 있음에도 이 미술관을 찾기 위해 고생 아닌 고생을 적잖이 했다. 게다가 큰 신작로에서 일반 주택가에 자리한 그의 아틀리에 앞에 이르기까지 작은 간판조차 없었다면 도저히 찾을 수 없을 정도로 규모가 작다. 그럼에도 3층짜리 작은 건물 안은 그의 열정과 예술에 대한 집착 그리고 삶의 애환으로 넘쳐난다. 그를 좋아하는 사람이라면 브뤼셀에서의 여행은 이곳에서부터 시작하게 될 것이다.

세월의 무게감을 느낄 수 있는 대문을 지나면 좁고 가파른 복도와 계단이 나오고, 깔끔하게 단장된 침실로 향하면 우리에게 익숙한 푸른 벽지와 하얀 창틀 그리고 그가 사용하던 카펫 등이 눈에 들어온다. 그의 작품 〈회귀〉〈기억 Memory〉〈심금 The Heartstrings〉 등에 등장하는 파란 하늘과 하얀 뭉게구름의 색감은 바로 이 침실에서 나온 것이다. 벽지를 눈이 부시게 푸른색으로 칠한 그의 생각은 다소 엉뚱한 측면이 있지만 이것이 그가 주로 작품을 디자인하고 그림을 그릴 때 즐겨 사용하던 색이다. 자연스런 일상의 모습이 천재 화가를 통해 예술로 승화된 것이다.

또 집 안에는 그가 사용하던 책장, 오브제, 욕조, 책상, 가구, 사진, 그림 몇 점 등도 전시되어 있다. 무엇보다 그의 그림 속에 등

르네 마그리트 아틀리에 내부

장하는 다양한 오브제들을 일상생활에서 찾아 볼 수 있어서 더욱 흥미롭다. 중절모, 영국산 장미 파이프, 돌, 사과, 벨, 분홍과 푸른빛 색채의 오브제를 그의 집안 내부 곳곳에서 발견할 수 있다.

뜰에 나가면 아담한 새장이 있고, 각각의 문마다 독특한 문고리가 있는데 이런 것들과 마주하는 순간 마치 그림 속의 주인공이 된 것 같은 착각을 일으킬 만큼 그의 그림 세계는 현실 세계와 매우 닮아 있다. 화보로만 작품을 보다가 생가에서 직접 푸른

색과 오브제 등을 대하자 마그리트를 좀더 이해할 수 있을 것 같다. 그가 디자인한 책장과 책상, 작업실 등 작은 집안에는 볼거리들로 넘쳐난다. 위대한 예술가와의 만남이 이 작은 공간에서 이뤄지고 있었다.

동양에서 온 한 여행자를 위해 미술관의 안내원은 성심성의껏 마그리트에 대해 설명한다. 그런데 안내원에게 사진을 촬영해서 한국 사람들에게 마그리트의 흔적을 보여주고 싶다고 말하자, 가차 없이 "노!"라는 답이 돌아온다. 그렇다고 쉽게 물러설 나였던가. 나는 은근과 끈기를 동원해 결국 촬영 허가를 받아내 마그리트가 남긴 흔적을 무사히 카메라에 담는다. 그러자 안내원도 오히려 그림엽서를 일일이 보여주며 마그리트가 작업했던 장소와 오브제 등을 아주 상세하게 설명한다. 얼마나 고마운 일인지. 마그리트 미술관을 찾아오는 한국 사람이 거의 없어서인지, 아니면 이렇다 할 관광객이 없어서인지는 모르겠지만 어쨌거나 덕분에 나는 호사스런 안내를 받았다.

마지막으로 안내원은 마그리트의 향기를 좀더 느끼고 싶다면 알렉시앙 거리에 있는 'La Fleur en Papier Doré' 카페나 아내 조르제트 베르제Georgette Berger와 함께 묻혀 있는 스하르베이크Schaerbeek의 공동묘지로 가볼 것을 추천한다. 나는 생각지도 못했던 그의 묘소를 찾아 그가 진심으로 사랑했던 아내 조르제트도 함께 만났다.

예술가에 대해 관심을 기울이다 보면 그들이 사랑하고 사랑받

앉던 연인에 대한 궁금증도 함께 생기기 마련이다. 과연 예술가와 연인은 어떤 상관관계가 있는 것일까? 피카소는 여러 명의 젊은 아내와 결혼하면서 화풍이 바뀌었고, 빛의 거장 렘브란트가 사랑하던 아내 사스키아가 죽자 절망에 빠져 제대로 그림을 그릴 수 없었던 것처럼, 마그리트는 열네 살에 처음 만난 조르제트와 긴 연애 끝에 결혼에 이른다. 하지만 그의 결혼 생활은 처음부터 원만하지 않았다. 그의 집에 걸린, 벨기에 정부에서 발행한 각종 포스터는 마그리트 부부의 신혼 생활이 어려웠음을 간접적으로 말해준다. 화가가 작품을 그리지 않고 생계를 위해 엉뚱한 그림을 그렸다는 건 마음 아픈 이야기다. 스물네 살의 나이에 결혼한 마그리트는 한 가정의 가장으로서 자신에게 주어진 책임을 다해야 했다. 그래서 그는 생활인과 예술인으로서 두 개의 운명적 삶을 살아야만 했다. 예술과 일반 생활에서 오는 괴리감은 언제나 그를 괴롭게 하는 화두였지만, 그는 좌절하지 않고 자신의 정체성을 잘 이끌어갔다. 또한 이 시기에 그는 루벤스의 고향인 안트베르펜에서 병역의 의무를 다했으며, 군복무를 마친 뒤에는 가족의 생계를 위해 벽지 공장에서 붉은 장미를 그렸다.

이외에도 포스터 디자인과 광고 디자인 등 브뤼셀 시청에서 발주하는 각종 포스터나 기업 포스터를 제작하며 화가의 꿈을 키웠다. 그의 아틀리에에 걸린 다양한 포스터를 보면서 우리는 한 천재 화가의 뛰어난 상상력에 감탄사를 보내지만, 그 속에는 젊은 마그리트의 고단함이 고스란히 담겨 있다는 사실을 쉽게 알아

르네 마그리트,
〈신뢰〉

차리지 못한다. 포스터 이외에 그의 방에서 눈길을 사로잡는 것은 검은색의 중절모다. 그의 작품 〈신뢰〉를 비롯해 다양한 그림에서 그가 즐겨 사용했던 중절모다. 마그리트는 젊어서는 잘생긴 용모 때문에 모자를 쓰지 않았지만 중년을 넘어서면서부터 그의 손에는 영국산 장미나무 뿌리로 만든 담배 파이프와 중절모가 항상 들려 있었다. 이것이 자연스럽게 그의 작품 속으로 들어가 멋진 작품으로 승화한 것이다. 아마 그의 작은 집을 한 바퀴 돌고나면 마그리트의 말처럼 "눈에 보이는 것만 그린다"라는 말을 이해하게 될 것이다. 현실이 곧 예술이 되는 그의 생활은 한마디로 자연스러움 그 자체다. 관찰력과 화가로서의 뛰어난 상상력이 우리 같은 일반 사람들과 다를 뿐, 모든 일상이 그의 예술 세계를 열어 주는 원천이다. 2시간가량 천천히 아틀리에를 둘러보고 나면 수많은 감성의 빛이 마음속을 교차한다.

마그리트 이외에 아름다운 브뤼셀의 이미지를 더 느끼고 싶다면 다시 구시가지 광장인 그랑플라스로 발길을 옮겨보자. 이 도시의 볼거리들은 대부분 구시가지 광장을 중심으로 모여 있다. 특히 벨기에 최대의 미술관인 왕립미술관은 브뤼셀 여행의 핵심이다. 왕립미술관 내부에 마그리트 전용 미술관이 마련되어 있어서 좀 더 쉽게 그의 작품과 예술 세계를 만날 수 있다.

현재 왕립미술관은 고전미술관과 근대미술관으로 나뉘어 있다. 고전미술관에는 플랑드르파의 고전작품을 중심으로 15~19세기에 걸쳐 시대별로 벨기에, 네덜란드, 이탈리아, 프랑스, 독일 등 유럽 각 지역 거장들의 작품을 소장하고 있다. 고전미술관에서 가장 인기 있는 컬렉션은 루벤스의 작품이 전시된 17~18세기 전시관이다. 그리고 근대미술관은 19세기 말에서 현대에 걸친 벨기에 미술의 새로운 황금기 작품들과 시슬레, 쇠라, 쿠르베, 고갱 등 프랑스 화가들의 작품도 전시하고 있다.

미술관 이외에도 구시가지 광장 근처에는 〈오줌 누는 소년 *Manneken Pis*〉 동상과, 1226년 공사를 착공해서 17세기가 되어서야 완성된 성 미셸 대성당, 17~18세기에 세워진 길드하우스, 레오폴트 2세가 18세 때 베르사유 궁전과 같은 루이 왕조 양식으로 건립한 브뤼셀 왕궁 등 다양한 볼거리들이 여행자들의 눈과 마음을 유혹한다. 볼거리에 관심이 별로 없는 사람이라면 목적지 없이 무작정 광장 주변을 걸어보는 것도 좋다. 중세 시대의 분위기에 흠뻑 젖은 브뤼셀은 도시 어디를 가도 낭만적인 요소들이 눈을 즐겁게 한다. 굳이 마그리트의 그림이 아니더라도 그가 많은 시간을 보냈던 광장 주변에서 서성거리다 보면 왠지 그를 만날 수 있을 것 같은 기분이 든다. 브뤼셀에서 기차로 40분 떨어진 레신Lessines이라는 작은 마을에서 장남으로 태어나 초현실주의 작가로 성공하기까지 그는 쉼 없이 자신의 꿈을 위해 노력했다. 그와의 만남은 우리 스스로의 삶을 한 번쯤 돌아보게 하는 또 다른 의미를 부여한다.

  도시는 중세의 기품을 한껏 품고 있지만 그의 작품은 중세의 보수적인 사상과 종교보다 그것을 극복하려는 또 다른 세계를 보여준다. 굳이 초현실주의자라는 칭호가 아니더라도 우리는 그의 작품을 통해 미래를 꿈꾼다.

네덜란드 레이던, 암스테르담
Netherlands Leiden & Amsterdam

풍차를 사랑한 빛의 마술사
렘브란트

빈센트 반 고흐와 함께 가장 인기 있는 화가 중 한 명인 렘브란트 Rembrandt Harmensz van Rijn는 우리에게 아주 친숙한 화가다. 밝고 어두운 명암 속에 비춰진 한 예술가의 자화상은 우리에게 강인한 메시지를 전해준다. 100여 점이 넘는 자화상 중에서 1628년에 그린 스물두 살의 렘브란트 자화상은 그의 명성에 걸맞은 뛰어난 작품이다. 등 뒤에서 쏟아지는 광선 때문에 얼굴은 어둡고 희미하다. 하지만 사람들의 눈은 청년 렘브란트를 찾기 위해 숨을 죽인 채 천천히 그의 얼굴을 응시한다. 무언가를 옆으로 흘겨보는 듯한 눈매와 두루뭉술한 코 그리고 두툼한 입술 등의 실루엣에서 엿볼 수 있는 은은한 그의 모습에 사람들은 매료된다. 꽤 긴 시간 동안 청년 렘브란트의 얼굴을 보고 있노라면 자연스레 그가 태어나 젊은 시절을 보낸 그의 고향 레이던Leiden이 떠오른다.

많은 예술가들이 그렇듯이 렘브란트 또한 태어난 곳과 전성기를 보낸 곳이 다르다. 그의 고향은 레이던이라는 전원도시이고, 화가로서 이름을 날리기 시작한 곳은 네덜란드의 수도 암스테르담Amsterdam이다. 다만 렘브란트는 정체성이 확고하게 성립된 스물일곱에 고향을 떠났다는 것이 다른 예술가들과 조금 다르다. 그래서 레이던과 암스테르담, 두 도시가 한 천재의 작품 속에 어떻게 반영되었는지를 알게 되면 조금 더 가까이에서 그를 만날 수 있다.

우선 그가 태어나고 성장한 레이던을 방문하면 더없이 순박한 그곳 사람들을 만나게 된다. 우리에게 조금 생소한 이름이긴 하지만 17세기에 레이던은 네덜란드에서 암스테르담 다음으로 큰 도시였다. 렘브란트가 태어나기 전만해도 도시 인구가 5만여 명이 될 만큼 레이던은 유럽에서 꽤 알려진 도시였다. 청년 렘브란트가 다녔던 레이던 대학은 유럽에서 유서 깊은 곳이자 네덜란드 최초의 대학으로서 유구한 역사와 전통을 자랑한다. 지금은 그때의 흔적이 희미해서 실감하기 어렵지만 당시의 책을 보면 레이던 대학의 명성이 대단했음을 알 수 있다.

중세 시대 때부터 운하가 발달한 레이던은 암스테르담과 함께 상공업 도시로 번성하며 네덜란드의 문화와 예술을 대표하는 학문 도시로 발전했다. 로마 시대 때는 라틴어로 '로마인의 야영지'

라는 뜻의 '루그두눔 바타보룸Lugdunum Batavorum'으로 불리었으며, 9세기 때부터 본격적으로 도시가 발달했다. 무엇보다 크고 작은 운하들이 거미줄처럼 얽히고설켜 있고, 강을 따라 르네상스식 건축물이 즐비하게 들어서 있어서 암스테르담과 비슷한 분위기를 풍긴다. 중세 시대 때는 모직 공업이 발달했으며, 그 후로는 네덜란드의 인쇄와 출판 중심지로 각광받는 도시였다. 지금은 운하 도시 또는 렘브란트의 고향 정도로만 기억되지만 이곳은 한 천재에게 예술적 영혼을 일깨워준 소중한 곳이다.

지난 2006년 렘브란트 그림 속에 등장하는 풍차를 찾아 그의 고향인 레이던을 찾았다. 세련된 레이던 중앙역을 빠져나오자마자 마치 렘브란트 갤러리에라도 온 것처럼 도시 전체가 그의 그림으로 장식되어 있다. 마침 2006년은 렘브란트 탄생 400주년이 되는 해여서 도시 곳곳에서 다양한 전시와 이벤트가 열리고 있었다.

이곳을 찾은 여행자들은 레이던에서 두 번 정도 더 놀란다. 하나는 위대한 천재의 고향인데도 불구하고 그를 기념하는 미술관이나 기념관이 하나도 없다는 사실, 다른 하나는 거리 곳곳 세월에 의해 낡은 건물 외벽에 집채만 한 렘브란트의 작품들이 걸려 있다는 사실이다. 많은 관광객들이 그의 예술의 초석이 된 고향을 찾아와 그와 관련한 다양한 유품이나 그가 사용하던 오브제 등을 보고 싶어 하지만 현재 레이던에는 그의 작품 속에서 가끔 등장했던 운하와 다리 그리고 풍차 정도밖에 남아 있지 않다. 암스테르담과 달리 정작 그의 고향에 그를 위한 변변한 미술관 하나 없

렘브란트 그림의 원천이라 불리는 레이던의 풍차

다는 사실이 다소 실망스러운 순간이다.

하지만 이 작은 도시를 천천히 걷다 보면 거리, 운하, 다리, 학교, 도서관 등 어디에서나 젊은 렘브란트를 만날 수 있다. 과연 무엇이 그를 세계적인 화가의 반열에 오르게 했을까? 이에 대한 궁금증은 도시를 둘러보면 하나둘씩 해소된다.

흰색으로 칠한 레이던 중앙역을 벗어나 구시가지로 5분 정도 걸으면 렘브란트 작품에 등장한 풍차가 먼저 인사를 건넨다. 언제부터 풍차가 이 마을에 있었는지는 모르지만 말끔한 풍차가 렘브란트 집안의 내력을 암시한다. 미술평론가들은 이 풍차가 바로 렘브란트 특유의 빛을 이용한 그림의 원천이라고 평가한다. 풍차

Part 1. 그림의 향기에 끌리다 43

렘브란트의 열정과 예술에 대한 집착 그리고 삶의 애환이 고스란히 남아 있는 레이던

가 바람에 의해 천천히 돌아갈 때 풍차의 날개에 빛이 가려지면 어두운 그림자가 생기고, 날개가 지나가면 밝은 태양빛이 쏟아지는 현상을 어릴 적부터 눈으로 체험한 것이 빛을 이용한 그의 화풍이 되었다는 것이다. 자신의 집에서 운영하던 풍차가 그를 세계적인 화가로 만드는 데 일조한 셈이다. 렘브란트에게 풍차는 그의 그림 인생의 밑거름이 될 만큼 그림에 자주 등장한다. 또 풍차로 인해 유소년 시절에는 라틴어와 회화를 배울 수 있었다. 이제는 더 이상 돌아가지 않지만 그의 그림 속 풍차는 오늘도 변함없이 돌아간다.

잠시 운하 위에 놓인 다리에 서서 풍차와 주변 풍경을 감상하노라면 너나없이 화가가 된 것 같은 기분이 든다. 길이도 얼마 되지 않는 작은 다리를 건너 스틴 거리로 들어서자 갑자기 집채만 한 그림들이 눈 속을 파고든다. 구시가지 중심으로 들어갈수록 그의 영혼이 담긴 명작들이 야외 갤러리처럼 건물마다 걸려 있다. 여행자들은 렘브란트와 관련한 미술관이 없다는 안내책자를 보고 다소 실망하지만, 거리를 누비는 동안 야외에 걸린 그림들을

보면서 기존의 미술관에서 느끼는 것과는 사뭇 다른 감동을 받게 된다. 거리와 건물 외벽, 신호등, 골목길 등에 붙여진 그의 그림은 도시 어딜 가든 우리의 눈길을 사로잡는다.

이 도시에 걸린 대부분의 작품들은 렘브란트가 암스테르담으로 떠나기 전 레이던에서 머물 때 그려진 것들이라고 한다. 그래서 이곳 사람들은 그를 이웃집 아저씨처럼 편안하게 생각하고, 그에 대한 자긍심 또한 굉장하다. 도처에 전시된 그림은 달리는 자동차와 운하를 가로지르는 배에서도 볼 수 있고, 아름다운 노천카페에서 차를 마시면서도 감상할 수 있다. 또한 도로 간판이나 안내표지에서도 그의 자화상을 쉽게 만날 수 있다.

그중에서도 구시가지 중심지인 보테르마르크트 거리에 서면 저 멀리 〈작업실의 화가 *Artist in His Studio*〉라는 작품이 눈에 들어온다. 건물 외벽을 완전히 덮을 만큼 굉장히 큰 이 그림을 바라보노라면 금방이라도 렘브란트가 그림 속에서 튀어나올 것만 같다. 그림의 3분의 2를 차지하고 있는 이젤과 캔버스와 자연 채광을 흠뻑 받고 있는 방 안 그리고 한 귀퉁이에서 캔버스를 바라보고 있

운하의 도시 암스테르담

는 렘브란트의 자화상에는 다른 어떤 그림에서도 볼 수 없는 색다른 느낌이 있다. 골목길에는 큰 팔레트가 건물 벽면에 걸려 있고, 그가 그린 자화상과 다양한 작품들이 건물과 사람들의 틈바구니 속에서 생생하게 살아 숨 쉬고 있는 것만 같다.

렘브란트는 동서남북 어딜 가든 그의 작품을 감상할 수 있는 이곳 레이던에서 태어났다. 1606년 7월 15일에 태어난 그는 방앗간 사업을 하던 아버지 덕분에 어린 시절부터 라틴어와 그림을 배울 수 있었다. 소년 렘브란트는 어린 시절 제도권 아래의 교육보다는 예술에 더 큰 관심과 재능을 보였다. 그래서인지 아버지의 희망에 따라 들어갔던 레이던 대학을 결국 자퇴하고, 아버지의 후원으로 화가의 길을 걷기 시작했다. 어느새 훌쩍 자란 청년 렘브란트는 1624년부터 자신만의 아틀리에를 열고 1632년까지 독학으로 친척이나 이웃 노인, 성서 등에서 소재를 얻어 꾸준히 그림을 그렸다. 어느새 20대 중반을 넘어 서서히 유명해진 그는 본격적으로 화가로서의 명성을 얻기 위해 고향을 떠나 암스테르담으로 이주했다.

레이던에서 기차로 얼마 떨어지지 않은 암스테르담은 설명이 무색할 만큼 유명한 도시다. 네덜란드의 수도이자 태양의 화가로 잘 알려진 빈센트 반 고흐의 고향이며, 렘브란트가 사랑한 도시다. '빛의 마술사' 렘브란트와 '태양의 화가' 반 고흐의 도시, 이탈리아의 베네치아와 함께 '물의 도시'라는 별칭을 가진 도시, 그리고 우리에겐 성적으로 개방된 자유와 낭만이 넘치는 도시로 알려져 있는 곳. 그곳이 바로 암스테르담이다.

1602년 동인도회사를 통해 향신료 무역으로 막대한 부를 축적하면서 무역 도시로 성장한 암스테르담은, 이제 유럽 각지에서 몰려든 상인들에 여행객까지 더해져 활기가 넘쳐난다. 하지만 암스테르담이 태생부터 낭만적이었던 곳은 아니다. 네덜란드는 국토의 4분의 1이 해수면보다 낮다. 그래서 네덜란드라는 국가 이름도 '낮은 땅'을 의미한다. 암스테르담도 수백 년 전 어민들이 암스테르담 강 하구에 흙을 쌓아 올리고 정착하기 시작하면서 생겨난 도시다. 그 뒤로도 암스테르담 시민들은 바다의 위협을 감내하며 살았다. 오죽하면 수없이 밀려오는 높은 조수로 인해 밭을 가는 것보다 제방을 쌓고 고치는 일에 더 많은 시간을 보내야 했을까.

그래도 암스테르담 시민들은 꿋꿋하게 버텨냈다. 끈질긴 생명력으로 삶의 터전을 지켜냈으며, 그 땅 위에 세계적인 무역과 금융의 도시, 튤립과 풍차로 대표되는 낭만의 도시를 일궈냈다. 그리고 거미줄처럼 얽힌 운하가 있는, 운치 있는 도시로서 전 세계 여행자들의 로망이 되었다. 암스테르담에는 수심 2미터의 운하가 160개도 넘는다. 그 운하 위로 수천 개의 주거용 보트가 떠 있고, 그 사이로 여행자들을 태운 작은 보트들이 강을 따라 쉴 새 없이 흐른다. 거기에 90여 개의 섬을 연결한 1281개의 다리는 암스테르담만의 독특한 매력을 더한다.

암스테르담엔 여행자의 발길을 잡아끄는 또 하나의 자랑거리가 있다. 바로 고흐미술관과 렘브란트의 영혼을 만날 수 있는 국립미술관 그리고 렘브란트 아틀리에가 그것이다. 두 화가의 흔적은 도시 곳곳에 숨어 있다. 고흐의 경우 주로 프랑스에서 활동한 탓에 생가나 무덤은 없지만, 고흐미술관에서 작품으로나마 그의 예술 세계와 소통을 할 수 있다.

반면 렘브란트는 일평생 암스테르담에서 활동한 작가다. 그래서 그의 주옥같은 작품이 전시된 국립미술관뿐만 아니라 그가 머물며 작업했던 아틀리에에서도 그의 향기를 한껏 느낄 수 있다. 위대한 화가들의 숨결을 느끼고 그들의 작품을 만나는 일은 무엇에도 비할 수 없는 행복이다. 그러고 보면 암스테르담 여행의 핵심은 중세 시대의 왕궁이나 운하의 아름다운 풍경이 아니라, 암스

렘브란트
하우스

테르담 문화 예술의 상징인 반 고흐와 렘브란트의 예술적 영혼을 만나는 데 있는지도 모르겠다.

　그중에서도 렘브란트와의 만남은 더욱 특별하다. 암스테르담에는 고흐미술관을 제외하면 그와 관련된 유적지가 별로 없지만 렘브란트의 경우는 그렇지 않다. 렘브란트는 고향 레이던을 떠나 암스테르담으로 이주한 뒤 부인 사스키아Saskia Rembrandt와 아름다운 시절을 보내며 이곳 아틀리에에서 자신의 명성을 쌓아갔다.

　녹색 대문이 인상적인 렘브란트 하우스는 그가 30여 년 동안 이곳에 머물며 수많은 작품을 만들었던 아틀리에를 기념관으로 개조한 것이다. 비록 생가는 아니지만 그는 레이던보다 이곳에서 더 많은 시간을 보냈으며 수많은 에칭과 유화를 그렸다. 그 중에

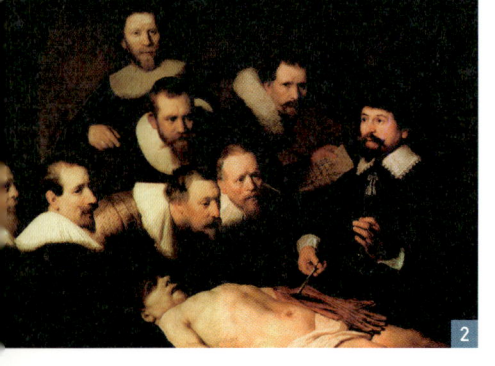

1 렘브란트,
〈야경〉
2 렘브란트,
〈툴프 박사의
해부학 강의〉

서도 그의 대표작이라고 할 수 있는 〈야경 Night Watch〉을 바로 이 집에서 완성했다. 이 작품을 좋아하는 팬들에게는 더할 나위 없이 뜻깊은 장소가 될 것이다. 자화상의 안내표지가 인상적인 렘브란트 하우스로 들어가면 수백 년 전 이곳에서 생활했던 그의 모습이 영상처럼 스쳐간다.

　고향 하늘을 떠나 푸른 꿈을 안고 암스테르담으로 올라온 청년 렘브란트는 1632년 의사조합으로부터 위촉받은 작품인 〈툴프 박사의 해부학 강의 The Anatomy Lecture of Dr. Nicholaes Tulp〉를 계기로 성공의 발판을 마련했다. 1634년 명문가의 딸 사스키아와 결혼했으며, 당시 암스테르담에서 최고의 초상화가라는 명성까지 얻었다. 하지만 그의 회화가 성숙함에 따라 당시 일반적인 사조였던 평면적인 초상화에 만족하지 못하면서 렘브란트는 종교나 신화적인 소재를 이용한 그림과 자화상을 더 많이 그렸다.

　이렇게 탄생한 100여 점이 넘는 그의 자화상은 스무 살의 청년에서 노인이 될 때까지 한 사람의 일생을 고스란히 담고 있다. 그의 얼굴에서는 소박하거나 겸손한 모습, 때로는 귀족적인 모습도 발견할 수 있다. 무엇보다 렘브란트의 자화상은 그의 삶 자체를 대변한다. 부인 사스키아와 아름다운 사랑을 나누던 시기의 얼굴에서는 기쁨과 희망이 묻어나고, 그녀와 사별한 후의 자화상에는 절망과 좌절이 그대로 담겨 있다. 그는 사랑하는 아내를 잃고 도박과 술로 불안한 시기를 보내기도 했고, 노년에는 가사가 기울어 파산을 선고해야 할 만큼 경제적으로도 궁핍했다. 네덜란드를 대표하는 렘브란트의 노년은 주름이 깊게 파인 그의 자화상만큼이나 고달팠다.

1669년 단풍이 노랗게 물들어가던 어느 가을날, 렘브란트는 유화 600여 점, 에칭 300여 점, 소묘 수백 점을 남긴 채 한 줄기 빛이 되어 이 세상을 떠났다. 그가 죽은 뒤 그의 작품과 명성은 수많은 비평가들에 의해 높이 평가되었다. 그의 작품 속에 녹아 있는 따스한 인간성과 감성은 오늘날에도 세계 곳곳에 흩어져 있는 팬들에게 마음의 안정과 예술의 환희를 선사한다.

자화상을 많이 그린 화가답게 렘브란트 하우스에서는 그의 주특기인 에칭으로 만든 자화상을 많이 볼 수 있다. 반 고흐, 루벤스, 레오나르도 다 빈치 등과 달리 그의 자화상은 크기가 상당히 작은 것이 특징이다. 손바닥만한 크기의 자화상이지만 그 얼굴에서 뿜어나오는 강한 열정은 보는 이로 하여금 진한 감동을 느끼게 한다.

250여 점에 이르는 방대한 작품과 그가 사용했던 붓, 이젤, 캠퍼스, 오브제 등 다양한 유품들이 깔끔하게 정돈되어 그를 추종하는 사람들에게 묵향과도 같은 향기를 전한다. 2층에는 에칭의 대가 렘브란트를 기념하기 위해 에칭을 만드는 과정을 눈으로 직접 볼 수 있도록 함으로써 이곳을 찾는 미술 애호가들에게 남다른 볼거리를 제공한다.

잔잔한 조명 불빛 아래서 본 그의 작품들을 가슴에 아로새기며 좀더 렘브란트의 작품 세계로 빠져들고 싶다면 국립미술관으로 발길을 옮겨보자. 고흐미술관 바로 옆에 위치한 국립미술관은 네덜란드 미술 세계를 한눈에 감상할 수 있는 곳이다. 15~19세기에 걸친 네덜란드 화가들의 작품과 아시아의 작품들도 함께 전시하고 있는 국립미술관에는 렘브란트를 위해 특별히 전용관을 마련해 네덜란드의 자랑을 한껏 뽐내고 있다.

그중에서도 국립미술관이 가장 자랑으로 삼는 것은 단연 렘브란트의 〈야경〉이다. 엄청나게 큰 이 작품 앞에 서면 땀을 흘리며 고된 작업에 열중하는 그의 모습이 그려진다. 자신의 키보다 몇 배나 큰 캔버스를 앞에 두고 사다리를 타고 열심히 그림에 열중하는 렘브란트의 모습. 한 손에는 팔레트를, 다른 한 손에는 붓을 쥐고 쉴 새 없이 캔버스 위를 누비는 그의 열정과 예술이 고스란히 전해진다.

그러나 막상 이 위대한 작품이 세상 밖으로 나오자 렘브란트는 그림을 의뢰한 사람들로부터 혹평과 무시를 당했다고 한다. 사랑하는 아내와 어머니를 잃었음에도 불구하고 오롯이 작품에 몰두했지만 당시 유행하던 화풍을 따르지 않았다는 이유로 〈야경〉은 미술계에서 외면당하는 설움을 겪었다. 이처럼 후세에나 작품의 평가를 제대로 받는 것은 렘브란트뿐 아니라 어쩌면 많은 예술가들의 운명인지도 모르겠다.

레이던에서 시작한 렘브란트 여행은 암스테르담 국립미술관에서 대미를 장식한다. 렘브란트의 인생에서 레이던이 그의 거친 예술적 영혼이 꿈틀대던 곳이라면, 암스테르담은 전성기의 희로애락이 담겨 있는 곳이다. 그의 수많은 작품을 감상하노라면 우리 머리에는 레이던의 전원적인 풍경이 떠오르기도 하고, 세련되고 격정적인 색채와 때로는 귀족적인 암스테르담의 멋과 유행을 찾아볼 수도 있다. 시공간을 달리하며 사람들의 가슴과 가슴에 삶의 희망을 뿌려주는 것, 그것이 바로 예술의 힘이 아닐까.

프랑스 앙부아즈
France Amboise

요리를 즐기는 천재의 아이콘
레오나르도 다 빈치

예술가의 흔적을 찾아가는 여행 중 가장 기대가 컸던 인물은 다름 아닌 레오나르도 다 빈치Leonardo da Vinci였다. 그가 믿었던 성모 마리아도 그의 존재를 알 거라는 말이 있을 정도로 동서양 최고의 천재로 평가되는 다 빈치. 그의 이름 앞에 붙은 수식어만 해도 열 손가락이 모자랄 정도다. 그가 세상을 떠난 지 500년이 지났지만, 다 빈치라는 이름과 그의 열정은 지금도 지구촌 곳곳에 엄청난 영향을 미치고 있다.

세상 사람들은 그의 이름 앞에 수많은 수식어를 붙이기를 좋아한다. 수학자, 철학자, 화가, 과학자, 사상가, 건축가, 발명가 등 인간이 지구상에 존재하면서 학습과 반복으로 일궈낸 모든 학문 분야 중 그의 업적이 닿아 있지 않은 곳은 거의 없다. 따라서 숱한 의미의 수식어가 붙는 게 당연한 결과인지도 모른다. 코에 걸면 코걸이 귀에 걸면 귀걸이가 되는 천재적인 그의 명성과 업적은 21세기를 살아가는 지금도 여전히 높이 평가될 만큼 신의 모든 영역에 도전한 최초의 인간이 아니었을까 싶다.

한 시대를 풍미한 세계적인 천재를 꼽으라면 많은 사람들이 아인슈타인을 떠올릴 것이다. 20세기 최고의 과학자 아인슈타인. 하지만 다 빈치와 비교할 때 아인슈타인은 조금 부족한 천재다. 아인슈타인이 선택과 집중의 천재라면, 다 빈치는 모든 분야에 두각을 나타낸 르네상스적인 천재다.

그래서 다 빈치를 알기 위해 조금씩 그에게 다가갈수록 그의 불분명한 정체성과 복잡한 멀티 코드로 인해 사람들은 다 빈치의 마력에 놀라고, 그의 열정에 또 한 번 놀란다. 자유사상이 넘쳐나는 르네상스 시대를 풍미한 천재답게 일반적이고 단순한 코드로 다 빈치를 이해하려는 것은 어불성설이다.

아름다운 피렌체의 여인은 〈모나리자 *Mona Lisa*〉로 그려지고, 새는 비행기가 되고, 물고기는 잠수함이 되고, 강과 강 사이엔 튼튼한 다리가 놓이고, 집을 짓고, 다양한 연장과 세밀한 설계도 등 그가 생각하는 모든 것들은 흰 종이 위에 그려지고 분석되었다. 다 빈치가 꿈꾸었던 상상의 세계는 반복된 실험과 연구를 통해 현실로 바뀌었다. 이처럼 여러 분야에서 탁월한 능력을 보여준 결과,

사람들은 다 빈치의 이름 앞에 자신이 좋아하는 수식어를 붙여 자신의 편으로 만들려고 애쓴다. 미술을 좋아하는 사람은 화가 다 빈치로, 과학자는 발명가 다 빈치로, 전공 분야에 따라 그의 수식어는 수시로 바뀐다.

이 중 가장 보편적인 직업인 화가라는 관점에서 다 빈치를 볼 때, 그는 르네상스를 대표하는 화가임에도 불구하고 현존하는 그의 작품이 15점밖에 안 된다는 사실은 새삼 놀랍다. 하지만 그의 대표작 〈모나리자〉를 모르는 사람이 있을까? 지금까지 동서양을 막론하고 일반인들에게 가장 널리 알려진 그림 한 점을 꼽으라면 많은 사람들이 주저 없이 모나리자를 꼽을 것이다. 60억 지구촌 사람들 중에서 아마 절반쯤이 모나리자를 알고 있지 않을까. 내가 아는 한 다 빈치의 〈모나리자〉는 명화 중에서 대중성과 예술성을 갖춘 최고의 그림이라고 생각한다. 서양 미술사에서 인정받은 〈모나리자〉의 예술성은 우리들 역시 미술 시간을 통해 익히 배워온 터다.

1963년 1월 8일 미국 워싱턴의 국립예술관에서 '모나리자 전시회'가 열렸다. 프랑스 문화부 장관인 앙드레 말로Andre Georges Malraux가 미국과의 관계를 개선하기 위해 모나리자 전시회를 미국의 수도에서 개최한 것이다. 이날 개장 기념 행사에는 케네디 대통령과 영부인 재클린이 직접 참가할 만큼 전시회의 열기는 뜨거웠다. 27일간의 전시회 동안 연평균 관람객 수의 절반인 67만여 명이 모나리자를 봤을 정도로 인기는 하늘을 찌를 듯했다.

워싱턴 전시 이후 뉴욕의 메 트로폴리탄미술관에서 한 달간 모나리자 전시회가 이어졌는데, 이때 관람객 수는 107만여 명이 었다. 대략 2개월 동안 미국에서 열린 모나리자 전시회에 170만 여 명이 다녀갔을 정도로 그 열 기는 폭발적이었다. 1974년 일 본 도쿄 국립박물관에서 열린 전 시회에서는 150만여 명이 관람

레오나르도 다 빈치, 〈모나리자〉

했다. 하루에 5만여 명, 관람 시간 10시간으로 환산했을 때 1시간 당 5000여 명이 모나리자를 보기 위해 문전성시를 이룬 셈이다. 아마 기네스에 등재되지 않았을까 싶다.

일본에서의 모나리자 전시회는 '모나리자 신드롬'을 불러 일 으켰다. 광고, 패션, 술집, 부동산 등 여러 분야에 모나리자의 얼굴 을 등장시켜 상업적으로 이용했다. 심지어는 노동조합의 물가 인 상 반대 포스터에도 모나리자가 사용될 정도였다. 우리나라에서 도 모나리자 이름이 들어간 카페, 레스토랑, 화장지 등이 쏟아져 나왔으며 노래 가사에도 등장할 정도였다. 이처럼 모나리자의 인 기는 단연 최고라고 할 수 있다.

그렇다면 과연 사람들이 이토록 모나리자에 열광하는 이유는 무엇일까? 실제로 모나리자를 보면 그 크기에 다소 실망한다. 나

역시 모나리자가 대단한 그림이라는 선입견을 갖고 실물을 보는 순간 다소 실망했던 기억이 난다. 우리는 교과서를 통해 모나리자가 가진 아름다움과 화가의 작가정신 그리고 미술사적인 예술성 등이 이 그림의 핵심이라고 배웠다. 무엇보다 모나리자가 동서양을 막론하고 이렇게 인기를 끄는 이유는 사람들의 입을 통해 작품의 우수성이 조금 미화된 감도 있고, 작품에 대해 많은 정보가 없으며, 또 미완성 작품이기 때문에 신비감마저 들어서 더더욱 열광하는 것이 아닐까 싶다.

가로 55센티미터, 세로 77센티미터의 모나리자는 20인치 TV보다도 작지만, 그림이 가진 에너지는 그 어떤 크기의 영상보다 강렬해서 세계 어디에서도 찾아보기 힘들 정도의 사랑을 받고 있다. 한 해 수백만 명이 모나리자를 보기 위해 프랑스 루브르박물관을 방문한다는 사실만으로도 이 그림의 위대함을 짐작할 수 있다.

길게 늘어선 줄을 보면서 나는 모나리자를 보기 위해 그의 조국인 이탈리아가 아닌 프랑스 루브르박물관으로 가야 하는 건 아닐까 하는 의문이 들었다. 미술에 대해 문외한이라도 누구나 한 번쯤 이런 의구심이 들었을 것이다. 프랑스가 전쟁을 통해 이탈리아에서 강제로 빼앗거나 돈 많은 수집가가 돈을 주고 구매한 것도 아닌데 어떻게 루브르에서 소장하게 되었을까? 모나리자와 프랑스가 대체 어떤 인연을 가지고 있는지에 대한 수수께끼는, 다빈치가 1519년 프랑스 앙부아즈 Amboise의 클로뤼세라는 작은 성에서 죽었다는 사실에서 찾을 수 있다.

다 빈치와 인연이 깊은 **클로뤼세**

프랑스 파리에서 초고속 열차인 테제베를 타고 투르Tours라는 곳에 도착하면 수수께끼의 진원지인 클로뤼세에 한 발짝 다가선다. 투르는 프랑스에서 고성이 가장 많은 루아르Loire 지대의 관문에 위치한 도시다. 1000여 개의 고성들이 모여 있는 루아르 지역은 중세 시대의 화려함과 아름다움의 극치를 자아낸다. 프랑수아 1세 때 이탈리아로부터 르네상스 문화가 도입되었는데, 이때 루아르 지역에 부와 권력을 상징하는 귀족들의 아름다운 성들이 하나둘씩 생겨났고, 전성기 시절에는 3000여 개에 이를 정도로 대단한 규모를 자랑했다고 한다.

루아르 고성 중에 가장 큰 규모와 시각적 아름다움을 자랑하는 샹보르 성, 아기자기한 여성의 이미지를 가진 슈농소 성, 성녀

다 빈치의
심장이 묻혀 있는
앙부아즈 성

잔 다르크가 샤를 7세에게 신의 계시를 전했다는 시농 성 등 이루 셀 수 없을 만큼 경관이 수려한 고성들이 루아르 강을 따라 펼쳐져 있다. 그중에서도 다 빈치와 연관된 성은 앙부아즈에 있는 클로뤼세다.

1516년 프랑수아 1세는 프랑스와 자신을 위해 이탈리아로부터 다 빈치를 앙부아즈로 정중하게 모셔왔다. 문화와 예술에 조예가 깊었던 프랑수아 1세는 다 빈치에게 자신의 어머니가 사용했던 클로뤼세 성을 거주지로 내주며 극진하게 대했다. 프랑수아 1세는 다 빈치로부터 프랑스의 발전을 위해 다양한 분야에 대한 조언을 듣고, 그에게 여러 사업을 맡겼다.

또한 왕실에서 다 빈치를 만나는 것으로도 부족했는지, 자신이 머무는 앙부아즈 성과 클로뤼세까지 지하 통로를 만들어 왕래하며 수시로 다 빈치의 가르침을 받았다고 한다. 이쯤 되면 루브르박물관에 있는 모나리자에 대한 수수께끼가 어느 정도 풀릴 것이다. 프랑스로 올 당시 다 빈치는 미완성의 작품 세 점을 가지고 왔는데, 그중 두 점이 〈성 안나 St. Anne〉와 〈세례자 성 요한 St John Baptist〉 그리고 나머지 한 점이 바로 〈모나리자〉다.

다 빈치는 늘 〈모나리자〉를 몸에 지니고 다닐 만큼 좋아했다고 한다. 그는 클로뤼세 침실에 〈모나리자〉를 걸어놓고 감상하며 최후의 만찬을 그릴 때처럼 생각하고 또 생각하며 그림의 완성도를 높이려고 애썼다. 현재는 클로뤼세 내부 벽에 진품이 아닌 모조품이 자리하고 있지만 모나리자를 향한 그의 열정이 다른 작품에 비해 얼마다 남달랐는지를 알 수 있는 대목이다. 다 빈치는 분신처럼 아꼈던 이 작품을 자신의 노후를 돌봐준 프랑수아 1세에게 감사의 뜻으로 바쳤고, 자신은 앙부아즈에 있는 생 위베르 예배당에 묻혔다. 바로 이런 이유 때문에 〈모나리자〉가 오늘날 루브르박물관에 걸려 있는 것이다.

앙부아즈 성에서 엎드리면 코 닿을 만큼 가까운 거리에 있는 클로뤼세는 그를 좋아하는 팬들이 1년이면 10만여 명 이상 다녀갈 정도로 유럽에서는 아주 인기 있는 관광 명소 중 하나다. 앙부아즈 성을 등지고 좁은 골목길을 따라 언덕길을 올라가면 장밋빛의 벽돌과 하얀 석재로 지어진 아담한 클로뤼세에 이른다. 외부에서 볼 때 높은 담벼락 때문에 내부가 잘 보이지 않지만, 입구에 들어서면 탁 트인 공터가 눈에 들어오고 건물 뒤뜰에는 파릇파릇한 정원수들이 제각기 키를 맞춰 한가로이 낮잠을 즐기고 있다.

르네상스 풍으로 지어진 성의 외관은 프랑스 귀족의 품위와 다 빈치의 예술적 영혼이 고스란히 담겨 있다. 다 빈치가 프랑스에서 생을 마감하기까지 살았던 클로뤼세에 발을 딛고 서 있으면 하얀 수염의 다 빈치가 소리 없이 다가와 우리에게 인사를 건넬 것만 같다. 500년 전의 다 빈치와 모나리자가 머물렀던 곳에 서 있다는 사실은, 미술관에서 모나리자를 보는 것 이상의 감동이다. 이 아담한 작은 성에 르네상스 최고의 거장과 그의 분신과도 같았던 작품 〈모나리자〉가 함께 있었다는 사실이 실감나지 않아 몇 번이나 설레고 흥분되는 가슴을 쓸어내린다.

일명 '레오나르도 다 빈치 하우스'라고 불리는 박물관 안에는 프랑스 IBM사가 1960년대 초 다 빈치의 설계도를 참고로 만든 모형 제작물들이 전시되어 있다. 이 모형 제작물들은 세계 주요 도시에 전시되었던 것들로 이후 이곳에 영구 소장되었다. 그 이외에도 다 빈치의 침실, 작업실, 주방, 작은 예배당, 손님 접견실 등 9개 부분으로 나뉜 그의 자취를 더듬어 볼 수 있다.

안내 표시에 따라 다 빈치의 손때가 묻은 방들을 차분하게 둘러보다 보면 다 빈치가 이곳저곳을 분주하게 돌아다니는 환영을 경험하게 된다. 침실에 들어서면 어린아이처럼 곤히 잠든 다 빈치를 만나고, 접견실에 들어서면 그의 열렬한 후원자인 프랑수아 1세와 환담을 나누는 모습이 보이고, 작업실에서는 복잡한 설계도를 보면서 무언가를 만들기 위해 집중하는 그의 모습이 펼쳐진다.

1, 4 다 빈치의 발명품들
2 〈모나리자〉와 〈세례자 성 요한〉이 걸려 있는 거실
3 다 빈치가 생을 마감한 침실

주방에 들어서면 맛있는 냄새가 코를 찌르는 것만 같고, 큰 냄비에 여러 가지 양념으로 새로운 소스를 만들고 있는 다 빈치의 모습도 떠오른다.

   그중에서도 특히 다 빈치가 최후를 맞이한 침대와 마주하는 순간, 나는 한동안 자리를 뜨지 못했다. 침대가 진품인지는 알 수 없지만, 그가 이곳에서 마지막을 보냈다는 것만으로도 가슴이 우르르 무너져내린다. 한 천재의 마지막 숨결이 스며 있는 장소에 나는 오래오래 서 있었다. 다 빈치는 죽어가면서 어떤 유언을 남겼을까? 자신의 삶이 행복했다고 느꼈을까? 혹 아쉬움은 없었을까? 그에 대한 생각이 커져갈수록 나는 마치 미로에라도 빠진 사람처럼 그 방에서 빠져나오지 못했다.

　붉은 커튼이 가냘픈 기둥에 가지런하게 매어져 있고, 진한 나무 향기가 풍기는 침상에서는 르네상스 시대의 고풍스러움이 그대로 배어난다. 1519년 따뜻한 봄 햇살이 내리쬐는 5월 2일, 다 빈치는 이 침상에 누워 프랑수아 1세의 품안에서 조용히 하늘로 올라갔다. 그는 죽기 바로 열흘 전 자신의 노트에 "텅 빈 공간 속으로 사라지지 않는 것은 그 어떤 것도 없다 No Being disappears into the void"라는 글과 함께 뜨거운 눈물을 흘리며 나지막하게 "오 국왕이여, 주인이여, 신이여! Sovereign, Master and Lord!"라는 말을 남겼다고 한다. 누구의 죽음이 허망하지 않을까만, 우리에게 감동과 즐거움과 희망을 안겨준 천재 예술가의 죽음을 마주하며 나는 안타까운 마음을 추스르느라 오랫 동안 애를 먹었다.

　다시 감정을 추스르고 침실을 지나 주방 도구가 여기저기 걸린 부엌으로 발길을 옮긴다. 말끔하게 단장된 부엌은 생각보다 크다. 이미 아는 사람들은 알겠지만 다 빈치는 음식에 대해서도 조예가 깊었고, 실제로 요리사를 할 만큼 음식 솜씨가 뛰어났다고 한다. 나는 이미 우리에게 너무나 잘 알려진 화가로서의 다 빈치보다는 '요리사 다 빈치'에 대해 더 많은 관심이 생겨났다. 수학자, 철학자, 화가, 과학자, 사상가, 건축가, 발명가 등 그의 이름 앞에 다양한 수식어를 붙이지만, 나는 거기에 '요리사'라는 이색적인 직업 하나를 더 추가하고 싶다.

　요리사라는 별칭의 근원은 지난 2002년《한 천재의 은밀한 취미*Codex Romanoff*》라는 책이 출판되면서 우리에게도 알려지게 되었다. 이 책에는 다 빈치가 살았던 르네상스 시절 전통적으로 내려오는 음식과 그 당시 유행하던 요리에 관한 모든 게 잘 정리되어 있다. 음식 조리법, 식사 예절, 조리 기구 발명, 주방 구조의 개선점 등 음식과 관련한 분야를 기록한 이 책은 그동안 다 빈치가 가지고 있던 명성과는 달리 아주 개인적인 취미로서의 성향을 나타낸 점에서 사람들의 주목을 받았다.

식도락가이자 요리사로 유명한 다 빈치의 엉뚱한 이력은 그가 무명이었던 베로키오 공방 시절로 거슬러 올라간다. 벌이가 시원찮았던 다 빈치는 생계 유지를 위해 피렌체의 베키오 다리 근처의 유명 술집인 '세 마리 달팽이'라는 집에서 주방장으로 일한 적이 있으며, 그것도 모자라 친구 보티첼리Sandro Botticelli와 함께 '산드로와 레오나르도의 세 마리 개구리 깃발'이라는 술집을 경영할 만큼 음식에 대해 남다른 애착과 관심을 가지고 있었다는 사실은 놀랍고도 흥미롭다.

요리에 대한 그의 관심은 밀라노 대공 루도비코 스포르차의 궁정에서 수십 년 동안 궁정 화가, 건축가, 연회 담당자로 일하면서 최고조에 이른다. 연회 담당자로 봉직하면서 다 빈치는 귀족들의 입맛을 배려하기 위해 다양한 요리들을 개발했고, 나아가 새로운 음식에 대해서도 다양하게 제안했는데, 항상 받아들여지진 않았다고 한다. 그 이유는 다 빈치의 요리가 너무 실험적이어서 귀족들의 입맛에 맞지 않았기 때문이다.

그러나 그의 음식에 대한 열정은 훗날 그가 발명한 자동 석쇠, 후추와 마늘 빻는 기계, 냅킨 건조대, 빵과 계란을 자르는 기계, 온수 보일러 장치, 삼지창 포크 등 주방에서 필요한 모든 도구를 만들어 요리 발전에 엄청난 영향을 주었다.

다 빈치가 스포르차 궁정에 있던 시절, 음식과 관련한 재미있는 에피소드 하나가 있다. 그는 한 수도원으로부터 멋진 벽화를 그려달라는 제안을 받았다. 그 작품은 다름 아닌 〈최후의 만찬 Last Supper〉이다. 다 빈치는 이 그림을 그리는 데 2년 9개월이라는 시간을 쏟아부었다. 그런데 벽화를 그리러 온 다 빈치는 그림은 안 그리고 제자들과 포도주를 음미하거나 요리를 만드는 데 시간을 보냈다.

어느 날 다 빈치를 초청했던 수도원의 원장이 매일 먹고 노는 데만 열중하는 그의 모습에 화가 나 스포르차 궁정에 항의 서한을 보냈다. 사실 다 빈치는 먹고 논 게 아니라 예수가 살던 시절 과연 제자들과 어떤 음식을 먹었을까 하는 고민을 하고 있던 것이다. 예루살렘에는 어떤 곡식이 나고, 어떤 고기를 먹고, 어떤 과일이 생산되었는지, 다 빈치는 매일매일 이런 고민을 하느라 시간을 보냈던 것인데, 수도원장의 눈에는 먹고 노는 것으로밖에 보이지 않았던 모양이다.

결국 다 빈치는 3년 만에 최후의 만찬을 완성시켰다. 상에 올라갈 음식을 생각하는 데 2년 6개월이 소요되었다고 하니 요리에 대한 그의 열정이 어느 정도인지 짐작할 수 있는 대목이다.

레오나르도 다 빈치, 〈최후의 만찬〉

    요리사답게 클로뤼세 안에도 16세기 르네상스 시대에 만들어진 가구들과 주방 기구들이 가득한 다 빈치의 부엌이 공개되어 있다. 클로뤼세에까지 다 빈치의 부엌이 있는 것만 봐도 그가 얼마나 요리에 대한 애착이 있었는지를 알 수 있다. 물론 그가 이곳에 머무르는 동안 음식 담당자가 따로 있었지만, 추운 겨울밤이면 다 빈치는 혼자 벽난로에 불을 지피고 엷은 촛불 아래에서 자신이 좋아하는 요리와 주방 기구 연구에 몰두했다고 한다.

    이런 그의 은밀한 취미가 실행된 부엌을 둘러본 뒤 2층으로 올라가면 그의 작업실에서 또 다른 다 빈치의 흔적을 느낄 수 있다. 이곳은 그의 진가를 한번에 볼 수 있는 곳으로 다양한 모형 제작물들이 그의 분주했던 창의성을 말해준다. 특히 눈에 띄는 것은 자동차의 기원이라 할 수 있는 태엽 자동차. 크기는 작지만 2시간 태엽을 감으면 1시간 정도 달릴 수 있는 원리의 자동차가 500년 전에 나왔다는 사실이 다시금 그의 천재성을 실감케 한다.

무엇보다 복도 한쪽에 자리한 그의 초상화가 마치 마력이라도 부리듯 사람의 눈과 마음을 사로잡는다. 노년에 그려진 이 자화상은 다 빈치의 평온한 말년 모습이다. 머리는 벗겨지고 길게 늘어진 수염, 오뚝한 코, 자신감 넘치는 눈빛과 굳게 다문 입술 등에서 다 빈치의 카리스마와 이웃집 할아버지 같은 친근함이 동시에 느껴진다.

다 빈치는 1452년 아지랑이가 어른거리는 봄날, 이탈리아 피렌체에서 조금 떨어진 빈치Vinci라는 마을에서 태어났다. 그런데 그의 출생은 그다지 환영받지 못했다. 어머니는 가난한 농부의 딸이었고, 아버지는 공증인이었는데 신분 차이로 둘은 결혼을 하지 못한 상태였다. 말하자면 서자로 태어난 다 빈치는 탄생부터 어려운 역경에 놓인 셈이다.

다 빈치는 어려서부터 다양한 분야에 재능을 보였는데 그중에서도 음악과 미술에서 큰 두각을 나타냈다. 그래서 아버지는 그를 자신의 친구인 베로키오에게 보내 미술 교육을 받도록 했다. 이때부터 다 빈치는 인체 해부학을 비롯한 사실주의 기교를 배우기 시작했다. 그때 배운 정확한 묘사는 훗날 그로 하여금 르네상스를 대표하는 인문적 인간형의 대표주자로 만드는 초석이 됐다.

다 빈치는 미술뿐 아니라 수학, 물리, 천문, 식물, 해부, 지리, 토목, 기계 등 다양한 과학 분야에서도 두각을 나타내며 단연 천재적인 모습을 보였다. 우리는 흔히 "시작은 미약했으나 그 끝은 창대하리라"는 말을 한다. 달갑지 않은 출생이었으나 그의 마지막 삶은 창대함 이상의 위대함을 남겼다.

다 빈치가 남긴 여러 작품과 1만여 쪽이나 되는 그의 연구 노트는 500년이 지난 지금도 우리 곁에 남아 비할 수 없이 아름다운 빛을 발한다. 수백 년이 지난 지금에도 우리는 그가 발명한 포크를 사용하고 그가 그린 모나리자를 감상하며, 그를 그리워한다. 그리고 도저히 흉내 낼 수 없는 그의 천재성과 세계관을 해부하기 위해 오늘도 곳곳에서 많은 사람들이 연구를 거듭한다.

가을 향기가 그윽하게 밴 클로뤼세 성문을 나서는 순간 다 빈치의 삶과 열정이 나의 삶 속으로 전해진다. 아쉬움과 그리움을 남겨둔 채 나는 새로운 곳을 향해 발걸음을 옮긴다.

타히티
Tahiti

열대의 섬
타히티에서 만난 열정
폴 고갱

63일간 우리들은 견디기 어려운 기다림과 뭐라 말할 수 없는 설렘을 안고 변화무쌍한 항해 끝에 모레아 섬을 돌아 최종 목적지인 타히티 섬에 무사히 닻을 내렸다. 처음 보기에 이 작은 섬은 별로 색다른 것이 없고, 다만 태고의 대홍수로 잠긴 산봉우리만 겨우 수면 위로 수줍은 듯 고개를 내밀고 있을 뿐이었다.

1891년 6월 8일, 프랑스 천재 화가 폴 고갱 Paul Gauguin 이 타히티 섬에 도착한 순간의 감상을 《노아 노아 *Noa Noa*》라는 자신의 수필집을 통해 적은 글이다. 100여 년 전 폴 고갱은 배를 타고 험난한

풍랑과 맞서며 자신의 이상향을 찾기 위해 환상의 섬 타히티Tahiti
에 발을 디뎠다. 대부분의 도시인들은 생활에 찌든 스트레스를 한
방에 날리고, 새롭고 싱싱한 활력을 찾기 위해 비행기를 타고 타
히티를 찾는다. 어떤 목적으로 이 섬을 찾든 태곳적 신비를 그대
로 간직한 타히티는 옛날이나 지금이나 이방인을 따뜻하게 맞이
하는 곳이다.

특히 고갱의 그림을 통해 알려진 남태평양의 작은 이 섬을 두
고 유럽인들은 '지상의 낙원'이라고 부른다. 고갱은 타히티가 간
직한 아름다움과 투박하지만 소박한 꿈을 지닌 원주민의 모습을
예술로 승화시킨 인물이다. 고갱이 없었더라면 타히티는 아마도
지금의 타히티가 아니었을지 모른다. 고갱은 조국 프랑스를 떠나
히바오아Hiva Oa 섬에서 생을 마감할 때까지 타히티의 자연과 원
주민의 모습을 강렬한 남국의 색채로 그려냈다.

폴 고갱의 흔적을 찾기 위해 프랑스가 아닌 남태평양 한가운데
로 옮겨야 하는 이유는 바로 그의 대표 작품들이 모두 타히티에
서 탄생했기 때문이다. 우리는 고갱을 떠올릴 때마다 그의 영원
한 친구이자 동료인 반 고흐를 생각한다. 나 또한 반 고흐를 통해
고갱을 알게 되었는데, 이렇게까지 고갱에 흠뻑 빠져 그의 마지
막 영혼이 머물러 있는 타히티를 두 번이나 여행하게 될 거라고
는 생각지도 못했다.

나는 다시 고갱의 예술적 영혼이 성장한 남태평양의 작은 섬을
찾아와 그가 남긴 몇 점의 유물과, 그의 작품 속에 등장하는 검은

고갱의 고독한 마음을 감싸준 타히티의 바다

피부의 여인과, 아름다운 풍경을 눈과 사진에 가득가득 담으며 잠시나마 고갱과의 영적 고리를 만들려 애쓴다.

폴 고갱은 마흔셋의 나이에 타히티를 찾아와 이곳에 머물다가 쉰다섯의 일기로 생을 마감했다. 10여 년간 타히티에 머물렀던 고갱은 가끔 무의식적인 충동과 절제할 수 없는 강한 에너지로 인해 이 섬 저 섬으로 옮겨 다니기도 했다고 한다. 거대한 도시 파리를 탈출해 남태평양의 작은 섬에 안식처를 마련한 그는 이곳에서도 정착하지 못하고 또 다른 섬을 떠돌며 보헤미안처럼 살았다.

그럴 때마다 타히티는 어머니의 품처럼 고갱의 고독하고 쓸쓸한 마음을 따스하게 감싸주었다. 서정주의 〈자화상〉이라는 시에 등장하는 "나를 키운 건 8할이 바람이다"라는 구절이 아마 고갱에게 가장 어울리는 표현이 아닐까 싶다. 바람과 구름이 되어 세상을 떠돌던 고갱. 그는 어쩌면 세상을 떠돌며 사는 보헤미안의 대표 아이콘인지도 모르겠다. 그래서인지 그의 작품 속에는 바람을 가득 품은 낯선 이방인의 그림자와 어디에도 속해 있지 않은 고독하고 외로운 느낌이 가득하다.

고갱의 자유정신과 그의 애정이 바람처럼 머물러 있는 타히티의 정식 국가 명칭은 '프렌치 폴리네시아 French Polyncsia'다. 이곳은 투아모투 Tuamotu, 마르키즈 Marquesas, 오스트랄 Austra, 갬비어 Gambier, 소사이어티 Society 등 다섯 개의 군도가 118개의 섬으로 이뤄져 있다. 그중 타히티 섬은 소사이어티 군도에 속하며 프렌치 폴리네시아의 수도인 파페에테 Papeete 가 있다.

하늘에서 내려다보면 타히티 섬의 모양은 마치 큰 공과 작은 공을 연결한 모습과도 같다. 타히티의 원주민들은 큰 모양의 섬을 '타히티 누이Nui,' 작은 것을 '타히티 이티Iti'라고 부른다. 타히티 섬의 둘레는 총 180킬로미터 정도고, 제주도와 마찬가지로 화산 폭발로 인해 생성되었다. 섬 중앙에는 2241미터의 오로헤나 산과 2110미터의 피토 이티 등 고봉들이 자리하고 있고, 그 밑으로 마을이 들어서 있다. 프렌치 폴리네시아의 인구는 약 26만 명인데, 그중 17만 명이 타히티 섬에 살고 있다.

섬의 날씨는 변화무쌍해서, 어느새 파란 하늘이 짙은 먹구름으로 뒤덮여 이내 강한 소나기를 퍼붓곤 한다. 열대성 기후에서 흔히 보는 스콜Squall이다. 10여 분간 세차게 퍼붓던 비는 언제 그랬냐는 듯 자취를 감추고 하늘은 다시 쪽빛으로 빛난다. 우기인 여름철(10~3월)에는 하루에도 수차례씩 이런 현상이 반복된다. 다시 맑게 갠 하늘과 바다 위로 아름다운 무지개가 솟아오르며 이방인에게 손짓을 한다. 이 순간 이곳에 있는 사람이면 누구라도 사진작가가 되고 화가가 되고 시인이 된다.

자연의 주제가 아니고서는 세계 그 어디에서도 볼 수 없는 원시성과 원주민의 따스한 마음씨가 수백 개의 섬마다 알알이 박혀 있다. 그래서 고갱은 반 고흐와 아를에서 헤어진 후 번잡한 파리를 떠나 바람소리, 파도소리, 새소리 이외는 아무것도 들리지 않는 이곳 타히티로 와 히 바오 섬에서 죽을 때까지 자연과 원주민의 모습을 강한 색채로 그려냈다.

고갱의 수필집
《노아 노아》와
습작 노트

 "인생은 짧고 예술은 길다"라는 명제가 새삼스럽게 떠오르는 타히티. 고갱의 흔적은 거의 사라졌지만 그의 그림 속에서 꿈틀대는 타히티의 여인과 풍경은 시간을 빗겨 앉은 채 고스란히 남아 있다. 그의 수필집《노아 노아》에 묘사된 것처럼 이곳의 첫인상은 100여 년 전 고갱이 목격한 것처럼 수면 위로 오로헤나 산봉우리만이 수줍게 솟아 있다.

 다만 수도 파페에테는 고갱이 머물렀던 시대와 달리 도시화로 인한 심각한 교통 체증과 현대식 콘크리트 빌딩들이 어깨를 나란히 맞대고 서 있어서 다소 실망스럽다. 또한 이곳의 물가는 가히 살인적이다. 타히티가 서유럽의 자본에 의해 식민화되었기 때문이라고 한다.

 토착 종교는 가톨릭과 기독교로 대체되었고, 문명사회의 상징인 카페, 레스토랑, 명품점 등이 생활의 중심으로 등장했다. 원주민들은 점점 더 산꼭대기로 올라가거나 거친 밀림 속으로 삶의 보금자리를 옮겨야 했다. 도시가 문명화되는 과정에서 일어나는 현상이긴 하지만 우리가 생각했던 남태평양의 이미지와는 완전히 다르다는 게 바로 파페에테의 현주소다.

그러나 도시에서 조금만 벗어나면 여전히 고갱의 그림처럼 무척 아름다운 자연의 세계가 펼쳐져 있어서 천만다행이다. 쉴 새 없이 부서지는 에메랄드빛 파도, 오렌지색 햇살, 파란 하늘과 푸른 바다가 맞닿은 곳까지 열심히 노를 저어도 다시 멀어지는 수평선, 싱그러운 햇살보다 더 부드러운 모래사장, 하늘보다 더 파란 쪽빛 바다, 화려한 네온사인보다 더 아름다운 자연풍광 그리고 때 묻지 않은 순수한 영혼들……. 세상에 있는 아름다운 형용사를 모두 동원해도 타히티가 가진 원시적이고 순수한 자연 풍광을 모두 담을 수는 없다.

고갱은 타히티의 이 풍요로운 자연과 순수한 여인들을 원색적인 색감으로 담아내고자 열정을 쏟아냈다. "전원에 널려 있는 눈부신 모든 게 나를 눈멀게 만들었다"는 그의 말처럼, 타히티는 철저하게 문명사회와 단절된 채 자연이 가진 본성을 보여주며 사람들에게 영혼에 묻은 먼지를 털어낼 수 있는 기회를 선사한다.

강한 선과 색채로 이뤄진 그의 작품에서 타히티의 진정성을 조금이라도 느꼈다면 실제로 이 섬에 와서 두 발로 서보라. 마치 자신이 고갱의 작품 속 모델이 된 것 같은 착각에 사로잡힐 것이다. 검은 색의 피부를 가진 젊은 여성들이 삼삼오오 모여 웃음꽃을 피우는 모습과 순박함이 넘칠 정도로 친절하고 겸손한 원주민들의

폴 고갱,
〈타히티의
여인들〉

모습을 대하는 순간, 고갱이 12년 동안이나 이 섬에 머물며 그림과 조각으로나마 타히티의 매력을 담아내려 애쓴 이유를 알게 된다.

  며칠 동안 눈이 부시게 푸른 하늘과 바다 그리고 인심이 넉넉한 원주민들과 즐거운 시간을 보내다 보면 문득 "이 섬에 온 목적이 뭐였더라?" 하는 상태에 놓인다. 고갱의 흔적을 찾기 위해 머나먼 한국 땅에서 이곳까지 날아온 목적 말이다. 잠시의 여행으로 한 예술가가 그토록 사랑했던 섬과 그 섬을 담고 있는 작품을 온전하게 이해하기란 불가능할 것이다. 고갱이 느끼고 경험한 다양한 섬 생활을 모두 경험할 수는 없지만, 그가 남긴 작품과 유물을 통해 타히티가 내뿜는 자연의 소나타와 원주민의 인간적인 사랑을 조금이나마 느껴보자.

Part 1. 그림의 향기에 끌리다 **77**

파페에테에서 50킬로미터 떨어진 곳에는 그의 이름을 딴 '폴 고갱 박물관'이 있다. 그곳에서 우리는 한 예술가의 인간적인 고뇌와 그가 남긴 흔적을 만날 수 있다. 이곳은 고갱이 1891년부터 3년간 머물렀던 아틀리에이자 살림집이었다. 입구에서 제일 먼저 만나는 1전시관은 고갱의 가족사진과 가계도를 친절하게 설명하고 있고, 고갱에 관한 일반적인 정보를 한눈에 알 수 있게 전시해 놓았다.

2전시관은 고갱이 파리에서 열었던 타히티 그림 전시가 실패로 끝나자 다시 이곳으로 돌아와 더 원시적인 그림을 그리며 외지인들의 발길이 드문 마르키즈의 히 바오 섬에서 죽을 때까지 생활했던 시절을 담고 있다. 현재 박물관 내부에는 그가 사용하던 유물과 모조품이 전시되어 있다. 그 중에서 히 바오 섬에서 그림을 그리며 살던 시절을 모형으로 만든 그의 아틀리에는 매우 인상적이다.

그 이외에도 고갱의 작업실과 침대 등 생활 공간을 그대로 재현해놓았다. 벽면에는 그의 모든 작품을 엽서로 전시해놓았는데, 일목요연하게 분류되어 있어서 어떤 박물관이 고갱의 어떤 작품을 소장하고 있는지를 알 수 있다.

3전시관에는 고갱의 대표작 중 하나인 〈우리는 어디에서 왔는가? 우리는 누구인가? 우리는 어디로 가는가? *Where Do We Come From? What Are We? Where Are We Going?*〉가 전시되어 있다. 전시관은 자그마하지만 고갱의 정신을 느끼기엔 충분하다.

미술사적으로 고갱은 과연 어떤 인물로 평가받고 있을까? 우

폴 고갱 박물관 입구

1 고갱이 치던 풍금
2 고갱이 남긴 유물
3 아틀리에를 개조한 박물관 내부
4 박물관 내부 전경

리는 고갱과 고흐를 후기 인상파를 선도한 화가이자 훗날 아방가르드 탄생에 영향을 준 인상주의 화가로 높이 평가하고 있다. 1848년 6월 7일, 그는 파리에서 프랑스인 아버지와 페루 출신 어머니 사이에서 태어났다.

신문기자였던 고갱의 아버지는 페루에서 신문사를 창간하고 싶어 페루로 향하다가 배 안에서 병으로 사망했다. 그 후 고갱은 페루에서 어머니와 함께 여섯 살까지 살았다. 훗날 고갱은 리마(페루의 수도)에서 살았던 그 시기가 자신에게 많은 영향을 주었다고 말했다. 그때부터 고갱은 문명사회와 동떨어진 세계를 이상향으로 삼았다.

고갱은 어려운 가정 형편 때문에 열일곱 살이 되던 해 선원이 되어 대서양을 누비기 시작했다. 이런 생활은 스물네 살까지 이어졌고, 그 후 고갱은 주식거래소에서 일하며 비교적 경제적인 안정을 찾아갔다. 많은 고난과 역경이 문득문득 그의 앞을 가로막았지만 고갱은 그림에 대한 열정만큼은 내려놓지 않았다.

20대 시절, 인상파 화가인 피사로 Camille Pissarro 와 교류하면서 그는 인상주의에 매료되어 자신만의 독특한 화풍을 만들어갔다. 1883년, 서른다섯 살이 되던 해 고갱은 직장을 그만두고 화구를 가지고 브르타뉴의 퐁타방 Pont Aven 으로 그림 여행을 떠났다. 이때부터 고갱의 진정한 화가로서의 삶이 시작되었다.

그러나 동시에 무한한 자유를 향한 처절한 몸부림이 시작된 시기이기도 하다. 고갱은 사랑하는 아내와 4남 1녀를 남겨둔 채 자

폴 고갱,
〈황색의
그리스도〉

신만의 세계를 위해 과감하게 파리를 떠났다. 화가가 되고 싶다는 열정은 그로 하여금 가정을 저버리게 했으며, 그 누구도, 그 어떤 장애물도 고갱의 자유 의지를 방해하지 못했다. 모든 것과 작별하고 오로지 그림에만 몰두한 고갱은 경제적으로 점점 더 궁핍해졌지만, 그림을 그릴 수 있다는 행복감은 그를 위대한 화가로 만드는 밑거름이 되었다.

마침내 그는 파리 미술계에서 명성을 날리기 시작했다. 반 고흐가 그의 그림 세계를 인정해주었고, 1888년 10월에서 12월까지 고갱은 프로방스Provence 아를Arles에서 고흐와 공동체 작업을 하게 되었다. 고흐와의 공동체 작업은 그리 평탄하지 않았지만 서로의 존재 가치를 한껏 높일 수 있는 계기가 되었다.

아를을 떠난 뒤 파리에서 작업을 하던 고갱은 도시 생활에 싫증을 느끼기 시작했다. 그렇게 삶의 권태가 찾아올 즈음 그림에 대한 열정도 잠시 식었던 것이다. 그래서 고갱은 1891년 4월 문명사회와 단절한 채 타히티로 떠난다. 이때부터 고갱을 통해 타히티의 아름다움이 유럽에 알려지게 된다. 그는 원주민들과 생활하면서 〈언제 결혼하니?*When Will You Marry?*〉 〈세 명의 타히티인*Three Tahitians*〉 등의 대작을 그렸다. 강한 색채로 검은 피부의 여인들을 그려낸 고갱은 파리에서 작품을 팔아 영원히 타히티에 정착하려고 했지만 파리의 미술계는 그에게 냉담한 반응을 보였다. 자신의 그림이 잘 팔릴 거라는 막연한 기대는 사라지고, 그에게 남은 것은 상처받은 자존심뿐이었다.

그래서 고갱은 1895년 2월 다시 자신의 안식처이자 예술의 유토피아인 타히티로 돌아왔다. 자신감과 특유의 과장됨으로 점철된 고갱에게 실패는 곧 자존감에 엄청난 상처를 주는 일이었다. 겉으로는 강한 남성의 이미지를 보였지만, 그는 누구에게도 말 못할 가슴 시린 패배의식을 강하게 느꼈다. 어쩌면 이런 모습이 진정한 고갱의 모습이 아닐까 싶기도 하다.

파리 미술계를 점령하고 싶었던 그에게는 늘 찬사보다 비판이 쏟아졌다. 고갱은 자신의 그림 세계가 파리 미술계를 감동시키지 못한다는 사실에 불안감을 느꼈다. 하지만 그에게는 그의 영혼을 치료해줄 타히티가 있었다. 오히려 그는 타히티의 파페에테에서 사람들의 발길이 드문 더 외진 섬으로 거처를 옮겨 자신만의 독특한 화풍에 몰입하게 되는데, 이 시기가 바로 그의 예술적 전환점이 된다.

그는 와신상담하며 철저하게 자신의 예술 세계를 다지며 허풍과 위선을 버리고 소박한 이웃집 아저씨로 살아갔다. 그리고 6년 뒤인 1901년, 고갱은 파리에서 타히티 작품 전시회를 열게 되었다. 전시회는 성공적이었고 고갱은 그야말로 파리의 미술계를 흥분의 도가니로 만들어버렸다. 크고 작은 시련에도 굴하지 않고 자신만의 화풍을 만든 고갱에게 파리 미술계가 찬사와 박수로 화답한 것이다. 그때부터 후기 인상파를 대표하는 화가로 인정받기 시작한 고갱의 명성은 유럽에서도 날로 높아졌다.

그렇게 파리에서 성공을 거둔 고갱은 파리 생활에 권태를 느끼고 다시 타히티로 돌아왔다. 그는 지상 낙원에서 마지막 생애를 사는 동안 가난한 화가로서 모든 예술적 영혼을 타히티에 바치기 위해 몸부림쳤다.

열네 살의 어린 타히티 여인 파후라와 살면서 그의 대표작인 〈우리는 어디에서 왔는가? 우리는 누구인가? 우리는 어디로 가는가?〉를 완성했다. 이 위대한 작품을 완성한 이후 고갱의 몸 상태는 급격하게 나빠졌다. 모차르트가 죽기 전 4년 동안 많은 위대한 작품을 작곡했듯이, 고갱 또한 1901년부터 〈아담과 이브 Adam and Eve〉〈부름〉〈해변의 말 탄 사람들 Horsemen on the Beach〉〈원시의 이야기 Barbarous Tales〉〈부채를 든 아가씨 Girl with a Fan〉 등 수준 높은 작품들을 완성했다.

1903년 5월 8일, 위대한 후기 인상파 고갱은 마침내 파란만장한 삶을 끝내고 먼먼 곳으로 떠나고 말았다. 심장이 멈추기 전까지 그의 이젤에는 미완성의 〈눈 덮인 브르타뉴 마을 Breton Village in the Snow〉이 걸려 있었다. 프랑스의 브르타뉴는 고갱이 그림을 시작하기 위해 떠났던 곳이어서 이 마지막 작품은 또 다른 의미를 지난다. "여우는 죽을 때 자신이 살던 굴을 향해 머리를 둔다"는 말처럼 고갱의 삶도 언제나 자신의 예술적 고향이었던 브르타뉴 마을을 향해 있었던 것이다.

자유를 갈망하는 영원한 보헤미안이자 어디에도 의지할 곳 없는 외로운 화가 폴 고갱. 사랑하는 아내와 자식을 등지

폴 고갱과 그의 아내

고 오로지 그림에 몰두할 때 자신의 존재감을 느꼈던 고갱의 인생이 더없이 고독하고 외롭게 느껴진다. 고향을 떠나 영원한 유토피아인 타히티에서 소박한 삶을 마무리 했지만, 그는 미완성이었던 마지막 그림을 통해 자신의 예술 세계의 시작점이었던 브르타뉴 하늘로 다시 돌아가려 했던 것이다.

굳게 믿었던 타히티마저도 그에게는 영원한 안식처가 되어주지 못했던 것일까? 그가 유토피아라고 생각했던 타히티의 바람과 하늘 그리고 파도 소리조차 그의 텅 빈 마음을 채울 수는 없었던 모양이다. 고갱은 숨이 가쁘고 손이 떨리는 병중에서도 고향을 그리워하며 생애 마지막 작품을 그렸다. 외로운 방랑자로서, 고독한 화가로서의 고갱의 삶은 그렇게 끝이 났다.

모든 예술가들이 한곳에 머물지 못하고 곳곳을 떠돌며 구름처

럼 살지만, 결국 자신의 영혼을 쉬게 하고 의지할 곳은 고향의 하늘 아래가 아닐까? 고갱도 페루, 프랑스, 타히티 등을 전전하며 끊임없이 새로운 안식처를 찾으려고 한평생 떠돌았지만 결국 자신의 그림 인생의 시작점이 된 브르타뉴 지방을 생애 마지막 그림 소재로 택했다. 고갱에게 있어서 브르타뉴가 존재감을 주는 마음의 안식처였다면, 타히티는 그의 그림에 대한 마르지 않는 예술혼을 불어넣는 근원지였다.

잠시 넋이 나간 사람처럼 전시관 이곳저곳을 배회하다가 관람객들이 유독 오랫동안 머물러 있는 쪽으로 발길을 옮긴다. 고갱의 영원한 친구이자 예술적 동지인 빈센트 반 고흐와 관련된 전시물이다. 고갱을 이야기할 때마다 끈질기게 그림자처럼 따라다니는 반 고흐를 말하지 않을 수 없다.

고갱과 고흐는 후기 인상파를 대표하는 화가라는 점에서 공통점이 있지만 그 이외에는 서로 다른 점이 너무나 많은 화가다. 물론 이들은 서로의 장점을 인정해 프로방스 아를에서 2개월간 공동으로 작업을 하기도 했지만 서로 다른 성격 때문에 둘의 동거는 그리 오래가지 못했다. 둘의 출신과 성장 배경이 너무나 달랐기 때문이다.

고갱은 홀어머니 밑에서 궁핍한 가정 형편 탓에 제대로 교육받지 못하고 자랐다. 또한 프랑스 주류 사회에서 자신이 페루인의 피가 흐르는 '혼혈아'라는 열등감을 감추기 위해 귀족적이고 자신감이 넘치는 행동으로 자신의 속내를 감췄다. 하지만 반 고흐는 학식

폴 고갱,
〈해바라기를
그리고 있는
반 고흐〉

있는 성직자와 부유한 화상畵商을 배출한 가문에서 태어나 불어와 라틴어를 모국어처럼 구사할 정도로 양질의 교육을 받고 자랐다.

성장 배경이 너무나 다른 두 사람이 프랑스 아를에서 만났을 때 서로 조화를 이루지 못했던 것은 어쩌면 당연한 일이었는지도 모른다. 자신의 열등감을 위장하기 위해 가식적이고 귀족적인 품위를 구사하는 고갱과, 광기와 발자 그리고 성직자로서 실패한 경험이 있는 고흐와의 공동체 작업은 이미 이별을 준비한 만남이었다. 너무나 다른 성격이 이들을 더 이상 공동체 작업이라는 틀 속에 가둬두지 못했다. 오만함과 도도함으로 무장한 고갱은 "예술은 지적인 귀족들만이 향유할 수 있는 전유물"이라고 생각했다.

반면 고흐는 성직자가 되는 꿈을 이루지 못했지만 그에게 있어서 예술은 종교만큼이나 신성한 것이었다.

예술에 대한 가치관의 차이는 고갱과 고흐 사이의 끊임없는 논쟁의 대상이었다. 게다가 고갱은 자기중심적인데다가 타인이 자신의 그림에 대해 이렇다 저렇다 비평하는 것을 몹시 싫어했는데, 고흐는 이런 고갱의 작업에 대해 간섭하며 예술에 대해 논쟁하기를 좋아했다.

이런저런 이유들이 복잡하게 얽혀 둘의 공동체 작업은 더 이상 지속되지 못했다. 1888년 12월 23일 고갱이 아를을 떠나던 날, 고흐가 자신의 귀를 자르는 소설 같은 사건이 일어났다. 그럼에도 아를에서의 짧은 동거는 두 거장이 새롭게 태어나는 계기가 되었다.

고갱과 헤어진 이후 고흐는 병원으로 들어가 더 좋은 작품을 그렸고, 고갱은 자신만의 유토피아를 찾아 '인상주의로부터의 탈출'을 이룰 수 있는 절정의 순간들을 맞이했다. 서로 다른 성격, 서로 다른 화풍을 가졌지만 둘은 그림자처럼 끈질기게 붙어다니며 끝없이 충돌하면서 상생하는 관계가 되었다.

암스테르담의 고흐미술관에서 고갱을 만나고, 타히티의 고갱박물관에서 고흐를 만나는 것처럼 둘은 죽어서도 공동체 작업을 하고 있는 것만 같다.

2시간 남짓 고갱박물관을 꼼꼼하게 둘러보고 나면, 외로운 이방인이었던 고갱의 그림들이 더욱 가슴 짠한 감동으로 다가온다. 타히티의 수많은 섬들이 신의 조화로 만들어졌다면, 타히티의 명성은 고갱에 의해 만들어졌다고 해도 과언이 아닐 것이다.

  괴팍한 성격의 소유자이자 바람처럼 떠도는 고갱에게 타히티는 어머니 이상의 역할을 해준 곳이다. 물질적으로 그리 풍요롭지는 않았지만 실패와 좌절을 딛고 자신만의 화풍을 만들 수 있게 해준 타히티는 그에게 마지막 남은 안식처이자 낙원이었을 것이다. 대자연 속에 있을 때 우리의 몸과 마음이 어머니의 자궁 속에 있는 것처럼 편안하게 느껴지듯이 말이다. 온갖 자연을 품고 있는 타히티는 외로운 한 천재 화가 고갱의 정신을 정화시켜주었다. 그리고 외로운 천재 화가 고갱은 그 타히티를 담은 그림으로 우리의 마음을 정화시킨다.

스페인 말라가
Spain Malaga

욕망을 불태운 어릿광대
파블로 피카소

까만 피부에 하얀 머리카락 그리고 누구도 똑바로 응시할 수 없을 만큼 강한 눈빛. 카리스마 넘치는 눈빛 주위로 핏발 선 눈동자와 작은 몸짓에서 지칠 줄 모르고 터져 나오는 예술과 사랑에 대한 열정……

1997년 제임스 아이보리James Francis Ivory 감독의 영화〈피카소 *Surviving Picasso*〉에 등장하는 주인공, 파블로 피카소Pablo Ruiz Picasso에 대한 인상이다. 감독은 할리우드 최고의 성격파 배우인 안소니 홉킨스를 통해 인간적 고뇌와 자취를 남기며 한 세기를 풍미했던 피카소를 재조명했다. 영화는 피카소가 사랑한 여인들을 중심으로 그의 예술적 영감과 사랑을 35밀리미터 필름에 담고 있다. 피카소가 예순둘의 나이에 만난 스물두 살의 자유분방하고 부유한 집안 출신인 프랑수아 질로_Franceoise Gilot_. 영화는 그녀와 피카소가 나누었던 10년간의 아름다운 사랑과 그때 형성된 피카소의 작품 세계를 독특한 시각으로 보여준다.

상영 시간 123분 동안 하얀 직사각형의 스크린은 피카소의 열정으로 가득하다. 영화 연출을 전공한 나에게는 예술성과 작품성을 떠나 특히 안소니 홉킨스의 명품 연기가 돋보이는 작품으로 기억되는 영화다. 머리숱 없는 외모에 주름 많은 얼굴까지 그의 모습은 마치 피카소의 분신처럼 느껴져 영화가 아닌 현실에서 만나는 피카소의 생생한 모습을 보는 것만 같다.

말 그대로 한편의 영화처럼 살다간 피카소는 20세기 최고의 화가로 추앙받기에 충분하다. 남녀노소, 동서양을 막론하고 피카소를 모르는 사람은 없을 것이다. 큐비즘의 창시자이자 수많은 여인들과 스캔들을 일으키며 서양 미술사의 엄청난 부분을 차지하고 있는 피카소의 흔적을 만나려면 제법 다리품을 팔아야 한다.

그가 태어난 고향은 스페인 남부에 위치한 말라가_Malaga_다. 그는 이곳에서 처음으로 그림을 그렸고 천재 화가로서의 가능성과 역량을 선보였다. 말라가 다음으로 그의 흔적을 느끼기 위해서는 스페인의 바르셀로나로 가야 한다. 피카소가 탁월한 미술적 재능을 보이자 미술 교사였던 그의 아버지는 소년 피카소를 바르셀로나로 유학을 보냈다. 현재 바르셀로나에 있는 피카소미술관의 작품들은 피카소가 친구인 사바르테스 Jaume Sabartes에게 기증했던 것으로, 피카소의 유년부터 청소년기까지의 낙서와 스케치, 밑그림 등을 전시하고 있다. 특히 이곳에는 피카소가 열다섯 살에 그린 〈첫 성체배령 Premiere Communion〉과 열여섯 살에 그린 〈과학과 자비 Science and Charity〉 등이 전시되어 있는데, 이 작품들에서는 그의 천재적인 잠재력과 재능을 한눈에 느낄 수 있다.

마지막으로 20대 이후부터 죽을 때까지 활동했던 프랑스 파리에서 그의 다양한 작품들을 만날 수 있다. 파리 마레 지구에 있는 '피카소미술관'은 피카소의 미술관 중 그의 대표작을 가장 많이 소장하고 있는 곳으로 유명하다. 이곳에는 200여 점의 회화, 190여 점의 조각, 80여 점의 도자기, 3000여 점의 데생과 판화 그리고 콜라주 등이 전시되어 있다. 내가 이 미술관에서 관심을 갖고 본 작품은 1950년 한국전쟁의 참화를 그린 〈한국에서의 학살 The Massacre in Korea〉이다. 한국에 와본 적도 없었지만, 그는 1950년 10월부터 12월까지 황해도 신천군 일대에서 벌어진 민간인 학살에 대한 비극을 〈게르니카 Guernica〉처럼 그림으로 고발했다.

이처럼 스페인의 말라가와 바르셀로나, 프랑스 파리, 스위스 루체른 등 다양한 곳에 피카소 관련 작품과 유물들이 전시되어 있지만, 개인적으로 내가 제일 관심을 갖는 곳은 피카소의 고향 말라가다. 나는 이곳에서 그의 천재적인 흔적을 찾아봤다.

사람의 인성이나 행동 양식 그리고 재능 등은 열 살 이전에 모두 형성된다고 한다. 그런 의미에서 볼 때 말라가는 피카소가 태

싱그러운
바다 풍경과
어우러진
말라가 시가지

말라가 기차역 벽에 그려져 있는 피카소의 그림

어나 세례를 받고 또래 친구들과 마음껏 뛰어놀며 예술가로서의 감성을 키운 곳이다. 잘츠부르크의 모차르트 생가, 본의 베토벤 생가, 칼프의 헤르만 헤세 생가 등 예술가들이 남긴 추억의 파편들을 여행하면서 나는 유독 그들의 생가에 집착했다. 그 이유는 예술가들이 태어나고 자란 도시와 환경이 과연 그들에게 어떤 영향을 미쳤기에 세계적인 거장이 되었을까 하는 호기심 때문이다.

피카소가 태어난 스페인 남부의 작은 항구 도시 말라가. 이곳은 코스타 델 솔Costa del Sol의 주도主都며 아름다운 지중해를 끼고 있는 해변 도시이자 유럽인들에게 휴양지로 각광받는 곳이다. 1년 중 맑은 날이 320일이 넘고 연중 날씨가 따뜻해서 바다의 싱그러움을 즐기려는 유럽 전역의 사람들이 이곳을 찾는다. 우리에게는 조금 낯선 도시이긴 하지만 말라가 공항의 규모는 스페인에서 세 번째일 만큼 국제 도시로도 그 위상이 매우 높다.

또 하늘보다 더 푸른 지중해의 무역항으로서도 절대적인 역할을 하고 있다. 특히 아름답게 펼쳐져 있는 해변은 그 길이가 300킬로미터나 되며, 하얀 벽과 새빨간 지붕을 한 별장들이 그 해변을 따라 즐비하게 늘어서 있다. 인구는 60만 명에 불과하지만 1년 동안 600만 명 이상의 관광객들이 찾아온다고 하니 그야말로 세계적으로 사랑받는 휴양 도시임에 분명하다.

많은 화가들이 프랑스의 남부 프로방스에서 지중해의 맑은 햇살을 즐기며 그림을 그렸지만, 피카소는 오렌지 향기가 가득하고 1년 내내 눈이 부실 정도로 아름다운 지중해산 햇살을 즐겼다. 신이 베풀어준 대자연 속에서 그의 감성은 나무처럼 무럭무럭 자라났다.

지중해에서 전략적으로도 중요한 위치에 있는 말라가는 3000년 전 페니키아인들이 도시를 건설한 후 구리, 은, 철광석 등과 같은 금속을 수출해 막강한 부를 축적하며 성장했다. 그 후 로마와 이슬람 세력이 스페인 전역을 지배할 당시 말라가도 예외일 수는 없었다. 그래서 지금도 시내 곳곳에는 로마 유적과 이슬람 유적들이 남아 있으며, 말라가 시내와 지중해를 한눈에 내려다볼 수 있는 히브랄파로 성은 여행자의 발길이 끊이지 않는 곳으로 유명하다.

11세기에 세워진 알카사바를 지나 작은 산책로를 따라 10여 분 올라가면 우측으로 태양빛을 받아 눈부시게 빛나는 지중해가 끝없이 펼쳐지고 발아래로는 항구, 투우장, 대성당 등 말라가의 아름다운 시가지 풍경들이 마치 한 폭의 그림처럼 펼쳐져 있다.

히브랄파로 성 한 귀퉁이에 앉아 두 눈을 지그시 감은 채 모래보다 더 보드라운 햇살과 수정보다 더 맑고 깨끗한 바람을 맞으면 피부 세포 하나하나가 살아나며 가슴속에 묻어 두었던 삶의 무게가 한꺼번에 날아가는 듯하다. 시를 좋아하는 사람은 시집을 읽고, 음악을 좋아하는 사람은 음악을 듣고, 그림을 좋아하는 사람은 스케치를 하면서 저물어가는 태양을 바라보며 잠시 지나온 삶의 흔적들을 돌이켜보는 것도 좋은 시간이 될 것이다.

새가 된 것처럼 높은 곳에 서서 도시를 내려다보면 한층 더 풍

말라가의
담벼락에
그려진 성화들

요롭고 낭만적인 말라가를 즐길 수 있다. 수평적 시각보다 수직적 시각이 도시를 관찰하며 사진을 찍거나 그림을 그리는 데는 훨씬 효과적이다. 인공위성처럼 성 위에서 도시를 완벽하게 눈 속에 넣고 나면 드디어 말라가 여행의 백미라고 할 수 있는 피카소의 흔적들을 찾게 된다. 얼마나 긴장되고 기다려온 순간인가! 언제나처럼 세계적인 거장들이 태어나고 자란 곳을 찾아가는 여행은 늘 흥분으로 가득하다.

　성 위에서 본 것과 또 다른 이미지를 연출하는 말라가의 구시가지는 종교적 향기가 물씬 풍긴다. 시가지 중심에는 하늘 높이 솟아 오른 대성당이 장승처럼 서 있고, 가톨릭 도시답게 크고 작은 성당과 담벼락에 그려진 수많은 성화들이 눈에 들어온다. 은은하게 울려 퍼지는 종소리를 따라 발길이 닿은 곳은 대성당. 이곳

1 피카소 생가 입구에서 본 거리
2, 3 피카소 생가 내부

은 1528년에서 1782년까지 이슬람사원이었던 것을 개축한 곳으로, 피카소가 1881년 10월 25일 태어나자마자 세례를 받은 곳이기도 하다.

성당 앞을 지나 좁은 골목길에 들어서자 어린 아이들이 신나게 뛰어노는 모습이 보인다. 아마 100여 년 전 피카소도 저 아이들처럼 친구들과 어울려 노느라 하루를 보내곤 했을 것이다. 말라가 서민들의 넉넉한 인심이 살아 숨 쉬는 몇 개의 골목길을 지나자 수백 마리의 비둘기가 나른한 오후를 즐기고 있는 메르세드 광장이 나타난다.

그리고 저만치 광장 끝에 있는 피카소의 생가가 눈에 들어온다. 많은 사람들이 엄청나게 작은 문으로 들락날락 하는 것만으로도 그곳이 피카소의 생가라는 것을 짐작할 수 있다. 점점 더 가까이

갈수록 생가 앞에는 기념사진을 찍거나, 생가를 향해 인사하는 사람들의 모습이 눈에 들어온다. 피카소의 진품이 있는 것도 아닌데 왜 이토록 많은 사람들이 이곳을 찾는 걸까? 단순히 입장료가 무료라는 게 그 이유는 아닐 것이다.

피카소의 생가 입구에 들어서면 친절한 안내원이 밝은 미소로 관광객들을 맞이한다. 벽면에는 피카소의 사진들이 가득하다. 생가는 생각보다 현대식으로 개조되어 생가라기보다 작은 갤러리에 온 것 같다. 1층에는 스케치와 드로잉 작품이 전시되어 있고, 2층에는 도자기와 두 사람이 들어갈 수 있는 비디오실 그리고 피카소의 아틀리에처럼 꾸며놓은 작은 방이 전부다. 이곳에 전시된 작품들은 모두 모조품이며 진품은 바르셀로나에 있는 피카소미술관에 전시되어 있다.

생가에서는 그의 숨결이나 불꽃처럼 뜨거운 예술에 대한 열정을 느낄 수 없지만, 2층 전시장에는 피카소가 대성당에서 세례를 받았을 때 입었던 옷과 그가 어릴 때 앉았던 의자, 부모님 사진, 해맑고 순수했던 어린 시절에 찍은 사진들과 자식들과 함께 찍은 노년의 사진들이 전시되어 있어서 인간적인 피카소의 모습을 엿볼 수 있다.

특히 계단 복도에 걸려 있는 피카소의 사진 한 장은 그의 강인한 삶과 예술적인 감성을 느끼게 한다. 사진작가 데이비드 더글러스 던컨 David Douglas Duncan이 촬영한 이 사진에는, 둥근 창에 낮은 중절모를 쓰고 강력한 눈빛을 쏘아내며 오만과 자신감으로 넘쳐나는 피카소의 모습이 담겨 있다. 사진 속의 피카소는 황혼의 나이이지만 그의 눈빛만큼은 예술에 대한 열정으로 가득했던 청년 시절의 모습 그 이상이다.

한동안 자리를 뜨지 못하고 복도에 걸린 피카소의 사진을 바라보며 나는 그와 관련한 다양한 이야기들을 떠올린다. 청색 시대, 큐비즘의 창시자, 시대의 바람둥이, 미술계의 투우사 등 피카소를 수식하는 그 많은 말들을 어찌 다 헤아릴 수 있겠는가.

피카소를 떠올릴 때마다 그와 관련한 재미있는 몇 가지 일화가 생각난다.

먼저 피카소가 열네 살이던 해 고향 말라가를 떠나 바르셀로나에 있는 명문 로잔미술학교에 입학하려고 했을 때의 일이다. 소년 피카소는 입학 시험에서 한 달 동안 그려야 하는 그림을 단 하루 만에 그려 로잔미술학교 선생들을 놀라게 하고 말았다. 2년 후 피카소는 스페인에서 개최한 모든 미술대회의 우승을 휩쓸었다.

두 번째 일화는 제도권 속에서 방황한 피카소의 이야기다. 글을 읽고 쓰기도 전에 그림을 그리기 시작한 피카소였지만 초등학교 졸업 때까지 읽기와 쓰기가 매우 서툴 만큼 학습 능력이 저조했고, 로잔미술학교에 입학한 뒤에는 학교를 거의 다니지 않았다. 학교의 규칙이나 생활에 적응하지 못해 학교를 그만둬야 했기 때문이다. 그 후 마드리드에 있는 왕립미술학교로 전학을 했지만 역시 적응하지 못해 학교와 영원히 이별했다.

마지막으로 피카소가 1904년 프랑스 파리에 정착하면서 생긴 일화다. 피카소는 화가로서 큰 꿈을 안고 파리에 왔지만 파리 미술계에서 그를 알아주는 사람은 거의 없었다. 스페인에서는 어느 정도 가능성 있는 화가로 평가받았지만 파리에서의 그는 무명화가에 불과했다. 파리에는 피카소보다 그림을 잘 그리는 화가들이 터줏대감처럼 버티고 있었다.

어느 날 고민 끝에 젊은 피카소는 자신의 실력과 존재감을 알리기 위해 파리에 있는 많은 화랑을 돌며 화상들에게 "피카소 작품을 구하고 싶은데, 혹시 여기에 있나요?"라며 일일이 묻고 다녔다. 그 당시 그의 얼굴과 작품을 모르는 화상들은 모임에서 "요즘 피카소 작품을 찾는 사람들이 많던데, 혹시 피카소라는 사람과 그의 작품을 본 적 있어?"하며 서로에게 물었다고 한다. 얼마나 완벽한 마케팅 전략인가! 이처럼 피카소는 그림을 잘 그렸을 뿐만 아니라 비즈니스 감각까지 겸비한 최고의 예술가였다.

1900년 파리를 처음 방문한 피카소는 스물세 살이 되던 해 파리 몽마르트에 자신의 아틀리에를 마련했다. 하지만 초기에는 가난에서 벗어나지 못했다. 바르셀로나에 있을 때도 먹을 것이 없어서 식당에서 메뉴판을 그려주고 대신 빵과 고기를 얻어먹었을 만큼 청년 피가소는 외롭고 궁핍한 생활을 했다. 파리에서도 그와 같은 생활이 한동안 이어졌다. 프랑스어를 제대로 구사할 수도 없는 상황에서 아르바이트와 그림을 그린다는 것은 그에게 있어서 무척이나 힘든 일이었다.

중년 이후에는 성공을 거둬 남부럽지 않을 만큼 부와 명예를 누렸지만 2~30대의 피카소는 먹을 빵조차 구하기 힘들 정도였다. 화려한 명성과 달리 청년 시절의 피카소는 파리의 구석진 다락방에서 추위와 배고픔을 견디며 내일의 성공을 위해 그림에 몰두했다. 이때 피카소는 청색을 이용해 자신의 처지와 비슷한 가난한 도시 생활자, 부랑자, 거지 등을 모델로 삼아 그림을 그렸다. 바로 '청색시대 靑色時代'라고 불리는 이 시기의 작품들은 가난한 사람들의 참상과 고독감 그리고 인간의 본성 등을 잘 표현하고 있다.

어두운 절망의 늪에서 허우적거린 피카소는 화가로서의 성공을 위해 포기하지 않고 스스로를 채찍질하며 모네, 르누아르, 피사로 등 인상파 화가들의 작품과 고갱과 고흐의 열정적인 표현주의에 관심을 갖고 습작에 몰두했다.

우리가 피카소를 20세기 최고의 화가로 꼽는 이유는 과연 무엇일까? 솔직히 그림을 제외한 그의 사생활을 들여다보면 피카소는 바람둥이에다 제도권에 적응하지 못하는 아웃사이더이며, 지나치게 계산적인 비즈니스맨이었다. 그럼에도 불구하고 우리가 그를 최고의 화가로 꼽는 이유는 그의 뛰어난 예술성 때문이리라.

피카소가 미술계에 가장 크게 공헌한 점은 바로 큐비즘을 창시했다는 것이다. 한 사물을 정면, 좌우, 뒤, 때로는 위아래에서 본 시점을 한 면에 그려낸 그의 엉뚱한 관찰력은 미술계와 일반인들의 가치관을 뒤흔들 만큼 위대하다는 평가를 받고 있다.

또한 그의 왕성한 창조 활동도 빼놓을 수 없다. 아흔둘의 나이로 세상을 떠나기 전까지 무려 5만여 점이나 되는 많은 작품들을 남겼을 만큼 그의 창조적인 열정은 많은 사람들에게 귀감이 되고 있다.

몇 년 전 뉴욕의 메트로폴리탄미술관에서 피카소의 작품이 전시된 적이 있었다. 미술관 큐레이터는 '피카소의 연인'이라는 주제로 그가 사랑하는 여성이 바뀔 때마다 달라진 그의 화풍을 시간 순서에 따라 기획 전시했다. 알려진 대로 피카소는 많은 여성들과 사랑을 나누며 그의 예술적 세계를 발전시킨 사람이다. 그래서 제임스 아이보리 감독은 피카소와 그의 연인들의 사랑을 중심으로 영화를 만들었고, 메트로폴리탄미술관의 전시도 그와 맥을 같이한다. 피카소의 작품과 그의 인생이 거론될 때마다 피카소가 사랑했던 많은 연인들 역시 세인의 관심의 대상이 되었다. 그림에서 천재적인 두각을 나타냈던 피카소는 피아니스트이자 작곡가인 프란츠 리스트에 못지않은 여성 편력을 보였다.

그가 가장 먼저 사랑했던 사람은 피카소가 스물세 살에 파리에서 만난 동갑내기 올리비에Fernande Olivier였다. 올리비에가 유부녀였음에도 불구하고 피카소는 아랑곳하지 않은 채 그녀를 자신의 모델로 삼아 그림을 그렸다. 그리고 이 둘의 관계는 화가와 모델 사이를 넘어 애틋한 사랑으로 발전했다.

검붉은 머리에 키가 크고 몸매가 뛰어난 올리비에는 항상 쾌활하고 밝은 성격이었다고 한다. 그런 그녀의 성격은 불안과 초조함으로 가득했던 젊은 피카소를 정신적으로 성숙시키는 데 많은 영향을 끼쳤다. 그러면서 피카소는 점차 침울한 청색 시대의 화풍을 버리고 붉고 화려한 장밋빛 시대로 접어들게 되는데, 이 무렵 그의 대표작 〈아비뇽의 처녀들 Les Demoiselles d'Avignon〉이 탄생했다.

그러나 피카소의 두 번째 연인 에바 구엘 Eva Gouel이 등장하면서 이들의 사랑은 끝이 난다. 에바 구엘은 피카소의 친구인 마르쿠스의 연인이었다가 피카소의 연인이 되었다. 그녀는 선천적으로 몸이 약해 늘 조용하고 사색적인 분위기를 풍겼다. 피카소와 구엘은 3년간 사랑을 나누다가, 그녀가 결핵으로 죽자 둘의 관계도 끝이 난다.

그 후 피카소는 귀족적 아름다움을 지닌 발레리나 올가 코클로바 Olga Khokhlova와 사랑에 빠졌으며, 네 번째는 열여덟 살 연하의 모델 마리 테레즈 Marie Therese와 사귀며 초현실주의의 화풍을 선보였다. 특히 이 시기에 피카소는 테레즈를 모델 삼아 다양한 작품들을 그려냈다. 화가와 모델로서 이상적인 궁합을 보여준 셈이다.

다음으로 등장하는 여인은 피카소가 쉰다섯이 되던 해에 〈게르니카〉를 그리는 데 막대한 영향을 끼친 도라 마알 Dora Maar이다. 사진작가이기도 한 도라 마알은 피카소가 원할 때면 밤낮을 가리지 않고 그에게로 달려가 달콤한 사랑을 속삭였다.

그러나 피카소는 그녀가 마음속으로 다른 남자들을 생각한다고 조롱하거나 비난하며 가끔은 폭행도 서슴지 않았다고 한다. 가혹한 정신적 학대를 받으면서도 마알은 피카소의 연인이 되고 싶었고, 그가 원할 때면 언제든지 모델이 되어주었다. 특히 피카소

데이비드 더글라스 던컨이 촬영한
피카소의 말년 모습

는 마알의 눈에서 눈물이 흐른 후에야 그녀의 참혹한 얼굴 표정들을 스케치했다고 하니, 평범한 사람으로서 거장의 정신세계를 이해하기란 좀처럼 쉬운 일이 아닌가보다. 이런 악순환의 반복은 결국 둘의 사랑을 파국으로 몰았고, 피카소와 마알은 영원히 돌아올 수 없는 강을 건넜다.

피카소는 연인에게 먼저 헤어지자고 말한 적이 없다고 한다. 여성들이 늘 스스로 다가왔다가 스스로 떠나갔다. 마알의 상처가 아물 즈음 피카소에게는 또 다른 사랑이 찾아왔다. 피카소의 나이 예순둘이 되었을 때 스물두 살의 풋풋함을 지닌 미술학도 프랑수아 질로가 그의 연인으로 등장한다.

제2차 세계대전 중에 만난 질로는 피카소가 만났던 여자 중에서 가장 아름다웠다. 피카소와 질로는 아들과 딸을 낳고 행복한 시간을 보냈지만, 그녀 또한 피카소의 사랑을 독차지할 수 없었다. 일흔이 넘어서도 그의 에너지는 화수분처럼 솟구쳤다.

황혼으로 접어 든 칠순 나이에 피카소는 마지막인 일곱 번째 연인 재클린 로크Jacqueline Roque를 만났다. 그녀는 엄청난 나이 차이에도 불구하고 피카소를 젊은 청년으로 생각했고, 그가 그림에만 열중할 수 있도록 자신의 모든 것을 아낌없이 주었다. 커다랗고 순수한 눈망울을 가진 재클린은 "나는 이 세상에서 가장 아름다운 청년과 결혼했어요, 오히려 늙은 사람은 나였지요"라고 대답할 정도로 피카소가 죽을 때까지 그의 옆에서 삶의 동반자이자 조력자로 살았다.

헌신적인 사랑으로 위대한 화가를 지켜주었던 재클린은 피카소가 죽자 얼마 뒤 그를 따라 하늘까지 달려갔다. 피카소의 마지막 연인이었던 재클린과 그의 사랑은 마치 한 편의 영화처럼 전해진다.

스위스 루체른에 있는 피카소박물관에 가면 이들의 지고지순했던 사랑이 사진작가인 데이비드 더글러스 던컨의 사진 속에 고스란히 담겨 있다. 던컨은 피카소와 재클린이 세상을 등질 때까지 이들 옆에서 있는 그대로의 모습을 카메라에 담았다. 다큐멘터리적인 그의 사진은 피카소의 말년 모습 그대로를 한눈에 보여준다. 던컨이 찍은 200여 점의 사진을 보고 나면 피카소의 마지막 모습이 가슴 깊이 내려앉아 잔잔한 감동이 인다.

말라가의 작열하는 태양이 아름다운 이유는 피카소의 뜨거운 열정 때문일 것이다. 도시가 다양한 볼거리를 제공하지는 않지만 천재 화가 피카소가 뛰어다니던 골목길과 해변, 세례 받은 성당 등 유년 시절의 피카소를 느낄 수 있다는 것만으로도 말라가의 여행은 충분히 행복하다.

이 아름다운 도시를 떠날 때쯤이면 사람들은 저마다 가슴 속에 피카소에 대한 이미지를 품고 떠난다. 제임스 아이보리 감독은 영화의 마지막 장면에서 피카소를 성난 소로 표현했다. 작은 시골 마을의 투우장을 가득 메운 군중들 앞에서 미친듯이 날뛰는 한 마리 검은 소. 소는 투우사를 향해 무조건 달린다. 소는 모든 에너지를 쏟아 부으며 최선을 다해 죽을 때까지 싸운다. 사람들마다 각기 가슴 속에 품고 있는 피카소의 이미지가 어떤 것일지 새삼 궁금해진다.

니는 오늘날 명성뿐 아니라 부도 손에 넣었다. 그러나 홀로 있을 때면 나 자신을 진정한 의미의 예술가라고 생각하지 않는다. 위대한 화가는 지오토Giotto di Bondone와 티치아노Tiziano Vecellio, 렘브란트와 고야 같은 사람들이다. 나는 사람들이 지닌 허영과 어리석음, 욕망으로부터 모든 것을 끄집어낸 한낱 어릿광대일 뿐이다.

20세기의 천재 화가 피카소가 남긴 유언 중 한 구절이다. 세계적인 거장의 유언치고는 참으로 겸손하다. 때로는 탐욕스럽고 때로는 미치광이처럼 보였던 그의 삶이 그저 어리석은 어릿광대에 불과했던 것일까? 이에 대한 해답은 우리 각자의 마음속에 있을 것이다.

스페인 마드리드
Spain Madrid

피카소가 존경하고
스페인이 사랑한 화가
프란시스코 고야

20세기 찬사와 혹평을 동시에 받은 화가, 고야Francisco Jose de Goya. 그는 청각장애를 극복한 베토벤처럼 육체적 한계를 이겨내고 자신만의 독특한 화풍을 개척한 스페인 최고의 화가다. 근대 미술의 혁명가, 광기 어린 미술가, 로맨스를 즐기는 낭만주의 화가 등 고야 앞에 붙는 수식어는 다 빈치만큼이나 다양하다. 그의 작품을 본 사람이라면 왜 이런 수식어가 따라붙는지 조금은 이해할 수 있을 것이다.

우리에게 〈옷을 벗은 마하〉*The Naked Maja* 〈옷을 입은 마하〉*The Clothed Maja* 〈1808년 5월 3일〉*Execution of the Defenders of Madrid, 3rd May,*

1808〉 등으로 잘 알려진 고야는 광기와 열정으로 아무도 흉내 낼 수 없는 자신만의 세계를 구축한 화가로 유명하다. 그가 보여준 민족의식은 우리에게 귀감이 될 뿐 아니라 스페인 국민에게 가장 기억되는 화가로 자리하게 했다.

스페인의 자랑이자 프랑스 루브르, 이탈리아 우피치 등과 함께 세계 3대 미술관에 속하는 프라도미술관은 고야의 예술적 영혼이 스민 곳이다. 미술관 입구에 서 있는 검은 색의 고야 동상만 봐도 그가 프라도를 대표하는 화가이자 마드리드 시민들에게 얼마나 존경받는 화가인지 알 수 있다.

프라도미술관 앞에 세워진 고야의 동상

물론 프라도에는 고야보다 선배인 벨라스케스 Diego Velazquez의 그림도 많이 있다. 하지만 스페인 미술을 세계적인 수준으로 도약시킨 고야의 자유정신과 조국애가 고스란히 남아 있다. 스페인 출신의 천재 화가 피카소조차 고야를 가장 존경하는 화가로 꼽을 만큼 그의 명성은 독보적이다. 지금부터 그가 평생 그림을 그리며 자신의 감성을 키웠던 마드리드로 함께 떠나보자.

청년 시절, 고야의 미술에 대한 갈증과 고뇌가 고스란히 남아 있는 마드리드는 그를 좋아하는 사람들에게 아주 특별한 도시다. 스페인 부르봉 왕가의 귀족적인 삶의 양식이 건축물 곳곳에 남아 있는 마드리드는 젊은 고야에게 꿈과 희망의 무대였다. 세르반테스의 돈키호테와 그의 친구 산초가 누볐던 곳이기도 한 이곳은 예술의 도시라고 불릴 만큼 고풍스런 멋과 스페인 특유의 감성이 도시 곳곳에 스며 있다.

400여 년간 스페인의 정치, 경제, 문화의 중심지 역할을 한 마드리드는 유럽에서 가장 높은 646미터에 위치한 고원 도시다. 인구상으로 유럽에서 네 번째로 큰 도시인 마드리드는 10세기경 스페인의 수도였던 톨레도Toledo를 방어하기 위해 세워진 곳이었다. 그때는 마드리드를 '마헤리트Mayrit'라고 불렀으며, 카스티야 왕조는 이곳을 톨레도의 변방으로 생각했다. 그 후 1561년 펠리페 2세가 강대한 에스파냐 왕국을 다스릴 중앙 정부를 건설하기 위해 수도를 톨레도에서 이곳으로 옮겨 오늘날에 이르고 있다.

도시의 중심이 되는 구시가지는 카를로스 3세 때인 17~18세기에 주로 건설되었다. 여느 유럽 도시처럼 구시가지에서는 중세의 고풍스러움과 우아함이 동시에 느껴지는데, 이슬람의 영향으로 오리엔탈 문화와 유럽 문화가 충돌하면서 만들어진 독특한 멋이 녹아 있다. 고색창연한 건축물과 박물관을 비롯해 300년이 넘은 중세의 유적지들이 21세기의 문명화된 빌딩들과 어깨를 나란히 하며 온고지신의 명제를 표현하고 있다.

중세의 자취가 묻어나는 마드리드의 중심은 '태양의 문'이라 불리는 푸에르타델솔Puerta del Sol 구시가지 광장에서 시작된다. 스페인 도로의 기원 표시인 '0킬로미터'가 있는 이 광장은 프랑

푸에르타델솔 구시가지 광장

스 개선문의 주변처럼 방사선 모양의 열 개의 도로가 도시를 사통팔달로 연결시킨다. 마드리드에서 볼거리들은 이 복잡한 방사선 도로를 따라 미술관과 레알 왕궁, 밤이 아름다운 마요르 광장, 세르반테스의 동상이 있는 스페인 광장, 펠리페 2세의 왕궁, 레알 마드리드 축구장, 1781년 젊은 고야의 그림 벽화 한 점이 있는 산 프란시스코 엘 그란데 성당 등 다양한 볼거리들이 가득하다.

도로 뒷길로 들어서면 서로 어깨를 맞닿고 있는 건물들과 좁은 골목길이 미로처럼 얽혀 도시의 고풍스러움을 한껏 자아낸다. 집 집마다 발코니에 내놓은 화분들이 고운 햇살을 받아 무지개처럼 빛을 발한다. 도저히 말과 글로 다 표현할 수 없는 따뜻하고 감성적인 느낌들이 건물 곳곳에 녹아 있는 마드리드는 고야와 너무나도 잘 어울리는 도시다.

내가 제일 관심을 둔 곳은 스페인의 자존심이라 불리는 프라도미술관이다. 스페인 문화관광의 1번지로 꼽히는 프라도미술관은 스페인 왕가의 소장품을 중심으로 1819년 페르난도 7세 때 건립되었다. 후안 데 비야누에바Juna de Villanueva에 의해 1819년 신고전주의 양식으로 건축된 프라도미술관은 약 6000점의 그림을 소장하고 있으며, 일반인들에게는 약 3000점의 작품을 선보이고 있다.

1층은 스페인 회화, 플랑드르 회화, 이탈리아 회화 그리고 고야의 일부 작품과 조각이 전시되어 있고, 2층에는 고야의 많은 작품들이 갤러리들의 눈과 마음을 기다리고 있다. 프라도미술관을 찾는 대부분의 사람들은 벨라스케스와 고야가 남긴 주옥같은 작품을 보기 위해서다. 하루에도 수천 명이 넘는 사람들이 이곳을 찾는다고 한다.

현재 미술관에는 고야의 유화 114점과 데생 470점이 전시되어 있다. 고야를 좋아하는 팬들이 프라도에서 꼭 봐야 할 그림은 〈카를로스 4세의 가족 The Family of Charles IV〉 〈옷을 벗은 마하〉와 〈옷을 입은 마하〉 〈1808년 5월 3일〉 등이다. 이처럼 프라도미술관과 마드리드는 고야를 좋아하는 팬들에게 둘도 없는 여행지이자, 그의 열정의 보고다.

천천히 미술관을 둘러보면 그의 화집에서 봤던 명작들이 우리의 눈과 마음을 단박에 사로잡는다. 한마디로 형언할 수 없는 광기와 열정을 가진 고야는 궁정 화가로서 조금은 괴팍하고 전위적인 그림을 그렸다. 고야는 렘브란트와 벨라스케스를 좋아했고, 스페인의 아름다운 대자연과 프랑스 중세의 멋스러움을 사랑했다.

우리가 알고 있는 고야의 본명은 '프란시스코 호세 데 고야 이 루시엔테스 Francisco Jose de Goya y Lucientes'로 이름이 아주 길다. 82년간 아름다운 생애를 살다 간 고야의 숨결은 마드리드뿐만 아니라 스페인 전역에 그의 영혼과 함께 여전히 머물고 있다.

고야는 1746년 3월 30일에 사라고사 Zaragoza 외곽 지역에서 도금장식업을 하는 아버지와 평범한 집안 출신의 어머니 사이에서 태어났다. 아버지는 성당의 목재나 금속 조각물에 도금을 하면서 사업을 번창시켰는데, 이때 고야는 아버지의 작업장인 성당과 궁을 왕래하며 스페인 최고의 화가 벨라스케스의 그림과 다양한 조각상을 보면서 미술에 대한 감각을 익혔다.

피카소가 아버지의 직접적인 가르침과 체계적인 미술 교육으로 좋은 작품을 탄생시킨 반면, 고야는 철저하게 스스로 공부한 경우로 미술 아카데미와는 다소 거리가 멀었다. 피카소는 열네 살 이후 고향 말라가를 떠나 바르셀로나에서 성공할 수 있는 기반을 마련했지만, 고야는 유명한 미술 아카데미에 계속해서 낙방하는 좌절과 시련을 겪은 뒤 스물다섯 살이 되어서야 비로소 아카데미에 공식적으로 입학했다.

처음부터 그의 미술 인생은 순탄하지 못했다. 고야는 아내의 오빠인 프란시스코 바예우 Francisco Bayeu의 격려와 시기를 동시에 받으며 장차 스페인의 대화가로서의 성공을 준비한다. 그의 나이 서른이 되던 해 마침내 고야는 고풍스런 도시, 마드리드로 상경했다.

　프랑스로 이주하기 전까지 고야는 마드리드에서 가장 유서 깊고 매력적인 카예 데 세르라뇨 1번지에서 아내 호세파 Josefa Bayeu 와 40여 년을 함께 살았다. 결혼과 동시에 마드리드 진출은 그의 인생에서 새로운 도전이자 자신의 미술 세계를 한층 더 성숙시키는 시기였다. 30대에 들어선 고야는 귀족의 단아하고 우아한 궁정 화풍에서 벗어나 점차 사회 문제에 많은 관심을 가지며 '일루스트라도스 Illustrados'라는 사회단체에 가입했다. 그러면서 그의 화풍은 궁정 측과 정반대인 세계로 접어들었다.

　일루스트라도스는 비효율적이고 부패한 군주제를 소리 높여 비판하는 역사학자, 경제학자, 사회학자, 문학가 등 그 시대를 이끌어가는 진보주의 성향의 단체였다. 고야는 이런 단체의 사람들과 술을 마시고 토론을 하며, 사회 밑바닥에서 처참하게 유린당하는 가난한 자들에게 마음을 쏟기 시작했다. 피카소가 파리로 이주한 뒤 가난한 서민, 부랑자, 거지 등을 주로 그렸던 것처럼 고야도 헐벗고 굶주린 서민들과 권력으로부터 소외받은 저소득계층에 많은 관심을 갖게 된 것이다.

　그의 이런 사상은 50세 이후 〈로스 카프리초스 Los Caprichos〉와 같은 위대한 작품을 탄생하게 만드는 동력이 되었다. 82점의 에칭으로 만들어진 카프리초스는 고야를 '미술계의 이단아'나 '광기에 미친 화가'라는 평가를 받게하는 계기가 되었다. 이 에칭에는 다소 직설적으로 사회를 비판하는 냉소적인 사람의 모습이나 마녀 세계에 대한 재담, 조롱과 분노 등 당시 상류사회 계층에 대한 신랄하고 비판적인 태도가 아주 흉측스러운 이미지로 형상화되어 있다.

고야는 30~40대에 사회적 문제에 많은 관심을 가졌지만 자신의 주특기인 초상화와 인물화를 그리는 데도 게을리 하지 않았다.

1785년 40세가 되던 해, 고야는 드디어 스페인 최고의 초상화 화가로 명성을 날리기 시작했다. 그는 일루스트라도스의 리더인 재상가 〈플로리다블랑카 Count Floridablana〉〈돈 루이스 왕자의 일가 The Family of the Infante Don Luis〉〈말 위의 마리아 테레사 바야브리가의 초상 Portrait of Maria Teresa de Vallabriga on Horseback〉〈오수나 공작 부부와 그 가족 The Duke and Duches of Osuna and their Family〉 등을 비롯해 수많은 초상화를 그렸다.

초상화를 그릴 기회가 점점 더 많아질수록 그의 솜씨는 더 많은 사람들에게 좋은 평가를 받았다. 궁정 화가가 된 이후에도 고야는 매춘부, 공주, 재상가, 장관, 왕과 그 일가 등 자신에게 그림을 요청하는 사람에게 초상화를 그려 상당한 부를 축적했다. 현재 프라도미술관에는 그가 그린 다수의 초상화들이 전시되어 있다.

프라도미술관은 고야의 〈카를로스 4세와 가족〉이라는 작품과 벨라스케스가 1656년에 자신의 후인인 국왕 펠리페 4세와 그의 일가를 담은 〈라스 메니나스 The Maids of Honor〉 두 작품을 비교할 수 있다는 것만으로도 미술 애호가들을 흥분시키는 곳이다. 고야는 벨라스케스를 존경한 나머지 그의 그림 구도에서 많은 영향을 받은 듯하다. 그러나 벨라스케스는 라스 메니나스 작품 속에 자신의 모습을 과감하게 드러냈지만, 고야는 성격 탓인지 어두운 곳에서 진지한 모습으로 정면을 응시하고 있다.

이 두 작품을 천천히 살펴보면 왜 이들이 프라도미술관을 대표하며 스페인의 천재 화가로서 대우받고 있는지를 알 수 있다. 그러나 이 미술관의 가장 큰 자랑거리이자 세인의 관심을 끄는 것은 단연 매력적이고 섹시한 이미지를 풍기는 여성이란 뜻의 '마하'와 관련한 고야의 작품이다.

〈옷을 입은 마하〉와 〈옷을 벗은 마하〉라는 두 개의 작품은 미술관 2층에 나란히 걸려 있다. 일단 이 그림 앞에 서면 말로 형언할 수 없는 감상이 교차한다. 왼쪽에 옷을 벗은 마하와 오른쪽에 옷을 입은 마하를 교대로 감상하다 보면 여성의 관능미와 우아함이 동시에 눈과 마음을 파고들기 때문이다. 그 당시 스페인 화풍에서는 여성의 나체를 그리는 일이 거의 없었고, 이는 고야에게도 희기한 일이었다.

그래서 이 그림을 두고 후대에는 그림의 주인공과 고야의 관계에 대해 이런저런 말이 많았다. 우리는 마하의 주인공이 알바 공작부인 Duchess of Alba이라고 알고 있지만 명확하게 밝혀진 것은 아니다. 혹자는 알바 공작부인이 아닌 마누엘 고도이의 애첩이었던 페피타 투도 Pepita Tudo일 거라는 주장도 한다. 그러나 알바 공작부인이 실제 주인공이었을 거라는 주장이 좀더 설득력을 띤다. 그

1 고야,
〈카를로스 4세의 가족〉
2 고야,
〈옷을 벗은 마하〉
3 고야,
〈옷을 입은 마하〉

이유는 고야와 알바 부인이 서로 사랑한 연인 관계였기 때문이다.

1795년 어느 날 알바 부인이 고야의 화실로 직접 찾아왔다. 그 후로 이들은 마드리드 사교 모임에서 종종 만나게 되었고, 둘의 관계는 급속도로 발전했다. 이때 고야의 나이 쉰셋이었고 알바 부인은 서른다섯이었다. 고야와 알바 부인의 사랑이 커져갈 무렵 그녀의 남편이 죽자 이들의 관계는 더더욱 급물살을 탔다. 고야와 은밀하게 사랑을 나누던 알바 부인은 신분적으로 자유로워지자 고야와 함께 보내는 시간이 훨씬 더 많아졌고, 실오라기 하나 걸치지 않은 채 그의 캔버스에 등장했다.

두 사람의 사이가 사랑하는 연인으로 밝혀진 이유는 고야가 그린 작품 중에 알바 부인이 반지를 낀 그림이 두 개 있는데, 그중 하나의 반지에는 'Alba'라고 쓰여 있고, 나머지 하나의 반지에는 'Goya'라고 쓰여 있기 때문이다.

그러나 이들의 사랑은 얼마 가지 않아 알바 부인의 외도로 파국을 맞고 만다. 1802년 고야를 진심으로 사랑했던 알바 부인이 갑자기 세상을 떠나고, 이어서 1803년에는 어릴 적부터 가장 친한 친구였던 마르틴 사파테르Martin Zapater도 세상을 떠나고 말았다. 완전히 청각을 잃었을 때도 고야는 이때처럼 슬프거나 좌절하지 않았다고 한다. 잠시나마 자신을 적극적으로 후원하고 사랑해주었던 알바 부인의 사망과, 1771년부터 30여 년간 편지를 통해 자신의 모든 것의 벗이 되어주었던 죽마고우의 죽음은 고야에게 엄청난 충격과 시련을 안겨주었다.

고야는 고흐와 테오의 관계처럼 사파테르에게 편지로 자신의 일상을 비롯해 궁정 사람들이나 당대의 저명인사들과 어떤 관계를 맺었는지에 관한 많은 이야기들을 주고받았다. 더 이상 자신에게 충직하게 조언을 해줄 사람도, 받아줄 사람도 없자 그는 초상화를 그리는 데 전념했다.

그 후 그림 속에 파묻혀 살던 고야에게 새로운 시대의 흐름이 찾아왔다. 나폴레옹이 스페인을 침략한 것이다. 1808년 프랑스로

고야,
〈1808년
5월 3일〉

부터 민족적 자존심의 상처를 입은 스페인 민중들은 마침내 프랑스의 총칼 앞에 저항하며 조국을 위해 자신들의 목숨을 바쳤다. 암울했던 시대를 지켜보던 고야는 프랑스군이 철수한 뒤 1814년 2월 페르디난드 7세에게 "프랑스 군에 맞서 싸운 우리 동포의 영웅적인 행동을 나의 붓으로 그리게 해달라"고 요청했다.

이때 완성된 그림이 바로 고야를 스페인 최고의 화가로 만든 〈1808년 5월 3일〉이다. 정확하게 기억은 나지 않지만 어두컴컴한 작은 전시실의 은은한 조명 아래 걸려 있던 이 작품을 처음 봤을 때 참으로 묘한 기분이 들었다. 하얀 셔츠를 입고 마치 예수처럼 양팔을 벌린 채 나폴레옹의 군인들에게 무참하게 유린당하는 장면은 화보에서 보는 것보다 훨씬 생동감이 넘쳤다.

Part 1. 그림의 향기에 끌리다 121

고야는 동이 트기 전 프린시페 피오 언덕에서 아무런 무기도 들지 않은 채 압제와 폭력에 굴하지 않는 시민들의 저항 정신을 한눈에 보여주었다. 조수가 없었던 시절 그는 아침부터 밤늦게까지 군중들의 마음을 헤아리며 붓을 들었다. 총을 들고 나폴레옹 군대와 맞서지는 못했지만 붓을 통해 마드리드 시민들의 조국애를 사진처럼 기록한 것이다.

이 작품 이외에도 마드리드 시민들의 저항의식을 고스란히 담아낸 〈전쟁의 참화 Los desastres de la guerra〉는 일제강점기 시절 우리의 암울했던 시대를 떠올리게 한다. 고야의 전쟁을 주제로 한 작품들은 스페인 내전의 만행을 묘사한 피카소의 게르니카처럼 압축적인 그림을 통해 스페인 시민들의 강한 자주의식을 표현했다.

1820년대에 들어 스페인은 정치적으로 불안한 요소들이 많았다. 그러자 고야는 정든 마드리드를 등지고 프랑스의 보르도로 이주해 5년 정도 와인과 황금빛 햇살을 즐기며 마지막 노년의 즐거움을 만끽했다. 1828년 4월 16일, 고야는 여든둘의 나이로 그곳에서 죽음을 맞이했다. 그의 유해는 자신이 그린 〈산 안토니오 데 파투아의 기적 The Miracle of Saint Anthony of Padua〉으로 유명한 마드리드의 산 안토니오 데 라 플로리다 San Antonio de la Florida의 왕실 예배당에 안치되어 있다.

파란만장한 삶을 살다 간 고야의 뒷모습은 아쉬움보다는 그의 어깨 위에 살포시 내려앉은 봄 햇살처럼 따뜻하고 행복한 기운이 느껴진다. 고야의 애달픈 삶과 행복했던 순간순간이 녹아 있는 마드리드의 골목길과 성당, 왕궁 등에서는 그의 예술적 향기가 수백 년이 지난 지금도 은은하게 풍겨난다.

고야의 작품 속에 빚어진 예술혼과 그 시대의 사상과 철학 그리고 문화를 만난 이후 마드리드 시내로 다시 나오면 스페인을 대표하는 투우와 플라멩코가 여행자들의 발길을 기다린다. 역시 투우와 플라멩코는 이곳이 '정열의 나라'라는 사실을 일깨운다. 마드리드에서 고야의 열정과 만나는 일도 중요하지만 이들의 문화 중 가장 빼놓을 수 없는 투우와 플라멩코를 관람하는 일은 이곳 여행의 화룡점정이 될 것이다.

고야의 삶이 묻어 있는 마드리드 시내

애수에 젖은 여가수의 노래와 가슴을 절절하게 만드는 기타 선율은 스페인에 머무는 여행자의 가슴을 적시기에 충분하다. 집시들의 삶이 고스란히 담긴 플라멩코는 고야의 그림만큼 꽤 인상적이다. 문득 왜 고야의 작품에서 자신처럼 모든 열정을 쏟아내는 플라멩코의 집시들을 쉽게 찾아볼 수 없는 걸까 하는 의문이 든다. 그 의문을 풀기 위해서라도 프라도미술관에 걸린 고야의 수많은 작품들을 감상할 수밖에.

체코 체스키 크룸로프
Czech Cesky Krumlov

보헤미아 숲에서 만나고 싶다
에곤 실레

에곤 실레Egon Schiele가 좋아했다는 체스키 크룸로프Cesky Krumlov를 향해 가는 발걸음은 그에 대한 그리움과 동경으로 점점 빨라진다. 아직 중학생이었던 시절, 우연히 서점에서 만난 에곤 실레의 화보집은 성에 대한 호기심으로 가득했던 사춘기 소년의 눈길을 사로잡기에 충분했다. 그 당시 실레의 그림은 나뿐만 아니라 내 또래 소년들에게 가장 인기(?) 있는 작품이었다. 실레를 만나러 가는 길, 나는 지난날 여드름투성이 아이들이 숨죽인 채 실레의 화보집을 조심스레 한 장 한 장 넘기던 추억을 떠올리며 입가에 미소를 짓는다.

그의 작품 중에서도 특히 〈서 있는 벌거벗은 검은 머리의 소녀 Black-Haired Nude Girl, Standing〉라는 작품은 20여 년이 지난 지금도 생생하게 기억될 만큼 인상적이었다. 요염한 자태로 사람들의 시선을 유혹하는 소녀의 벌거벗은 몸은 호기심으로 범벅되어 있던 소년의 마음에 영원히 지워지지 않을 주홍글씨로 남았다. 바로크 시대에 등장하는 건강한 여인 대신

에곤 실레, 〈서 있는 벌거벗은 검은 머리의 소녀〉

날카로운 선들로 그려진 마른 몸매의 여인은 여느 누드화와 확연한 차이를 보인다. 그동안 누드화에 묘사되었던 대부분의 여성들은 풍만한 엉덩이와 젖가슴 그리고 천편일률적인 포즈를 취하고 있었다.

하지만 실레의 작품은 기존의 누드화에서 벗어나 가슴이 빈약하고, 굴곡 없는 허리 등 쇠꼬챙이처럼 마른 모습이 대부분이다. 여성이라고 하기에는 아직 성숙하지 않은 순수한 소녀들의 누드화도 제법 많다. 그래서 실레의 작품은 캔버스의 모델처럼 다소 수줍고 겁이 많은 소년들의 눈에도 성적 대상이라기보다는 인간의 몸에 대한 미학이 숨어 있는 듯하다.

나의 철없던 청소년 시절을 떠올리게 하는 에곤 실레, 그가 그

Part 1. 그림의 향기에 끌리다 125

체스키 크룸로프를 향하던 길에서 만난 유채꽃밭

토록 사랑했던 체스키 크룸로프를 여행하는 것은 이번이 두 번째다. 첫 번째는 어느 화창한 봄날에 체코 프라하에서 기차를 타고 그곳으로 향하던 여행이었다. 기차가 달리는 창밖으로 노란 유채꽃밭과 녹음이 우거진 숲과 이름 모를 호수들이 빠르게 스쳐갔다. 봄의 정취가 물씬 느껴지는 풍경이었다.

프라하에서 출발한 기차는 체스케 부데요비체 Cesky Budejovice 역에 도착한 다음 두 량짜리 꼬마기차로 갈아타고 다시 1시간 정도 더 달려가야 했다. 언제나 그렇듯이 기차는 버스나 자동차에 비해 훨씬 낭만적이다. 길게 뻗은 레일 위를 미끄러지듯 달리는 기차는 산과 강을 굽이쳐 지나고 마을과 마을 사이를 헤집고 달리며 인간미가 넘쳐나는 마을들을 천천히 보여주었다.

작은 기차는 보헤미아에서 가장 아름답고 세계문화유산으로 지정된 크룸로프를 향하는 사람들로 발 디딜 틈이 없었다. 비좁은 기차 안의 사람들은 서로 몸을 부대껴도 짜증 한 번 내지 않고 즐겁기만 한 표정들이었다. 간간이 에곤 실레의 화집을 보는 사람, 두툼한 실레의 평전을 읽는 사람들도 눈에 들어왔다. 이렇게 나의 첫 여행은 보드라운 봄 햇살을 받으며 시작되었다.

보헤미아의 숲으로 가고 싶다. 그곳에서 새로운 것을 발견하고 찬찬히 바라보며, 어둑한 곳에서 입에 물을 머금고 하늘이 내려준 천연의 공기를 마시고, 이끼 낀 나무를 바라본다. 왜냐하면 그것들은 모두 살아 있기 때문이다. 아직 어린 자작나무 숲이 바스락거리는 소리를 듣고, 나무 사이로 비쳐드는 햇살을 쬐며 푸른빛과 초록빛에 물든 계곡의 차분한 오후를 즐기고 싶다.

1910년 에곤 실레가 자신의 절친한 친구 안톤 페슈카 Anton Peschka 에게 쓴 편지의 일부처럼 남부 보헤미아 지방은 자작나무 숲과 노란 유채꽃이 한데 이우러져 그의 그림처럼 요염한 자태로 사람들을 유혹한다.

몇 년 뒤 일교차가 심한 가을에 나는 다시 이곳을 찾았다. 아름다운 도시는 짙은 안개에 휩싸여 있다. 화창한 봄날보다 안개로 휩싸인 크룸로프의 가을 정취는 또 다른 풍경을 선사한다. 첫 번째 여행은 기차를 이용했었다면, 두 번째 찾은 가을 여행은 자동차로였다. 오스트리아에서 차를 빌려 기차로는 가보지 못한 보헤미아 숲과 자작나무 그리고 들판을 가로지르며 달렸다. 기차가 낭만적인 분위기를 연출하는 여행이라면, 자동차 여행은 좋은 풍경이나 마음이 닿는 곳에서 언제든 머물러 사진을 찍거나 커피를 마시며 크룸로프가 빚어낸 자연의 소나타를 즐길 수 있다는 장점이 있다. 특히 가을에는 블타바 Vltava 강에서 뿜어 나오는 짙은 안개가 여행자의 길을 막으며 슬로시티에라도 온 것처럼 느림의 미학을 꿈꾸게 한다. 한 치 앞도 보이지 않는 자욱한 안개는 자동차가 서서히 다가갈수록 아주 조금씩 자신의 속내를 보여준다.

마침내 도착한 실레의 예술적 고향, 체스키 크룸로프. 실레를 만나기 위해 체코의 이 작은 마을을 두 번씩이나 찾을 거라고는 생각도 못했었다.

보헤미아의 젖줄인 블타바 강은 어머니가 아기를 감싸안듯 야트막한 언덕 사이에 위치한 이 도시를 살포시 휘감고 있다. 크룸로프는 실레의 "차분한 오후를 즐기고 싶다"는 표현이 너무나도 잘 어울리는 마을이다. 중세 시대에 지어진 건물과 거리에는 한 편의 서정시가 흐르고, 강을 따라 휘어진 산 주름에는 실레의 예술적 감성이 아로새겨 있다.

도시는 심한 일교차로 인해 이른 새벽부터 물안개에 정복당해 봄에 봤던 풍경과는 사뭇 다른 모습을 연출한다. 안개 낀 이른 아침의 풍경은 관광객이 없는 탓에 더욱 한산하고 고즈넉하다. 바람

안개에 둘러싸인 체스키 크룸로프

한 점 불지 않아 안개는 오전 늦게까지 마을에 머무른다. 강가에서 들려오는 힘찬 물소리는 봄이나 가을이나 변함이 없다.

태양이 중천에 걸리자 마을을 점령했던 안개가 서서히 엷은 햇살에 밀려 자작나무 숲으로 자취를 감추기 시작한다. 안개가 걷힌 도시의 모습은 변함없이 아름답다. 붉은 앵두처럼 빨갛게 농익은 마을 지붕과 마을을 가로지르는 블타바 강 그리고 실레의 맑은 영혼이 어우러진 이 도시의 모습은 그대로 한 장의 그림엽서다. 작지만 예쁜 마을로 유명한 독일의 로텐부르크 Rothenburg, 스위스의 루체른, 스페인의 톨레도, 그리스의 미코노스 Mykonos, 크로아티아의 두브로브니크 Dubrovnik, 체코의 프라하 등 세계 도처에 흩어져 있는 아름다운 마을들을 많이 여행해봤지만 이 도시만큼 인상 깊은 곳은 드물다.

구시가지 전체가 세계문화유산으로 지정된 크룸로프는 발품을

도시 곳곳이 한 장의 그림엽서와 같은 체스키 크룸로프

팔 필요도 없을 만큼 작고 아담하다. 작은 고추가 맵다는 말이 떠오를 정도로, 작지만 그 아름다움은 가히 독보적이다. 그래서 이곳은 발품보다 마음의 품이 훨씬 많이 드는 곳이다. 튼튼한 두 발로 천천히 한걸음 한걸음 걸으며 도시의 진면목을 감상해야 한다.

이곳을 찾은 대부분의 사람들은 실레의 화보집을 넘겨보듯 잠시 머물다 이 도시를 빠져나가지만 에곤 실레의 감성을 이해하고 도시가 가진 아름다움을 제대로 감상하려면 마을 안에서 하룻밤 정도는 묵어가는 게 좋다. 최소한 하루는 지내봐야 크룸로프의 진면목을 조금이나마 감상할 수 있기 때문이다.

인구 1만 5000명의 작은 도시 크룸로프는 블타바 강의 만곡부에 위치하고 있다. 수천 년 동안 마을을 감싸 흐르던 블타바 강은 1000년의 도시 크룸로프를 보헤미아의 보석으로 만들었다. 도시가 문헌에 등장하는 시기는 1253년, 비테크 가문이 절벽 위에 성을 지으면서부터였다. 이 가문은 오스트리아와 독일 바이에른의 이주민들을 모아 도시를 이뤘고, 은광을 발견하면서 막대한 부를 축적해 번영을 누렸다. 그러나 비테크 가문은 후손이 끊기자 자신의 친척인 로젠베르크 가문에게 도시를 물려주었다.

로젠베르크 가문이 크룸로프를 300여 년 동안 다스리면서 도시는 최고의 전성기를 맞이했다. 이때 로젠베르크 가문은 보헤미아에서 교양과 품위를 갖춘 명문가로 명성을 높여 20세기 이후 유럽의 많은 예술가들이 이 도시를 찾아오게 하는 데 초석을 마련했다. 로젠베르크 가문은 수공업과 상업으로 이 도시를 보헤미아 최고의 도시로 성장시킨 동시에 문화와 예술에 대한 남다른 애정과 열정을 보여주었다.

3세기 동안의 로젠베르크의 통치가 끝나자 도시는 유럽에서 가장 세력이 강했던 합스부르크 Habsburg 가문의 황제 루돌프 2세에게 넘겨지고, 다시 황제는 오스트리아의 명문인 에겐베르크 Eggenberg 가문의 울리히에게 이 도시를 선물했다. 크룸로프는 오스트리아의 명문가에 의해 17세기부터 예술과 문화의 고장으로 성장해 유럽에서 가장 사랑받는 도시로 탈바꿈했다.

그러나 크룸로프는 합스부르크 가문이 물러난 뒤 방치되어 한때 숲이 마을을 뒤덮었을 정도로 사람들의 자취를 찾아보기 힘들었다. 그러다 세계대전이 끝난 뒤 서서히 살아나 해마다 수백만 명의 관광객이 찾아오는 가장 인기 있는 관광지로 성장했다.

예술과 인문의 향기가 가득한 이 도시에 들어오면 제일 먼저 크룸로프 성이 시야에 들어온다. 이곳은 보헤미아 지방에서 프라하 성 다음으로 큰 규모를 자랑한다. 깎아지른 절벽 위에 세워진 성의 모습은 웅장하면서도 화려하다. 수백 년 동안 이곳을 지켜준 수호천사인 크룸로프 성은 고딕 양식과 르네상스 양식 등 다양한 시대에 걸쳐 개축되었다.

크룸로프 성은 실레가 종종 사색을 즐기며 그림을 그렸던 곳으로도 유명하다. 동굴같이 생긴 입구를 지나면 절벽과 절벽 사이에 놓인 회랑을 만나게 되는데, 이곳에 서면 크룸로프의 숨겨진 비경을 감상할 수 있다. 경사진 비탈에 서면 발 아래로 흐르는 블타바 강, 울긋불긋한 지붕과 고풍스런 골목길, 포근하게 마을을 감싸고 있는 짙은 녹음의 보헤미아 숲이 눈에 들어온다.

앞뒤로 탁 트인 둥근 탑에 오르면 영혼을 맑게 해주는 시원한 바람과, 자작나무 숲을 스치는 오렌지색의 햇살이 비스듬하게 마을 한가운데를 비추는 모습도 볼 수 있다. 관광객들로 북적거리는 마을, 블타바 강변에서 래프팅을 즐기는 사람들, 벤치에 앉아 성을 올려다보며 삶의 여유를 누리는 사람 등등. 장난감 병정처럼 작게 보이는 이들의 모습을 바라보노라면 마음은 어느새 행복감으로 충만해진다. 왜 실레가 이곳을 좋아했는지 충분히 짐작할 수 있다.

크룸로프 성에서 바라본 예수 상과 마을 풍경

　성 안으로 들어서면 여름 별궁, 겨울 정원 등 아름다운 녹색의 향연이 펼쳐져 크룸로프의 또 다른 매력을 즐길 수 있다. 차분하고 깨끗하게 정돈되어 있고 더위를 식혀주는 분수 등이 멋진 조화를 이루고 있는 정원은 조용히 실레의 작품을 감상하거나 음악을 들으며 쉴 수 있는 공간으로 안성맞춤이다. 사람의 키보다 훨씬 큰 정원수와 나무들 사이로 놓여 있는 벤치에 앉아 오후의 햇살을 즐겨보라. 성 아래에서 우리를 부르는 실레의 목소리가 들리는 것만 같다.

　성을 내려와 마을로 들어서면 하얀색으로 칠해놓은 '에곤 실레 미술관'이 나온다. 이곳은 실레가 자신의 연인이자 모델이었던 발리 노이질Wally Neuzil과 함께 그림을 그리고 사랑을 나눴던 곳이다. 과거 양조장이었던 이곳을 실레는 자신의 아틀리에로 만들었고, 이곳에서 발리와 함께 예술에 대한 갈증을 해소했다.

오스트리아 출신의 실레가 어떻게 해서 이곳 크룸로프까지와 인연을 맺었을까? 이유는 아주 간단하다. 실레가 크룸로프와 인연을 맺을 수 있었던 것은 바로 그의 어머니 마리에 실레Marie Schiele의 고향이 크룸로프이기 때문이다. 그는 오스트리아의 수도인 빈 근처에서 태어나고 자랐지만, 어릴 때부터 어머니의 손에 이끌려 외가인 크룸로프에서 예술적 감수성을 키웠다. 육체적인 성장이 빈에서 이뤄졌다면, 예술에 대한 영혼과 열정은 어머니의 고향인 크룸로프에서 만들어진 셈이다.

실레는 1890년 6월 12일 도나우 강변의 작은 도시 툴른Tulln에서 태어났다. 스물여덟이라는 짧은 생을 살다 갔지만 그가 남긴 작품과 그의 삶은 지금까지도 사람들에게 깊은 감동으로 남아 있다. 모차르트가 네 살부터 작곡을 했다면 실레는 두세 살부터 그림을 그리기 시작했다고 한다. 철도 역장이었던 실레의 아버지는 아마추어 소묘 작가였던 할아버지의 재능을 물려받은 실레가 학업을 소홀히 한다는 이유로 그가 그린 드로잉 작품을 모두 불태워버리기도 했다.

열여섯 살이 되던 해 실레는 빈 미술학교에 들어가 정식으로 미술 교육을 받는다. 하지만 독특한 그림을 그릴 때마다 선생님으로부터 호된 질타를 받아야 했다. "어디 가서 내 제자라고 말하지도 마라!"는 등의 모욕적인 말을 듣게 된 실레는 결국 학업을 중단하고 제도권 밖으로 뛰쳐나갔다. 이런 모습은 독일에서 만난 작가 헤르만 헤세와도 비슷하다. 제도권 교육보다 자신의 마음이 끌리는 대로 살아가는 예술가들의 단면을 실레 역시 여지없이 보여주고 있다.

에곤 실레 미술관

그러나 실레는 당대 오스트리아를 대표하는 최고의 화가 구스타프 클림트 Gustav Klimt를 만나면서 내면에 잠재해 있던 자신의 그림 세계를 인정받게 되었다. 실레는 클림트로부터 소재와 양식 등 다양한 영감과 조언을 받으면서 더더욱 에로티시즘에 집착하게 되고, 클림트가 하지 못했던 것을 자신이 이루고자 그림에 열정을 쏟아 부었다. 그는 자신의 후원자이자 클림트의 모델이었던 발리와 함께 크룸로프로 이주해 소박하지만 꿈으로 가득 찬 아틀리에를 만들고 그곳에서 예술의 혼을 불살랐다.

에곤실레미술관은 그의 명성에 비해 그다지 큰 규모는 아니다. 입구에 걸려 있는 외롭고 쓸쓸한 분위기의 흑백사진 한 장이 실레의 미술관임을 말해줄 뿐이다. 1608년 맥주 공장에서 실레의 아틀리에를 거쳐 지금의 미술관으로 탈바꿈했다. 이곳에는 실레의 작품 80여 점과 그가 친구에게 쓴 편지 그리고 가구 몇 점이 전시되어 있다. 미술관 내부에는 작은 카페와 기념품점도 있는데, 실레의 그림과 다른 아티스트들의 작품은 2층에 전시되어 있다.

계단을 따라 2층 전시실로 들어서면 제일 먼저 커다란 거울이 사람의 이목을 집중시킨다. 실레가 자화상을 그릴 때 사용했던 거울이자 그가 작업실을 옮길 때마다 가지고 다녔던 애장품이라고 한다. 그 앞에 서서 거울을 들여다보면 예술로 인해 방황하고 몸부림쳤던 실레와 그런 그를 안타깝게 바라보는 발리의 모습이 보인다.

하얀 천장과 기둥이 인상적인 전시실 내부를 돌아보는 순간 〈꽈리 열매가 있는 자화상 *Self Portrait with Physalis*〉이라는 작품이 섬광처럼 눈을 스친다. 그 외에도 깡마르고 고독한 이미지의 그의 자화상들이 거울 속에 나타났다가 이내 그의 그림 속으로 사라진다.

실레의 그림과 그가 친구에게 쓴 편지들을 꼼꼼하게 감상하다가 빨간 블라우스를 입은 발리의 그림 앞에서 걸음을 멈춘다. 1913년에 사랑하는 연인 발리를 모델로 그린 〈무릎을 들어 올린 붉은 블라우스의 발리 *Wally with Red Blouse Lying on Her Back*〉는 실레의 대표작 중 하나다. 큰 눈망울로 관객의 시선을 압도하는 발리의 눈빛은 너무도 강렬해서 모든 사람들의 눈길을 사로잡는다. 실레가 결혼하기 전까지 그의 예술적 고뇌와 함께 했던 발리는 자신의 모든 것을 던져서라도 천재 화가의 성공을 지켜보고 싶어 했다. 그래서 그녀는 다른 화가의 모델이기를 거부하고 실레를 따라 크룸로프로 온 것이다.

발리는 모델로서 뿐만 아니라 실레의 연인으로서도 늘 그의 곁에 있었다. 어쩌면 그녀는 위대한 화가 곁에 머물러 있다는 사실

1 에곤 실레,
〈꽈리 열매가
있는 자화상〉
2 에곤 실레,
〈무릎을 들어
올린 붉은
블라우스의
발리〉

만으로도 행복했는지 모른다. 그래서인지 그림 속에 등장하는 그녀의 모습은 결코 외설적이지 않다. 〈무릎을 들어 올린 붉은 블라우스의 발리〉 속에 담긴 그녀의 큰 눈망울에는 한 남자를 위한 헌신적인 사랑이 그대로 담겨 있다. 실레와 발리는 한 줌의 바람이 되어 보헤미아를 찾아왔고, 이곳에 정착해 자신들만의 세계를 만들었다.

그러나 실레가 단골 카페 '핀크'에서 작품을 전시한 뒤로 이들은 더 이상 이곳에 머물 수 없었다. 고지식하고 성에 굉장히 보수적이었던 이곳 사람들은 실레의 도발적인 그림에 욕설을 퍼부었다. 결국 젊은 연인들은 보헤미아의 숲을 헤치고 오스트리아 빈으로 떠나야만 했다.

예술과 외설의 차이는 어디까지나 감상하는 자의 몫이지만, 대부분의 사람들은 여성의 나체를 보면서 미학적인 접근보다는 성적 호기심으로 다가가는 것이 일반적이다. 실레의 작품 또한 이곳 사람들에게는 엄청난 충격이었을 것이다. 더군다나 익숙한 바로크 시대의 풍만한 여인상도 아닌 깡마른 여자의 몸매, 게다가 나이 어린 소녀의 누드까지……. 당연히 분노할 수밖에 없었을 것이다.

사실 실레는 자신만의 그림 세계를 구축해가는 동안 많은 사람들과의 갈등을 겪어야만 했다. 〈서 있는 벌거벗은 검은 머리의 소녀〉와 같은 어린 소녀를 소재로 한 그림을 그렸다는 이유로 고발되어 24일 동안 구류를 살기도 했다. 이른바 미성년자를 대상으로 누드화를 그렸다는 것이 주된 이유였다.

그러나 그는 옥중에 있으면서도 자신의 그림 세계에 대한 확고한 의지를 굽히지 않았다. 결국 실레는 무혐의로 풀려났고, 그는 "아무리 에로틱한 작품도 그것이 예술적인 가치를 지니는 이상 외설은 아니다. 그것은 외설적인 감상자들에 의해 비로소 외설이 되는 것이다"라고 당당하게 주장했다. 그의 말처럼 사람의 가치관에 따라 그의 그림은 외설이 되기도 하고 예술이 되기도 한다.

실레의 작품과 발리의 사랑을 가슴에 담은 채 크룸로프의 매력을 좀더 깊이 느끼고 싶어 나는 중세의 멋이 흐르는 거리를 무작정 걷는다. 지도가 필요 없을 만큼 작은 구시가지를 발길이 이끄는 대로 거닌다. 울퉁불퉁한 길을 따라 정처 없이 헤매다 보면 또 다른 길이 새로운 목적지로 우리를 안내한다. 세월에 의해 무뎌진 낡은 집과 둥근 자갈이 깔린 구불구불한 골목길은 인상주의 화가들의 작품에 자주 등장하는 단골 메뉴다.

화가들뿐 아니라 일반 여행자들에게도 크룸로프의 골목길은 더할 나위 없이 매력적인 장소다. 소시지 굽는 냄새를 따라 골목길을 헤매다 보면 시원한 맥주 한 잔이 그리워지기도 한다. 이때 노천카페나 레스토랑에 들어가 거품이 풍성한 맥주를 마시고, 사랑이 그리워지면 계피향이 그윽한 카푸치노 한 잔으로 추억을 되새겨도 좋을 만큼 크룸로프는 낭만이 넘쳐나는 곳이다.

보헤미아 숲속에 위치한 크룸로프에서는 바람처럼 떠도는 보헤미안처럼 마음 닿는 대로 움직이면 그곳이 바로 샹그리라가 된다. 그러나 이 도시의 건축 역사를 알고 싶다면 안내 지도에 적힌 순서대로 번호를 따라가면 건물의 생생한 역사와 감동을 느낄 수 있다.

구시가지의 중심은 언제나 광장이다. 비교적 규모가 작은 스보르노스티 중앙 광장은 다른 유럽의 광장에 비해 초라하다. 하지만 주변의 건물들은 15~17세기에 지어진 고딕 양식과 르네상스 양식의 건축물이 많고, 특히 그림처럼 그려진 프레스코 외벽이 인상

스보르노스티 중앙 광장

적인 곳이 많다. 성처럼 외부의 장식을 그림으로 장식한 이 도시의 건축물은 분명 다른 곳과 상당한 차이가 있다.

보헤미아 숲을 찾아온 대부분의 사람들은 도시의 상징인 성과 블타바 강 주변 그리고 현대미술관 옆의 공원에서 많은 시간을 보낸다. 성은 마을과 보헤미아 숲을 한눈에 감상할 수 있어 좋고, 블타바 강 주변에는 크고 작은 카페와 레스토랑이 많아 따뜻한 차를 마시며 성을 감상하거나 책을 읽을 수 있는 장소로 최고다.

미술관 옆 공원에서는 중세풍의 마을과 하늘 높이 솟아 오른 성탑과 절벽 위에 몸을 세운 성을 한눈에 조망할 수 있다. 아마 실레와 발리도 자주 이곳을 찾았을 것이다. 때로는 실레 혼자 성이

나 강 주변에서 그림에 대한 깊은 생각에 잠겼을 테고, 도시의 풍경을 감상할 수 있는 벤치에 앉아 발리를 기다리기도 했을 것이다. 날씨가 맑은 가을날에는 성 담벼락에 기대앉아 마을을 내려다보며 사랑을 속삭이고, 뜨거운 키스로 붉게 물든 저녁노을을 더욱 붉게 만들기도 했을 것이다.

실레와 그의 연인 발리가 머물렀던 크룸로프는 그의 작품에 등장하는 그 어떤 여인의 유혹보다 훨씬 매혹적이다. 아마 표현주의 작가들이 이곳을 방문한다면 도시의 이미지를 다양하게 캔버스에 옮겼을 것이다. 누구라도 보헤미아 숲과 블타바 강 그리고 넉넉한 웃음을 지닌 이곳 사람들을 만나면 이 도시에 머무르는 내내 예술가가 되지 않을 수 없다. 소중한 추억을 평생 잊지 않기 위해 사진을 찍고, 글을 쓰고, 그림을 그리며 마음에 새길 것이다.

그러나 이곳을 찾은 여행자들도 시간이 지나면 사라지는 안개처럼 자작나무 숲을 빠져나와 일상으로 돌아가야 한다. 그렇기에 여행에서 느끼는 감정들이 더더욱 극대화되는지도 모른다. 그리고 우리는 또다시 그런 기분을 꿈꾸며 또 다른 곳으로의 여행을 떠난다.

일탈을 통해 삶의 활력소를 얻듯 실레와 만난 1박 2일은 내 삶에 자양분이 되기에 충분하다. 도시에서의 삶이 지치고 힘들 때면 "나무 사이로 비쳐드는 햇살을 쬐며 푸른빛과 초록빛에 물든 계곡의 차분한 오후를 즐기고 싶다"는 실레의 말처럼 나 역시 또 다른 일탈을 꿈꾸며 여행을 떠나리라.

Part 2.
문학의 숲을 거닐다

윌리엄 셰익스피어 · 스트랫퍼드어폰에이번 | 루이스 캐럴 · 옥스퍼드 | 제인 오스틴 · 바스, 초턴
헤르만 헤세 · 칼프 | 프란츠 카프카 · 프라하 | 윌리엄 워즈워스 · 호수지방

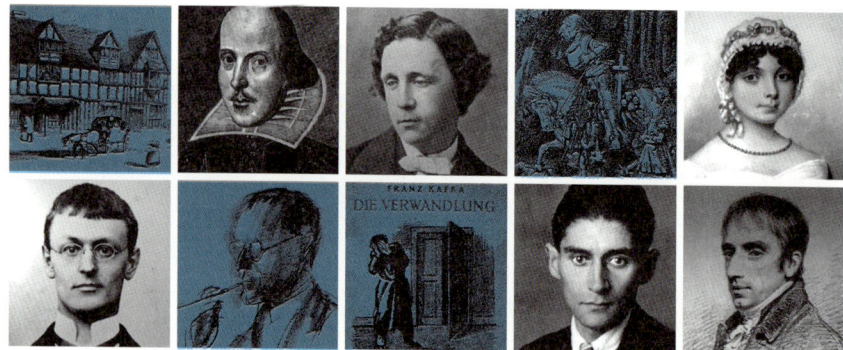

영국 스트랫퍼드어폰에이번
United Kingdom Stratford-upon-Avon

언어의 마술사
윌리엄 셰익스피어

어두컴컴한 무대 위에서 한 배우가 "사느냐 죽느냐, 그것이 문제로다!"라고 외친다. 관객들은 일제히 숨을 죽인 채 그의 말 한 마디, 몸짓 하나에 모든 신경을 집중시킨다. 보지 않은 사람도 다 안다는 연극 〈햄릿〉의 한 장면이다.

영국의 위대한 대문호 윌리엄 셰익스피어 William Shakespeare의 희곡은 시간과 공간을 뛰어넘어 변함없이 많은 사랑을 받고 있다. 400여 년이 지난 지금도 그의 작품은 연극과 영화, 심지어 드라마에서까지 빈번하게 다뤄지고 있다. 햄릿의 대사 한마디쯤은 삼척동자도 외울 정도다. 세간에는 그의 주옥같은 명문장만을 모아놓은 명언집이 출간될 정도니, 남녀노소 누구나 한 번쯤은 그의 희곡을 직접 읽었거나 혹은 연극이나 영화를 통해 접했을 것이다.

그도 아니면 '다음 중 셰익스피어의 4대 비극을 서술하시오', '다음 중 셰익스피어의 5대 희극 중 아닌 것을 고르시오' 등의 문제를 학창 시절 한 번쯤은 풀어봤을 것이다. 《햄릿 Hamlet》《오셀로 Othello》《리어왕 King Lear》《맥베스 Macbeth》 등 그의 4대 비극을 좋아하는 사람부터, 《베니스의 상인 The Merchant of Venice》《말괄량이 길들이기 The Taming of the Shrew》《한여름 밤의 꿈 A Midsummer Night's Dream》, 《뜻대로 하세요 As You Like It》《십이야 The Twelfth Night》 등의 5대 희극까지 그가 남긴 작품은 고전문학의 최고봉이라고 해도 과언이 아니다.

어떤 이는 그의 비극을 좋아하고, 어떤 이는 그의 희극을 더 좋아한다. 하지만 영화화된 그의 작품 300여 편을 보면 희극보다 비극이 더 많다. 우리는 웃고 즐기는 해학적인 인간의 삶보다, 눈물샘을 자극하거나 성악설처럼 인간의 분노와 억울함에 감정이입이 더 잘되는 모양이다.

나 역시도 셰익스피어의 희극보다는 비극이 더 흥미롭다. 복수를 앞둔 주인공의 고뇌하는 내면 심리를 다룬 《햄릿》, 늙은 리어왕과 세 딸을 통해 인간의 어리석음을 비극으로 보여주는 《리어왕》, 사랑과 질투 그리고 인간의 성악설의 진면목을 보여주는 《오셀로》, 권력에 대한 끝없는 욕망으로 인해 인간이 파멸에 이르는 《멕베스》. 이 4대 비극은 언어와 인종 그리고 국가에 상관없이 지금도 다양한 언어로 출판되고 있다. 아마 고전문학에서 셰익스피어 작품만큼 많이 읽히고 또 팔린 책도 없을 것이다. 그렇다면 우리는 왜 이렇게 그가 남긴 문학에 열광하는 것일까?

그의 시와 희곡은 사랑, 야망, 욕망, 권력, 고통, 해학, 음모 등 인간의 내면을 절제되고 감성적인 언어로 노래하고 있다. 특히 그의 언어 구사력과 창조적인 어휘력은 당대 최고였을 만큼 천재적이었다. 그래서 영국은 "언어의 마술사인 셰익스피어와 인도를 바꾸지 않겠다"고 말했을 정도다. 처음 이 이야기를 들었을 때는 '무슨 이유로 자원도 많고 땅도 큰 인도와 바꾸지 않겠다는 것일까?' 하는 의문이 들었다. 하지만 셰익스피어와 그의 작품에 대해 조금만 알게 되면 영국이 그를 인도와도 바꾸지 않겠다고 하는 근본적인 이유를 금방 깨닫게 된다.

셰익스피어는 자신의 수많은 작품 속에서 당시 사용하지 않던 다양한 신조어들을 만들어냈다. 지천명을 겨우 넘긴 쉰둘의 나이에 사망한 셰익스피어가 영어사에 남긴 업적은 21세기를 사는 우리에게 많은 영향을 미친다. 그는 희극, 비극, 사극, 낭만극을 포함해 희곡 37편과 장편시 2편 그리고 소네트 154편을 썼다. 그는 자신의 작품에 1만 7677개의 단어를 사용함으로써 영어의 새로운 장을 열었다. 현재 우리가 사용하고 있는 excellent, hurry, hint, bump, homicide, lonely, majestic 등이 바로 셰익스피어가 자신의 작품을 통해 처음으로 사용한 단어들이다.

1800년대에 이르러 그가 만든 단어의 10퍼센트 정도가 새로운 영어 단어라고 평가받을 만큼 그의 신조어는 대단한 것이었다. 한마디로 셰익스피어는 영국의 자존심이자 문학의 아이콘이었다. 그런 사람을 어떻게 다른 나라와 바꿀 수 있겠는가!

그런데 그런 명성과는 달리 그와 관련한 이야기 중에는 마치 풀리지 않는 미스터리처럼 전해 내려오고 있는 것들이 많다. 영국의 작가 빌 브라이슨Bill Bryson은 "영국 중앙도서관에서 작가 셰익스피어를 검색하면 1만 3858개 항목이 나올 정도로 엄청나게 많은 자료가 있지만, 어느 연구 논문이나 책도 그의 삶을 정확하게 설명해주지는 못한다"고 말했다. 그만큼 셰익스피어에 관한 역사적 기록은 매우 적으며, 그의 활동상과 사생활을 정확하게 말할 수 있는 사람 역시 아직까지 없다.

심지어 1564년 4월 23일로 알려진 출생일조차도 확실치 않으며, 'Shakespeare'라는 성조차 문서마다 다르게 기록되어 있다. 그나마 남아 있는 것은 교구 기록부에 등재된 세례일과 결혼일, 돈과 관련한 소송장 등이 전부다. 뿐만 아니라 현재 남아 있는 네 점의 초상화를 두고 세간에서는 어느 것이 진짜인지, 아니면 모두가 가짜일 거라는 이야기도 있다.

게다가 셰익스피어가 실제로 존재한 인물이 아니라고 주장하는 사람들까지 있는데, 이들은 작품에 사용한 언어와 라틴어의 뛰어난 문장 구사력을 볼 때 장갑 제조업자의 아들로서는 도저히 이룰 수 없는 문학 세계라고 평가 절하하기도 한다.

그 이유는 셰익스피어가 그리 부유한 집안 출신도 아니고, 다른 사람에 비해 많이 배우지도 않았기 때문이다. 따라서 혹자들은 정치가인 프란시스 베이컨Francis Bacon, 옥스퍼드 백작Earl of Oxford, 극단을 운영했던 에식스 백작Earl of Essex 등이 셰익스피어라는 필명으로 활동했을 거라고 추측한다. 하지만 아직까지 이와 관련해서 명확하게 밝혀진 것은 아무것도 없다. 그러니 진실이 밝혀질 때까지 우리는 그저 그의 작품을 즐기면 된다. 그와 관련한 얽히고설킨 미스터리들은 그를 연구하는 학자들의 몫으로 남겨두자.

필명이든 아니면 실제 존재한 인물이든 셰익스피어의 희곡은 우리에게 문학적 깊이와 예술적인 감수성을 자극하는 명작인 것만은 분명하다. 나는 그런 셰익스피어가 실제로 존재했던 인물이라고 믿고 싶다.

그래서 나는 문학 세계에 영향을 준 그의 고향을 찾았다. 화창한 어느 봄날 런던에서 기차를 타고 북서쪽으로 150킬로미터 정도 달려간 나는 영국 대문호의 고향, 스트랫퍼드어폰에이번Stratford-upon-Avon에 도착했다. 지명에서부터 왠지 문학적인 향기가 흘러나올 것만 같은 이 도시는 아주 아담하고 조용한 전원도시의 전형을 보여준다. 고층빌딩과 철골 구조로 만든 건물 모습은 거의 찾아볼 수 없고, 세월의 깊이가 묻어나는 목조건물들이 작은 도시를 가득 메우고 있다.

마을 한가운데로 에이번 강이 가로지르고, 강가에는 나룻배를 타거나 수영을 즐기는 사람들로 가득하다. 강 바로 옆에 있는 셰익스피어 극장과 아름다운 뱅크로프트 공원에 서 있는 셰익스피

15세기의 우아한 분위기를 간직한 위윅 성

밴크로프트 공원의 셰익스피어 동상

어 동상은 이 도시가 누구의 고향인지를 한눈에 알 수 있게 한다. 마치 셰익스피어의 작품에 등장하는 무대 배경처럼 친숙한 느낌마저 든다.

인구 2만여 명의 도시 스트랫퍼드어폰에이번은 '로마인이 닦은 길을 가로 지르는 개울'이라는 의미로 7세기 때부터 교통의 요충지였다. 따스한 봄기운이 완연한 이곳은 강과 어우러진 마을 풍경이 마치 수채화처럼 은근하고 고즈넉하다.

무엇보다 영국 문화의 아이콘인 셰익스피어의 고향인지라 매일매일 그를 좋아하는 팬들이 이 작은 시골마을을 연이어 찾아온다. 세계 전역에서 몰려든 관광객들은 셰익스피어가 청소년 시절을 보냈던 그의 고향을 찾아 그의 작품에 등장하는 꽃, 새, 식물 등 다양한 언어의 마술에 매혹된다. 또한 이들은 그의 생가와 그가 만년을 보낸 대저택 뉴플레이스New Place, 15세기에 지어진 길드홀Guildhall로 사용되기도 했던 셰익스피어 학교, 강변에 있는 왕립셰익스피어극장, 셰익스피어의 부인 앤 해서웨이Anne Hathaway의 집 등에 많은 관심을 갖는다. 도시의 규모는 그리 크지 않지만 셰익스피어의 향수를 느끼기 위해 하루 종일 마을 곳곳을 누빈다.

그중에서도 가장 매력적인 장소는 셰익스피어가 태어나고 자란 생가와 런던에서 돌아와 만년을 지낸 뉴플레이스다. 물론 그가 뛰어놀았던 강가나 학교도 그의 향수를 느낄 수 있는 곳이지만, 생가와 뉴플레이스만큼 자료와 전시물로 가득한 곳은 없다.

우선 헨리 거리에 자리한 셰익스피어의 생가는 유럽에서 흔히 볼 수 있는 대리석이나 돌로 만든 집이 아니다. 휘어진 나무와 진흙을 이용해 지은 이 집은 세월의 깊이와 그의 문학적 감성을 동시에 느끼게 해준다. 노천카페와 레스토랑 그리고 서점이 들어선 생가 주변은 마치 셰익스피어가 살던 그 시대로 돌아간 것처럼 평온하기만 하다. 물소리와 새소리가 넘쳐나는 이 작은 마을이 위대한 극작가 셰익스피어의 고향이다.

그가 태어난 2층집은 현재 기념관과 생가를 동시에 관람할 수 있는 관광 코스로 개발되어 있다. 생가 입구에 들어서면 제일 먼저 1600년에 그린 윌리엄의 초상화 〈플라워Flower〉가 걸려 있다. 대문보다 더 큰 크기의 초상화에 놀라워하며 생가 내부로 들

Part 2. 문학의 숲을 거닐다 151

어서면 셰익스피어가 어렸을 때 읽었던 라틴어 책이나 성서 등의 다양한 책들이 전시되어 있고, 입구 바로 옆에는 그의 아버지가 운영하던 가죽제품 가게가 재현되어 있다. 약간 어두운 빛으로 조명된 실내는 셰익스피어의 흔적과 그의 삶의 영혼을 느끼기에 충분하다.

특히 그가 태어난 2층의 작은방에 들어서면 마네킹으로 만든 갓난아기 모습의 셰익스피어와 침대가 새로운 감동으로 다가온다. 집의 내부는 오래된 나무로 인해 움직일 때마다 발밑에서 삐걱거리는 소리가 요란하게 나는데, 불쾌하기보다는 정겨운 음악처럼 몸과 마음에 스민다.

2층에는 그가 태어난 방 이외에도 중세 시대부터 그려진 도시의 스케치와 셰익스피어 흉상이 관광객들을 맞이한다. 이 집의 역사를 한눈에 보여주는 스케치는 오늘날의 모습과 거의 비슷하다. 생가의 외관은 셰익스피어가 살았던 시대와 똑같이 완벽한 모습으로 복원되었다.

방의 구조는 그 당시 사람들의 체구가 작아서인지 그리 크지 않다. 하얀 색으로 칠한 내벽과 나무 바닥 그리고 빨간색 이불이 덮인 침대 등을 바라보면 동시대를 살지 않았어도 그가 고뇌한 삶과 문학에 대한 열정들이 고스란히 전해진다. 그의 생가를 둘러보며 그가 태어난 곳에 서보는 경험은 우리를 흥분시키기에 충분하다.

윌리엄 셰익스피어! 과연 그는 어떤 사람이었기에 동서양을 초

셰익스피어 생가 내부

월해 지금껏 우리의 가슴을 움직이고 있을까? 나는 타임머신을 타고 그의 삶 속으로 날아간다.

   셰익스피어는 영국 르네상스의 정점기인 엘리자베스 여왕 1세 때인 1564년 4월 23일에 8남매 중 셋째로 태어났다. 4월 23일을 그의 탄생일로 부르는 것은 셰익스피어의 탄생 기념행사를 이날 치르기 때문이다. 교구 교적부에는 4월 26일이 그의 출생일로 기록되어 있다. 어느 날짜가 정확한지는 모르지만, 보통 4월 23일을 그의 탄생일로 보고 있다.

월리엄의 아버지인 존 셰익스피어 John Shakespeare는 스트랫퍼드 어폰에이번에서 피혁가공업과 중농을 겸하는 상인이었으며, 비교적 경제적으로 안정된 중산층이었다. 아버지의 사업이 부도 나기 전까지 그는 초중급 학교에 다닌 것으로 확인되고 있으며, 1500년대부터 유럽의 국제어인 라틴어를 중심으로 한 기본적인 고전 교육을 받았다. 이때 배운 라틴어와 고전 교육은 훗날 그가 극작가로서 필요한 고전 역사와 천재성을 발휘할 수 있도록 하는 데 밑바탕이 되었다.

셰익스피어와 연극의 인연은 그의 나이 열 살 즈음부터 시작되었다. 당시 시골에서는 축제나 휴일에 마을 사람들을 모아놓고 축하잔치를 하거나 유랑극단의 연극이 많이 펼쳐졌다. 스트랫퍼드 어폰에이번은 영국의 중부지방에 위치해 있어 교통이 활발했고, 그 때문에 런던의 유명한 유랑극단들이 이곳을 지나며 다양한 공연을 펼쳤다.

특히 1573년과 1576년 레스터 백작 극단과 1579년 스트레인지 경 극단이 셰익스피어의 고향을 방문해 연극의 진수를 선보였다. 특히 레스터 백작 극단은 엘리자베스 1세와 신하들을 초청해 3주 동안 신화극, 불꽃놀이, 연극 등 다채로운 행사를 펼쳤는데, 그 자리에 셰익스피어도 있었다. 이때부터 소년 셰익스피어는 환상적인 연극에 매료되어 장차 희곡 작가로서 또 극단 제작자로서의 꿈을 키우기 시작했다.

어느새 청년으로 자란 셰익스피어는 1582년 학교를 떠난 뒤 한동안 가업인 장갑 제조업에 종사했다. 그러면서도 에이번 강가를 산책하며 작가로서의 예술적 영혼을 살찌웠다. 그리고 그의 나이 열여덟, 그는 여섯 살 연상의 앤 해서웨이와 결혼했다. 당시 해서웨이는 임신 3개월이었다.

1583년 5월 23일 첫째 딸 수산나가 태어났고, 2년 뒤에 이란성 쌍둥이인 딸 주디스와 아들 햄닛을 낳았다. 쌍둥이의 세례를 받은 기록 이후부터 7년 동안 그의 삶에 대해서는 알려진 바가 거의 없고 다만 시골학교 교사 혹은 귀족의 심부름꾼 등으로 전전하며 살아간 흔적이 있을 뿐이다.

그 후 셰익스피어는 런던 연극계에 혜성처럼 나타나 곳곳에 자신의 이름을 알리기 시작했다. 그런데 이 부분이 바로 많은 학자들이 셰익스피어가 실존 인물이 아님을 주장하는 요인이기도 하다. 고등학교도 겨우 마칠 정도로 교육 혜택이 미비했던 셰익스피어가, 더군다나 7년간이나 자취를 감췄다가 돌연 런던의 연극계를 주름잡는 작가로 나타났다는 점은 많은 오해와 추측들을 불러일으켰다. 양질의 교육을 받지도 않았고, 어디서 무엇을 했는지에 대한 근거도 없는 사람이 혜성처럼 나타나 하루아침에 유명한 작가가 된다는 것은 당시의 여러 상황을 고려할 때 말이 안 되는 일이었다. 이유야 어찌되었건 셰익스피어는 어린 나이에도 불구하고 런던에서 최고의 작가로서 명성을 날리기 시작했다.

셰익스피어가 런던에서 이름을 떨치기 시작한 시기는 1590년 전후로 엘리자베스 여왕의 탁월한 치세로 국운이 팽창할 때였다.

셰익스피어의 예술적 영혼이 살아 숨 쉬는 뉴플레이스

문화적으로도 신본주의에서 벗어나 인문주의의 기치를 내건 르네상스 시대의 정점에서 인간의 무한한 창조적 잠재력이 요구되던 시기였다. 당시의 연극은 그리스, 로마의 고전을 부활시킨 르네상스 문화의 유입으로 새로운 민족적 형식과 내용의 드라마가 주를 이루던 시기였다.

이 같은 역사적 배경으로 인해 셰익스피어는 타고난 재능을 마음껏 발휘할 수 있었다. 젊은 나이에 부와 명성을 거머쥔 그는 런던에서 명망 있는 극작가이자 연극 제작자로 자신의 이름을 날렸으며, 수익성 있는 사업을 가려내는 안목으로 많은 재산을 모았다.

1592년, 스물여덟의 셰익스피어는 런던에서 아주 유명한 극작가가 되어 있었다. 작가로서, 제작자로서 명성을 날릴수록 그에게는 좋지 않은 비판들이 함께 쏟아졌다. 특히 그의 라이벌이자 선배 작가인 로버트 그린 Robert Greene은 셰익스피어를 "벼락출세한 까마귀"라고 불렀으며, 크리스토퍼 말로 Christopher Marlowe, 조지 필 George Peele, 토머스 내시 Thomas Nashe 등 당대의 유명한 극작가들이 "대학 교육도 받지 못한 무식한 신참이 연극계를 망치고 있다"고 말할 정도였다.

30대에 들어서자 그의 위력은 런던의 연극계를 평정할 만큼 더더욱 대단해졌다. 부와 명성을 한꺼번에 거머쥔 셰익스피어지만 그의 문학적인 업적과 상반되는 흥미로운 기록이 세인들의 관심을 집중시켰다. 세무 기록이나 유언장을 살펴보면 셰익스피어는 돈에 집착하고 이재에도 상당히 밝은 성격의 소유자였다. 그에게는 돈을 갚지 않는 채무자를 무자비하게 독촉해 돈을 받아 내고야 마는 집요함도 있었다.

뿐만 아니라 그의 이름은 이웃사람들과 벌인 각종 소송을 기록한 문서에도 등장하고, 윈체스터 주교의 세금 기록부에는 셰익스피어가 세금을 제때 안 내는 불성실한 사람으로 기록되어 있기도 하다. 또 런던에서 은퇴하고 고향에 돌아온 셰익스피어는 그가 사망하기 직전인 1월에 유언장을 하나 작성했는데, 자신의 모든 재산을 첫째 딸 수산나와 둘째 딸 주디스(아들 햄닛은 사망)에게 물려준다는 내용이었다.

하지만 그는 3월에 주디스의 남편이자 막내 사위가 품행이 단정하지 못하고 불성실하다는 이유로 그녀에게 줄 재산을 첫째 딸에게 모두 상속하겠다고 유언장을 수정했다. 이처럼 우리가 알고 있는 셰익스피어는 언어의 마술사이지만 동시에 돈에 집착하는 고리대금업자의 이미지도 함께 갖고 있다.

셰익스피어의 생가를 나와 나는 다시 발걸음을 옮겨 그가 런던에서 부와 명성을 쌓은 후 돌아와 조용하게 말년을 보낸 뉴플레이스로 향했다. 뉴플레이스는 그의 작품에도 등장하는 홀리트리니티 교회 바로 앞에 있다. 이곳은 생가와 달리 벽돌로 지어졌고, 주변에는 울긋불긋한 꽃들이 피어난 정원이 있어서 노년을 보내기에 안성맞춤인 곳이다.

얼핏 보기에도 뉴플레이스는 당시 이 도시에서 가장 부유한 집이었을 것으로 짐작된다. 정면에서 볼 때는 그리 화려하지 않고 규모를 가늠하기도 어렵지만, 집 뒤로 펼쳐진 정원을 보면 그 아름다움이 거의 환상적이다. 하늘에서 내려온 몇 줌의 따뜻한 봄기운을 받은 꽃봉오리들이 울긋불긋 수줍게 속내를 드러내고 있는 정원은 마치 꽃의 제국을 연상시킬 만큼 풍요롭고 화려하다.

화려함을 뒤로한 채 그의 예술적 영혼이 살아 숨 쉬는 내부로 들어간다. 뉴플레이스 1층에는 셰익스피어가 살았던 시대를 떠올리게 하는 살림 도구와 부엌이 있고, 2층에는 그와 관련한 많은 책과 자료들이 전시되어 있다. 그중에서도 가장 눈에 띄는 것은 《제1 이절판 *First Folio*》이라고 불리는 셰익스피어 전집이다. 여러

1 화사한 꽃밭이 인상적인 뉴플레이스
2, 3, 4 뉴플레이스 내부

셰익스피어가 산책을 즐겼던 에이번 강

　나라에서 출간된 그의 작품집 가운데 한글로 출간된 책이 뉴플레이스에도 있다는 사실이 새삼 놀라웠다.
　사실 그가 살아 있는 동안 우리가 알고 있는 셰익스피어 전집은 없었다. 그는 자신의 대본이 출간되는 것을 반대했었고, 그로 인해 그가 죽은 지 7년 뒤 킹 극단에 소속된 배우이자 셰익스피어의 친구인 존 헤밍John Heminge과 헨리 콘델Henry Condell이 배우들에게 흩어져 있던 그의 연극 대본을 모아 출판했다. 그들의 노력 덕분에 역사 속으로 사라질 뻔했던 셰익스피어의 희곡 작품을 오늘날 감상할 수 있게 된 것이다. 그때 만들어진 셰익스피어 전집은 그의 극을 사극, 희극, 비극의 세 범주로 나눠놓은 것이다.

어두운 뉴플레이스 방에 들어서면 노년에도 불구하고 뭔가 열심히 쓰고 있는 셰익스피어 밀랍 인형이 눈길을 사로잡는다. 1616년 4월 23일, 묘하게도 그의 탄생일로 추정되는 같은 날에 셰익스피어는 쉰둘의 나이로 생을 마감했다. 그는 4월 25일 스트랫퍼드어폰에이번에 있는 홀리트리니티 교회에 안장되었다. 셰익스피어의 미망인은 1623년 사망해 셰익스피어 옆에 안장되었다. 이렇게 한 시대를 풍미했던 영국 최고 대문호의 화려한 삶은 작은 전원도시에서 연극처럼 막을 내렸다.

뉴플레이스를 등지고 5분 정도 걸으면 셰익스피어가 좋아했던 에이번 강이 나온다. 강 주변으로는 어깨를 늘어뜨린 수양버들이 바람에 살랑이고, 이름 모를 야생화들이 지천에 흐드러지게 피어 있다. 파란 하늘빛을 가득 담은 에이번 강과 한가로이 오후의 햇살을 즐기는 백조의 모습은 셰익스피어의 작품만큼이나 아름답다. 희극처럼 로맨틱하고, 때로는 비극처럼 가슴 저린 그의 작품은 우리의 영혼 속에서 영원히 살아 숨 쉰다. 그의 고향을 거닐며 그의 문학 세계를 가슴으로 느껴보는 일, 이 얼마나 가슴 벅찬 행복인가!

영국 옥스퍼드
United Kingdom Oxford

이상한 나라에서 만난 사진 찍는 동화작가
루이스 캐럴

"착하고 귀여운 한 소녀가 숲속 근처에서 놀다가 어디론가 빨리 뛰어가고 있는 하얀 토끼를 만나면서 소녀는 놀라운 모험을 시작하게 된다. 소녀는 회중시계를 보는 토끼를 뒤쫓아 가다 자신도 모르게 이상한 나라에 들어가 악명 높은 하트 여왕, 카드 병정, 담배 피우는 애벌레, 가발을 쓴 두꺼비 등이 벌이는 기상천외하고 신비한 세계를 체험하게 된다."

이 이야기는 누구나 한 번쯤은 읽어봤을 동화《이상한 나라의 앨리스 *Alice's Adventures in Wonderland*》다. 판타지 소설의 효시로 일컬어지는《이상한 나라의 앨리스》는 이솝 Aesop, 안데르센 Hans Christian

Andersen과 더불어 세계 3대 동화작가로 불리는 루이스 캐럴Lewis Carrol이 1865년에 출간한 작품이다. 이 동화는 100년을 훌쩍 뛰어넘은 지금도 전 세계의 모든 어린이들에게 꿈과 희망을 안겨주고 있다. 세계 최초의 판타지 소설로 분류되는《이상한 나라의 앨리스》를 시작으로 조앤 K. 롤링Joan K. Rowling의《해리 포터Harry Porter》와 J.R.R 톨킨John Ronald Reuel Tolkien의《반지의 제왕The Lord of The Rings》등 영국의 판타지 소설은 우리에게도 너무나 잘 알려져 있다. 책을 읽지 않은 사람들이라도 영화로 만들어진 해리 포터와 반지의 제왕 시리즈는 누구나 한 번쯤 봤을 것이다.

그렇다면 영국의 판타지 소설이 다른 나라에 비해 이렇게까지 두각을 나타내고 있는 이유가 궁금하다. 정확하게 알 수는 없지만 어쩌면 독특한 기후와 지형 그리고 날씨가 사람들로 하여금 상상의 세계를 꿈꾸게 하지 않았을까. 나는 그 궁금증을 풀기 위해 판타지 소설의 선구자로 꼽히는 루이스 캐럴의 흔적을 찾아 그가 상상의 날개를 펼치며 판타지를 꿈꾸던 옥스퍼드Oxford의 크라이스트처치로 달려간다.

마네의〈풀밭 위의 점심식사〉라는 그림이 연상되는 옥스퍼드는 학문, 예술, 지성, 젊음 등이 도시 전체를 감싸고 있다. 무엇

《이상한 나라의 앨리스》표지

루이스 캐럴의 젊은 날이 아로새겨진 크라이스트처치 칼리지

보다 옥스퍼드는 우리에게 친숙한 작가 루이스 캐럴이 평생을 보낸 곳인 만큼 마치 내 자신이《이상한 나라의 앨리스》의 주인공이 된 것처럼 도시를 여행하게 된다.

100년이라는 세월이 흘렀지만 캐럴이 배웠고 가르쳤던 크라이스트처치 칼리지는 세월의 무상함을 비웃듯 변함없이 그 자리를 지키고 있다. 시간의 때가 묻은 학교 담벼락과 파릇한 담장에도 고민하고 즐거워하던 캐럴의 젊은 날이 그대로 아로새겨져 있다.

옥스퍼드 시내 한가운데 자리한 카팩스 타워나 보들리안 도서관 등도 담쟁이넝쿨만큼이나 오랜 세월 변함없이 그 자리에 서 있다. 옥스퍼드가 왜 영국에서 가장 유명한 도시이자 세계에서 가장 유명한 대학 도시인지 조금은 알 것 같다.

활력이 넘치는 옥스퍼드에는 13세기에 수도사들이 하나둘씩 모여들면서 자연스럽게 발달한 도시다. 현재 이곳은 캠브리지와 함께 영국의 지성을 대표하는 상아탑의 전당이다. 학문과 예술이 넘쳐나는 옥스퍼드는 40여 개의 명문 칼리지가 있고, 주민의 80퍼센트가 학생일 만큼 젊음과 예술로 생동감이 넘쳐난다.

더군다나 옥스퍼드에는 루이스 캐럴의 젊은 시절부터 독신으로 생을 마감하기까지의 삶의 열정이 고스란히 남아 있다. 수학 교수이자 동화작가 그리고 사진가로 명성을 날린 캐럴의 흔적이 배어 있는 옥스퍼드는 그의 카메라 프레임 속에 영원히 정지된 한 장의 사진처럼 기록되어 있다.

캐럴 하면 우리는 수학과 교수나 동화작가 정도로 생각하지만 사실 그의 이력 중에서 가장 눈에 띄는 부분은 사진작가다. 그가 남긴 인물 사진들은 사진작가로서 손색이 없을 만큼 훌륭하다. 인물 사진은 촬영자와 모델이 서로 교감하지 않으면 좋은 사진을 얻기가 쉽지 않은 분야다. 촬영자는 인내심을 갖고 모델의 성격과 취향을 고려하며 결정적인 순간에 셔터를 누른다. 오랜 시간과 적절한 타이밍이 인물 사진의 관건이다. 캐럴이 이렇게 어려운 작업 중 하나인 인물 사진을 촬영하는 것을 좋아했다는 사실은 안타깝게도 우리에게 잘 알려져 있지 않다.

그의 카메라 속에 담긴 19세기의 옥스퍼드를 바라보노라면, 빅토리아 시대의 고색창연한 모습이 그대로 묻어나서 마치 타임머신을 타고 이상한 나라에 온 것 같은 착각을 불러온다. 좁은 거리와 골목길에 들어서면 중세 시대 건물들이 이 도시가 얼마나 고풍스럽고 우아한지를 잘 설명해준다. 각기 다른 모습의 칼리지 안뜰에는 작은 분수와 파릇파릇한 잔디가 오후의 풍요로움을 만끽하고 있다.

오랜 세월에 의해 닳아 문드러진 포석과 회랑에서는 옥스퍼드의 유구한 역사와 삶의 깊이가 느껴진다. 옥스퍼드는 900여 개에 이르는 중세의 건물마다 독특한 역사와 전통이 스며들어 있어서 여행자들에게 또 다른 감동을 선물한다. 잔디밭과 작은 광장마다 삼삼오오 짝을 이룬 대학생들이 삶의 여유를 즐기는 모습이 눈에 들어오고, 좁은 골목길을 걷다 보면 마치 캐럴이나 앨리스 자매를 만날 것만 같은 묘한 기분에 휩싸이기도 한다.

옥스퍼드에서 젊은이들이 가장 북적거리는 카팩스 타워에 이르면 '젊음과 낭만'이라는 단어가 저절로 튀어나올 만큼 신선하고 상큼한 분위기가 곳곳에서 묻어난다. 자전거로 도시를 누비는 많은 학생들의 모습과 선생님의 꽁무니를 졸졸 따라다니며 건물 투어에 나선 어린이들 그리고 여기저기를 둘러보느라 정신없는 여행자들까지, 도시의 풍경은 따스한 꿈과 희망으로 넘실댄다. 아마 캐럴이 대학을 다녔던 당시도 이런 모습이지 않았을까 싶다.

삶의 풍요와 여유, 낭만이 흐르는 이곳은, 네온사인과 유흥주점이 넘쳐나고 서점이라고는 거의 찾아 볼 수 없는 우리의 대학 풍경과는 사뭇 달라 보인다. 성인이 되어 다시 찾은 옥스퍼드는 대학생 때 봤던 그 시절의 옥스퍼드와 별반 달라진 게 없다.

학창 시절의 배낭여행을 추억 삼아 나는 시내 중심가로 조금 더 발길을 옮긴다. 제일 먼저 눈에 들어온 것은 옥스퍼드 역사와 복잡하게 얽혀 있는 카팩스다. 네거리 중심에 서 있는 카팩스는 이 도시의 랜드마크이자 교회 부속물 중 하나다. 과거 이 교회에서 윌리엄 셰익스피어 대자의 세례식이 거행되었으며, 옥스퍼드의 타운 앤 가운 Town & Gown 분쟁 때 분노한 시민들이 탑 꼭대기

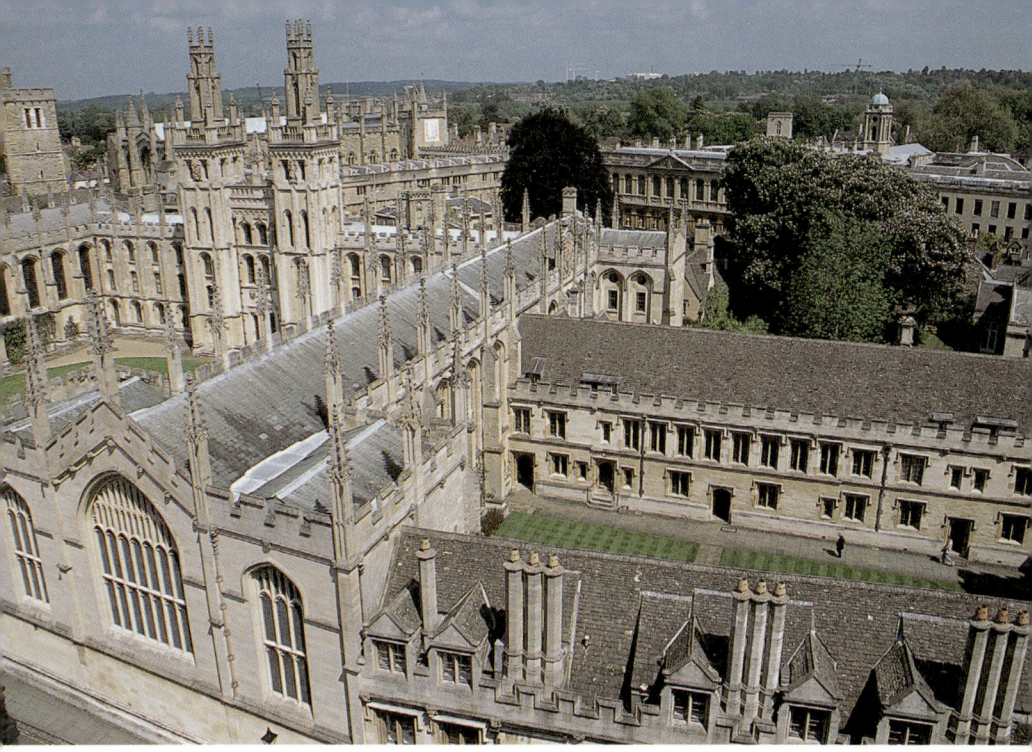

중세 시대 건물의 고풍스러움이 남아 있는 옥스퍼드

에 올라가 학생들에게 돌을 던졌던 장소이기도 하다.

카팩스 타워 맞은편에 있는 성 메리 교회의 좁고 비탈진 계단을 따라 오르면 발 아래로 옥스퍼드의 비경이 스펙트럼처럼 펼쳐진다. 뾰족한 건물 밑으로 짙은 녹색의 잔디 광장이 제일 먼저 눈에 띈다. 1000년동안 터줏대감처럼 도시를 지켜온 크고 작은 칼리지 건물들이 세월의 무게만큼이나 늠름하게 버티고 있다. 건물 귀퉁이에 자전거를 세워놓고 젊은 남녀가 사랑을 속삭이는 장면은 마치 로맨스 영화의 한 장면처럼 아련하기만 하다.

옥스퍼드는 영국의 변화무쌍한 날씨와는 달리 아주 상쾌하고 여유로운 분위기가 물씬 풍겨나는 곳이다. 한 손에 달콤한 아이

Part 2. 문학의 숲을 거닐다 167

스크림을 들고 편안한 마음으로 발길 닿는 대로 이리저리 걸어다니다 보면 옥스퍼드가 가진 매력에 흠뻑 빠져 나의 마음까지도 어느새 동화처럼 풍요로워진다.

어느 것 하나 세월의 때가 묻지 않은 건물이 없는 이 도시에서 가장 빛나는 것은 단연 크라이스트처치다. 앞서도 잠시 언급했듯이, 1525년에 지어진 이곳은 옥스퍼드에 있는 단과 대학 중 가장 오래된 곳이자 청년 캐럴이 수학을 전공하고, 교수로서 학생을 가르쳤던 곳이다.

학교 내부에는 캐럴이 초기에 제작된 은판사진법인 다게레오타입daguerreotype의 카메라를 들고 여기저기 촬영했던 예배당, 분수, 강당, 톰 타워 등이 들어서 있다. 무엇보다 이 학교에서 가장 눈길을 끄는 곳은 크라이스트처치를 빛낸 교수들의 초상화가 걸린 그레이트홀이다. 1529년에 건축된 그레이트홀은 학생과 교수들이 식사를 하는 구내식당이다. 오늘날에도 교수와 학생들이 이곳에서 함께 점심식사를 하고 있으며, 일반인들에게는 점심시간 이후에만 공개한다.

500여 년의 역사와 전통을 가진 이 그레이트홀은 영화〈해리포터〉시리즈의 호그와트 마법학교 식당 배경지로도 유명하다. 역사성을 보여주는 우아한 오렌지 빛 전등의 홀 안으로 들어서면 캐럴의 초상화와 그의 작품《이상한 나라의 앨리스》에 등장하는 '앨리스의 창'이 스테인드글라스로 새겨져 있다. 환한 빛이 스테인드글라스를 통과해 수많은 사람들의 초상화가 걸린 벽면에 닿

1 크라이스트 처치의 그레이트홀
2 루이스 캐럴의 초상화

는 순간 우리 눈에 익숙한 캐럴의 초상화가 마음을 사로잡는다.

사실 캐럴의 초상화를 찾기는 그리 쉽지 않다. 홀 안에는 너무나 많은 초상화가 걸려 있으며, 캐럴의 초상화는 입구 왼쪽 벽면 아래에 있어서 등을 돌려야만 찾을 수 있기 때문이다. 더군다나 캐럴의 초상화 밑에는 루이스 캐럴이라는 이름 대신 '찰스 루트위지 도지슨 Charles Lutwidge Dodgson'이라는 본명이 쓰여 있어서, 그의 본명을 모르고 있다면 안타깝게도 그냥 지나쳐버리고 말 수도 있다.

의자에 앉아 그윽한 눈빛으로 사색을 즐기고 있는 캐럴의 눈을 바라보노라면 그가 남긴 아름다운 동화들이 이내 머릿속에서 또 하나의 세상을 만들어낸다.

캐럴의 본명은 찰스 루트위지 도지슨이다. 그러니까 루이스 캐럴은 그의 필명인 셈이다. 수학과 논리학에 매우 뛰어났던 그는 평생을 옥스퍼드 크라이스트처치 대학에서 교수로 지냈다. 하지만 우리에게는 《이상한 나라의 앨리스》나 《거울 나라의 앨리스 Through the Looking-Glass and What Alice Found There》라는 판타지 소설가로 훨씬 더 유명하다. 그리고 더러는 그를 사진작가로 기억하기도 한다.

그는 1832년 1월 27일 체셔Cheshire 지방 데어스베리Daresbury의 목사 가정에서 태어났다. 그의 아버지 찰스 도지슨은 젊은 성직자였을 때 사촌 여동생인 프랜시스 제인 루트위지Francis Jane Lutwidge와 결혼해 15년 동안 열 명의 아이를 낳았다. 3남 7녀 중 캐럴은 셋째이자 장남이었다. 그는 어릴 때부터 마술, 체스, 인형극, 편지 쓰기 등에 많은 관심과 재능을 보였다.

유서 깊고 다복한 가정에서 태어난 캐럴은 데어스베리라는 아주 작은 시골마을에서 성장하며 자연을 통해 깊은 감수성을 키웠다. 또한 경제적으로 안정되고 평화로운 집안 분위기는 재능 많고 감수성이 예민한 캐럴에게 든든한 버팀목이 되어주었다. 어쩌면 유소년 시절의 이런 배경이 훗날 《이상한 나라의 앨리스》와 같은 환상적인 작품을 쓰게 한 원동력이 되었는지도 모른다.

캐럴은 열두 살이 되자 당시의 사회 관습에 따라 리치먼드 사립학교에 들어가 기숙사 생활을 하게 되었다. 이 시절 캐럴은 고전이나 라틴어에는 조금 약했지만, 수학에서는 탁월한 재능을 보였다. 리치먼드의 교장은 그의 아버지에게 "캐럴은 아주 특별한 재능을 갖고 있으며, 신앙과 도덕적인 부분에서는 완고하고 작은 실수에 관대하다"라고 말했다고 한다. 이런 캐럴의 성격은 그가 수학과 교수가 된 뒤 평생 독신으로 사는 동안에도 크게 변하지 않았다.

어느새 청년으로 자란 캐럴은 옥스퍼드 단과 대학 중에서 가장 크고 유명한 크라이스트처치 수학과에 진학했다. 당시 수학을 잘하던 학생들은 대부분 캠브리지 대학으로 진학했지만 캐럴은 옥스퍼드 출신이었던 아버지의 영향으로 선택의 여지없이 크라이스트처치에 진학했다. 그때부터 캐럴은 크라이스트처치와 인연을 맺고 일생 동안 작은 교수실에서 수학과 논리학을 연구하며 학생들을 가르쳤다.

하지만 전공과는 달리 평소 예술적 감수성이 뛰어났던 캐럴은 감상적이고 신비적인 라파엘 회화에 빠져들기도 했다. 그는 연극배우 엘렌 테리 Ellen Terry 와 화가 단테 가브리엘 로제티 Dante Gabriel Rossetti 등과 함께 교분을 쌓으며 예술적인 감수성을 끊임없이 발산했다.

또한 그는 어린 아이들과 함께 노는 것을 좋아 했고, 카메라가 발명되자 사진에 더 많은 시간을 할애했다. 캐럴은 시간이 날 때마다 카메라를 들고 옥스퍼드를 누비며 어린 아이나 유명 인사들을 사진에 담았다.

　미술과 음악 그리고 문학 등 다방면에서 두각을 나타냈던 캐럴은 1856년 스물네 살이 되던 해 다게레오타입의 카메라를 갖게 되면서 서서히 다른 운명의 길을 걸었다. 캐럴이 1850년대에 고가의 사진 장비를 가질 수 있었던 것은 그가 크라이스트처치 수학과 전임강사였기 때문이다. 그 당시 아마추어 사진가들은 값비싸고 복잡한 카메라 기술 때문에 사진 촬영을 포기하는 경우가 많았다. 하지만 캐럴은 안정된 교수 자리로 학교 내에 암실과 스튜디오까지 가질 만큼 여유로운 생활을 영위했다.

　그림을 그리는 것 빼고는 예술이라는 대부분의 장르에 관심이 많았던 캐럴은 카메라를 통해 더 많은 환상과 꿈을 가졌다. 처음에는 주로 풍경을 촬영했다. 기계에 손이 익숙해질 즈음부터는 그의 앵글 속으로 사람들이 들어 왔다. 30여 년간 수많은 인물 사진을 남긴 캐럴은 줄리아 마거릿 캐머런Julia Margaret Cameron과 함께 19세기 뛰어난 인물 사진가로 꼽힌다. 우리가 알고 있는 동화작가라는 명성보다 사진 분야에서 그의 이름을 더 쉽게 찾을 수 있을 만큼 카메라에 대해 남다른 능력을 보였다.

　옥스퍼드 대학의 수학과 교수가 이렇게까지 카메라에 집착한 이유는 무엇이었을까. 그건 아마도 그의 성향과 욕구 때문이었으리라. 다양한 예술 분야를 넘나들며 직접 참여했던 캐럴은 그림을 그릴 수 없는 자신의 한계를 발견하고, 수학자가 갖춰야 할 한 치의 오차도 허용하지 않는 현상과 인화 과정의 카메라 메커니즘에 빠져들게 된 것이다.

렌즈 속으로 들어오는 피사체가 유리판에 거꾸로 상이 맺히고, 암실에서 흑백이 전도되는 영상의 마술을 경험하는 순간 그의 온몸에는 환상의 세계가 흐르기 시작했다. 카메라에 반대로 맺히는 피사체를 통해 《거울의 나라 앨리스》를 탄생시키기도 했다.

다게레오타입의 카메라로 인물을 촬영하기 위해서는 피사체인 사람이 움직이지 않고 몇 분 동안 똑같은 자세를 유지해야 하는데, 캐럴은 아이들에게 재미있는 이야기를 들려줌으로써 자연스러운 포즈를 찍곤 했다. 그 후 캐럴의 탁월한 실력이 알려지면서 주변의 유명 인사들에게도 인기가 높아져 모든 사람들이 캐럴이 촬영해주는 사진을 갖고 싶어 할 정도였다고 한다.

그렇게 수학과 교수가 아닌 사진가로 이름을 날리고, 점점 더 사진의 세계로 빠져들 때쯤 그의 앞에 엄청난 운명의 아이들이 나타났다. 그들은 다름 아닌 이상한 나라의 앨리스의 실제 인물인 앨리스 자매들이다.

그의 일기에 따르면 이들의 만남은 1856년 4월 25일에 시작되었다. 이날 캐럴은 크라이스트처치의 성당과 정원이 잘 어우러진 사진을 촬영하려고 수학과 학장의 집을 방문하게 된다. 어린 세 자매는 자신의 집 앞에서 열심히 성당을 촬영하고 있는 캐럴을 바라보고 있었다. 이날 캐럴은 《이상한 나라의 앨리스》의 주인공이 된 네 살의 앨리스를 처음 만났다. 캐럴은 사진 촬영에 빠져 있어서 훗날 이 어린 소녀가 자기 인생에 얼마나 중요한 사람이 될

루이스 캐럴이
직접 촬영한
어린 소녀들

지 짐작조차 하지 못했다.

이때부터 캐럴은 사진의 모델이 된 앨리스 자매들과 함께 산책을 하거나 뱃놀이와 소풍을 다니면서 환상적인 동화를 들려주게 되는데, 그것이 바로 1865년 《이상한 나라의 앨리스》가 탄생한 계기다.

캐럴은 시간이 지날수록 더더욱 아이들 사진에 집착했다. 그의 작품 중에서 유명한 작품들은 대부분 아이들의 모습을 담은 사진이다. 그는 언제나 아이들과 노는 것을 좋아했다. 특히 어린 소녀들에 대해 남다른 관심을 보였는데, 아마도 그가 누이들 틈바구니에서 자라났기 때문일 가능성이 크다.

캐럴이 살았던 당시의 빅토리아 시대는 청교도적 삶이 생활의 기준이 되었기에 사람들은 독신인 캐럴을 색안경을 쓰고 바라봤다. 캐럴이 어린 소녀의 누드 사진을 촬영하자 더더욱 그의 행동과 의식에 대해 부정적으로 보기 시작했다. 하지만 캐럴은 어린 소녀의 누드 사진은 순수하고 성별이 없는 단순한 신의 창조물이라고 여겼다. 그는 누드 사진을 두고 "옷을 걸치지 않고 찍은 사진일 뿐이다"라고 표현했다. 단 한 번도 어린 소녀에게 이상한 행동을 요구한 적이 없었던 것으로 봐서 캐럴에게 어린 소녀는 그저 자신의 카메라에 담기는 순수일 뿐이다.

캐럴은 수학과 학장의 자녀인 앨리스 자매들과 점점 더 친해지면서 사진과 동화가 어우러진 미학의 세계로 빠져들었다. 당시 동화의 내용들은 대부분 교훈적이거나 계몽적인 것들이 주를 이뤘다. 그와 달리 캐럴의 동화는 유머와 환상 그리고 즐거움을 주는 내용으로 가득했고, 이는 곧 많은 사람들로부터 사랑 받는 계기가 되었다.

교수이자 도덕주의자였지만 내성적인 성격과 말더듬으로 인해 캐럴은 작은 연구실 안에서 아이들의 꿈과 함께 살다가 1898년 추운 겨울날 다시 돌아올 수 없는 곳으로 떠나고 말았다.

그레이트홀에서 캐럴의 초상화를 보는 그 짧은 시간 동안 나는 이상한 나라의 앨리스가 된 것처럼 마음이 들떴다. 동화와 사진의 세계에서 자신의 꿈을 찾으려 했던 루이스 캐럴의 흔적이 곳곳에 배어 있는 이곳에서 그의 상상의 세계를 경험하다는 것은 무엇과도 비교할 수 없는 감동이리라.

만약 그가 옥스퍼드 대학에서 수학만을 가르쳤다면 인류사에 길이 남을 위대한 인물이 되지는 못했을 것이다. 그는 카메라를 통해 자신만의 세상을 꿈꿨고, 그 세상의 주인공은 다름 아닌 천진무구한 어린이들이었다.

옥스퍼드를 여행하는 동안 우리는 저마다의 카메라를 가지고 아름답고 고풍스런 옥스퍼드를 기록하게 된다. 시간이 정지된 사진의 메커니즘처럼 옥스퍼드와 루이스 캐럴의 이미지 또한 우리의 마음속에 시간이 멈춘 한 장의 추억으로 남을 것이다. 시간이 흘러 빛이 바랠수록 사진 속의 잔상은 더더욱 아름다운 추억으로 기억되리라.

영국 바스, 초턴
United Kingdom Bath & Chawton

오만과 편견의 도시에서의 만남
제인 오스틴

몇 년 전 영국 BBC방송에서 '지난 1000년 동안 가장 위대한 문학가'를 뽑는 설문조사가 있었다. 제인 오스틴Jane Austen이 윌리엄 셰익스피어에 이어 당당하게 2위를 차지했다. 젊은이들에게 제인 오스틴은 소설보다 오히려 영화로 더 많이 알려져 있다. 그녀가 남긴 작품은 《오만과 편견 Pride and Prejudice》《이성과 감성 Sense and Sensibility》《맨스필드 파크 Mansfield Park》《에마 Emma》《노생거 사원 Northanger Abbey》《설득 Persuasion》, 이렇게 여섯 편뿐이지만 이 모든 작품이 영화로 만들어졌다.

그중에서도 그녀의 대표작인 《오만과 편견》은 2000만 부 이상

팔렸으며, 영화와 TV 드라마로도 계속해서 리메이크 되고 있다. 그런데 재미있는 사실은 오스틴이 이 작품을 발표했을 당시에는 사람들에게 큰 인기를 끌지 못했다는 점이다. 그러나 지금은 세계적인 베스트셀러에 오르는 것만으로도 부족해 다양한 매체를 통해서도 사랑받고 있으니 아이러니한 일이 아닐 수 없다.

그렇다면 오늘날의 사람들은 대체 어떤 이유로 오스틴의 작품에 열광하는 것일까? 대부분의 사람들이 이런 질문을 받으면 그녀의 작품에 대해 "너무 재미있다" "요즘 뜨고 있는 로맨틱 코미디 같다" "남녀의 로맨스가 좋다"라고 말한다. 그렇다. 그녀의 작품은 중세 시대의 엄숙한 분위기를 일탈해 남녀의 사랑을 우아한 문체로 그려냈고, 당대 가부장적인 사회와 물질만능주의를 과감하게 풍자함으로써 자신만의 리얼리즘을 잘 보여주었다는 평가를 받고 있다.

반면 《제인 에어 Jane Eyre》를 쓴 샬럿 브론테 Charlotte Bronte 는 "오스틴의 작품에 등장하는 연인들에게는 열정이 빠져 있다"고 말했고, 비평가들은 "오스틴은 프랑스 혁명과 미국 독립전쟁 등 동시대를 살면서 시대의식이나 사회적 관심을 덜 가진 문학가"로 평가했다.

심지어 2010년 영국 옥스퍼드 영문학과 서덜랜드 교수는 1100쪽에 이르는 오스틴의 미발표 친필 원고를 분석한 뒤 "제인 오스틴이 명성과 달리 문장이 엉망이었으며, 멋진 문체는 출판사 편집자의 것"이고, "오스틴의 원고 곳곳에 단어가 생략된 것이 많고,

《에마》와《설득》에서 보여준 세련된 문장부호 사용과 풍자적 문체는 찾아 볼 수 없었다"고 주장했다. 어찌되었든 제인 오스틴의 작품에 대해서는 호평과 혹평이 동시에 공존하지만, 우리에게 흥미와 즐거움을 준다는 점은 분명한 사실이다. 나 역시 전문가가 아니기 때문에 오스틴의 작품에 대해 뭐라고 명확하게 설명할 수는 없지만, 지금까지 접한 오스틴의 작품 세계가 나에게 문학적 상상력과 여행의 즐거움을 준 것만은 분명하다.

오스틴은 1775년 햄프셔Hampshire 주의 작은 도시 스티븐턴Steventon에서 태어났고, 20대 중반에는 온천 도시로 유명한 바스Bath에서 살았다. 서른네 살이 되던 1809년, 오스틴은 다시 초턴Chawton으로 이사한 후 마흔두 살의 나이로 짧은 생애를 마감했다. 현재 그녀의 흔적은 목사였던 아버지와 가족이 함께 살았던 바스와, 셋째 오빠가 마련해준 초턴의 집을 기념관으로 개조해 일반인들에게 개방하고 있다. 특히 그녀의 모든 작품이 초턴에서 완성된 뒤 발표되었기 때문에 오스틴의 팬으로서 가장 의미 있는 여행지가 아닐까 한다.

바스와 초턴은 런던에서 기차로 2시간이면 충분히 갈 수 있고, 역에서 기념관까지는 그리 멀지 않아 도보로도 가능하다. 내가 제일 먼저 찾은 곳은 오스틴이 가족과 함께 이주했던 바스다. 사실 그녀는 아버지로부터 바스로 이사한다는 말을 듣고 기절을 했을 정도로 그곳을 싫어했다고 한다. 그녀는 넉넉한 살림은 아니었지만 8남매가 오순도순 살았던 고향 스티븐턴을 훨씬 좋아했다.

하지만 아버지는 스티븐턴 교회를 큰아들에게 물려준 뒤 바스로 이사했다. 이곳은 로마 시대부터 온천 도시로 각광받으면서 1년 내내 사람들로 북새통을 이뤘고, 런던의 귀족들이 찾아와 온천욕을 즐기면서 세련된 문화와 살롱 문화가 널리 퍼져 있었다. 소박하고 수줍음이 많았던 제인은 번잡스럽고 화려한 바스가 마음에 들지 않았을 것이다. 대성당을 중심으로 온천 호텔과 살롱들이 밀집해 있는 구시가지에는 언제나 한껏 멋을 부린 돈 많은 귀족들로 붐볐다. 허례허식과 사치스런 그들의 모습은 형편이 좋지 않았던 오스틴에게 부러움과 질투의 대상이었다.

이런 생각들은 그녀의 작품 속에서도 여과 없이 드러난다. 《오만과 편견》에서는 부잣집 아들 빙리와 다아시에게 자신의 딸을 결혼시켜 신분 상승을 꾀하려는 어머니의 마음을 엿볼 수 있으며, 주인공 엘리자베스의 도도한 태도로 귀족들의 호화스런 생활이 동경의 대상이 아님을 잘 보여주고 있다. 귀족 문화가 발달한 바스에서의 경험은 오스틴의 작품에 많은 영향을 주었으며, 《설득》이라는 작품은 이 바스를 배경으로 쓰였다.

제인 오스틴이 죽고 나서 출간된 《설득》의 배경지 바스는 그녀의 젊은 시절의 고뇌와 방황이 그대로 녹아든 곳이다. 이곳은 1세기부터 로마인의 휴양지로 번성한 온천 도시로 18세기에 이르러 영국인에게 가장 사랑받는 휴양지로 성장했다. 그 이후 오늘날까지 해마다 수십만 명의 관광객이 세계문화유산으로 지정된 로만 바스와 대성당을 방문하기 위해 문턱이 닳도록 이곳을 다녀간다.

바스를 유유히 감싸고 흐르는 에이번 강

하늘빛부터 런던과 사뭇 다른 분위기를 연출하는 바스는 가파른 경사를 따라 들어선 예쁜 집과, 도시를 유유히 감싸고 흐르는 에이번 강이 그림처럼 펼쳐진다. 구시가지로 다가갈수록 점점 고대인들의 숨결이 느껴지는데, 중세 시대에 지어진 건물에서는 세월의 무상함이 그대로 묻어난다.

무엇보다 내가 바스에 매혹된 것은 제인 오스틴의 삶의 궤적을 조금이나마 더듬어볼 수 있어서다. 나를 포함한 수많은 팬들이 그녀의 작품 속 주인공이 되어보고 싶은 마음에 끊임없이 이곳을 찾아오거나, 그녀가 즐겨 찾던 에이번 강 주변과, 대성당, 크레센트Crescent 등을 천천히 둘러보며 또 다른 오스틴을 만나기를 열망한다. 도시 곳곳을 누비다보면 《설득》의 여주인공 앤과 그녀의 사랑을 차지한 웬트워스 대령이 데이트를 즐기던 그 애틋하고 가슴 설레는 순간들도 만끽할 수 있다.

내가 바스를 찾은 것은 벌써 세 번째다. 처음에는 제인 오스틴과 상관없이 세계문화유산으로 지정된 로만 바스와 대성당을 보기 위해서였고, 두 번째와 세 번째는 오스틴의 흔적을 찾기 위해서였다. 대학생 시절 배낭여행으로 처음 이곳에 왔을 때 나의 눈에 들어온 것은 한 작가의 삶보다는 로마인들이 건실한 문화유산이었다.

실제로 로만 바스는 두 번의 밀레니엄을 보낸 세계적인 유산이다. 지금은 온천장으로서의 역할을 상실했지만 과거에 이곳은 유럽 귀족들의 사교장이자 다양한 유럽 문화가 꿈틀대는 예술의 경

중세풍의 우아한 분위기가 남아 있는 바스 구시가지

연장이었다. 제인 오스틴이 거주했던 1800년 초기에는 로만 바스가 땅 속에 묻혀 있어 아쉽게도 그녀는 이곳을 이용하지 못했다.

그녀가 죽은 지 50여 년이 지나서야 비로소 그 실체를 알게 된 로만 바스는, 로마 시대 때 귀족들이 즐겨 찾던 공중목욕탕이었다. 18세기 이후부터 이곳은 온천욕을 즐기는 장소가 아닌 귀족들의 사교장으로 변해버렸다. 유럽 전역에서 몰려드는 귀족들 때문에 숙박시설과 다양한 향락 문화를 위한 제반 시설들이 하나둘씩 생겨나면서 도시의 형태를 갖추었고, 구시가지에는 돈과 사람들로 넘쳐났다.

본격적으로 바스가 발전하기 시작한 것은 18세기 앤 여왕의 방문 이후부터다. 바스는 상인들의 길드 조직을 바탕으로 인쇄, 제본, 가구, 구두, 옷 등 제조 공장이 많이 들어서 산업 도시로 성장하는 계기가 되었다. 현재 구시가지에는 로마 시대부터 조지 왕조 시대에 걸쳐 지은 다양한 건축물들이 도시 곳곳에 자리하고 있다.

아마 제인 오스틴이 살았던 시대의 바스는 런던만큼은 아니지만 귀족들의 문화와 재력이 도시를 뒤덮었던 시기였을 것이다. 지금도 구시가지의 중심인 밀섬 스트리트에 발을 디디면 길 양옆으로 중세풍의 세련된 상가들이 즐비하게 늘어서 있고, 런던의 피카디리 서커스보다 한층 우아한 분위기를 연출한다. 고급스런 분위기의 카페와 상점 등은 분명 영국 속의 또 다른 영국을 느끼게 한다. 귀족들의 사치, 남녀 간의 세속적인 사랑, 귀족과의 결혼을 통한 신분 상승 등의 요소들은 훗날 그녀의 작품에 많은 영향을 미쳤다.

로만 바스와 대성당 등 중세 시대의 기품이 한껏 풍기는 도시를 지나 마침내 오스틴이 가족과 함께 살았던 집 앞에 도착한다. 일명 '제인 오스틴 센터'라고 부르는 작은 집이 바로 영국인이 가장 사랑하는 작가 제인 오스틴이 머물렀던 곳이다.

화려한 대성당의 외부 장식이나 상엄한 로민 바스에 비하면 오스틴 센터는 초라하기 짝이 없다. 하지만 그녀를 좋아하는 팬들에게 이곳은 이 도시에서 유일하게 그녀와 문학적 교감을 나눌 수 있는 성지와도 같은 장소다. 그녀의 초상화 대신 영화에 나온 주인공의 얼굴 포스터와 그녀의 책들이 입구를 장식하고 있다.

내부로 들어서면 오스틴이 살았던 중세 시대의 옷가지와 그녀와 관련한 신문기사, 액세서리, 도자기 등이 전시되어 있다. 사실 생각보다 오스틴 센터는 그녀의 작품 세계나 성격 등을 느낄 수 있는 요소들이 그리 많지 않다. 그 이유는 오스틴이 바스를 그리 좋아하지 않았고, 아버지가 죽고 나서 언니 카산드라와 함께 어렵게 생활했기 때문에 그녀와 관련한 유물이나 흔적이 많이 남아있지 않아서다. 그래서 나는 바스에서 그녀가 마지막으로 여생을 보냈던 초턴으로 발걸음을 옮긴다.

바스에서 기차로 1시간 거리에 있는 초턴은 제인 오스틴의 문학적 세계를 한눈에 감상할 수 있는 곳이다. 지금이야 기차로 쉽게 이동할 수 있는 곳이지만 과거엔 마차로 하루 정도는 달려야 했다고 한다. 나무 향기가 은은하게 스민 초턴의 집은 셋째 오빠 에드워드가 마련해준 것으로, 오스틴이 8년간의 바스 생활을 접고 이사한 곳이다.

작은 시골 마을인 초턴은 귀족적인 분위기의 바스와는 정반대의 느낌이다. 도시의 규모도 작고 볼거리도 많지 않아서 그야말로 전원생활을 하며 글을 쓰는 데 집중할 수 있는 곳이다. 원래 이 집은 부유한 집안의 딸과 결혼한 셋째 오빠의 아내가 관리하던 집이었다. 당시 결혼을 하지 않은 여자들은 아버지나 오빠 집에서 얹혀살았다. 그런 이유로 미혼이었던 오스틴은 오빠가 내준 이 집에 머물며 주옥같은 작품을 발표할 수 있었다.

붉은 벽돌로 지어진 초턴의 집은 18세기 영국 중산층의 전형

제인 오스틴
기념관

적인 건축 양식을 보여주고 있다. 지금은 오스틴 기념관으로 개조해 오스틴이 살았던 시대의 생활용품과 옷가지 등 다양한 전시물이 진열되어 있다. 바스에 있는 기념관보다 훨씬 규모도 크고, 나무와 숲이 어우러진 집의 정경은 그녀의 작품 세계와 너무나도 잘 어울린다.

일단 건물 내부로 들어가면 앙증맞은 풍금 한 대와 악보가 눈에 들어온다. 오스틴이 사용한 풍금은 아니지만, 관리인의 말에 따르면 "오스틴은 글뿐만 아니라 풍금을 치며 노래하는 것을 즐겼다"고 한다. 목사였던 아버지는 자식들에게 늘 책을 읽도록 독려했고, 어머니는 시를 지어 아이들에게 들려주기도 했다.

또한 그녀의 가족들은 아마추어 가족 극단을 만들어 목사관에서 종종 노래하며 춤을 추었는데, 이런 가풍은 오스틴으로 하여금 연주와 창작에 뛰어난 소질을 갖게 했다.

오스틴의 가족은 대가족이었다. 오빠가 다섯에 남동생 하나 그리고 언니 카산드라가 있었다. 첫째 오빠는 아버지의 뜻에 따라 목사가 되었고, 셋째 오빠 에드워드는 부잣집에 양자로 가는 바람에 부유한 집의 여자와 결혼했다. 그리고 다섯째 오빠와 남동생은 해군이 되었으며, 언니 카산드라는 동생 오스틴과 오랜 시간을 함께 하며 가장 친한 친구이자 말벗이 되어주었다. 현존하는 오스틴의 대부분의 편지는 바로 카산드라 앞으로 보낸 것들이다. 반 고흐와 테오 형제를 떠올리면 두 자매의 우애가 쉽게 이해될 것이다.

소녀 오스틴은 열네 살이 되던 해부터 소설을 쓰기 시작했는데, 괴테의 《젊은 베르테르의 슬픔》을 감명 깊게 읽은 뒤 소설가로서의 꿈을 키웠다. 18세기에 여자의 몸으로 예술가가 된다는 것은 쉽지 않은 일이었다. 음악가든 화가든 대부분의 예술은 모두 남자들의 몫이었고, 그나마 글을 쓰는 정도만이 여자에게 허락된 시대였다. 음악을 좋아했지만 사회 통념상 여자로서 그 분야의 예술가가 되기 어렵다는 것을 잘 알고 있던 오스틴이 그래서 문학을 택한 것은 아닐까 추측해본다.

오스틴은 제도권에서 글쓰기 교육을 전혀 받지 못하고 오롯이 독학으로 문학가가 된 경우다. 그녀가 죽고 나서 100여 년이 흐른 뒤에야 사람들은 그녀의 이름 앞에 '영국 최초의 여류작가'라는

제인 오스틴
기념관 내부

1894년 출간된
《오만과 편견》 속
삽화

타이틀을 붙여주었다. 영국에서 셰익스피어가 남성 문학을 대표하는 작가라면 제인 오스틴은 여성을 대표하는 작가다.

제인 오스틴의 등장 이후《제인 에어》를 쓴 샬럿 브론테와 그녀의 동생이자《폭풍의 언덕》의 저자, 에밀리 브론테 Emily Jane Bronte 등 훌륭한 여류작가들이 뒤이어 등장했다. 최근에는《해리 포터》의 저자 조앤 롤링이 영국 여류작가의 명성을 이어가고 있다.

삐걱거리는 나무 계단을 따라 2층으로 올라가면 좁은 통로 벽면에 1894년 출간된《오만과 편견》의 삽화들이 아름답게 장식되어 있다. 중세 시대의 옷을 입은 엘리자베스와 다아시 그리고 책 속에 등장하는 여러 인물들의 스케치가 마치 한 편의 영화처럼 펼쳐져 오스틴의 감성을 느끼기에 더할 나위 없이 좋다. 무엇보다 오래된 나무에서 풍겨나는 그윽한 향기에 취해 자신도 모르게 그녀가 살았던 시대로 타임머신을 타고 여행을 하는 묘한 기분을 느낄 수 있다.

예술가가 하나의 작품을 완성하기 위해 혼신의 힘을 다하며 몸부림쳤던 그 현장에서 함께 숨 쉴 수 있다는 것은 그 자체만으로도 커다란 감동이다. 《오만과 편견》에 나오는 큰딸 제인과 엘리자베스가 빙리와 다아시를 두고 사랑 이야기로 웃음꽃을 피우는 모습이 슬라이드처럼 지나간다. 복도에 걸린 그림을 한 장 한 장 찬찬히 바라보노라면 오스틴과의 교감이 절정에 이른다. 진품이 아닌 복사본이긴 하지만 19세기 작품을 그렇게나마 볼 수 있다는 것은 또 다른 즐거움이다. 그리고 복도에는 오스틴이 살던 시대에 여성들이 입었던 옷들도 장식되어 있다.

2층에서 가장 눈길을 사로잡는 곳은 그녀의 작품 세계를 간접적으로 만날 수 있는 집필실이다. 아담하게 꾸며진 오스틴의 방에 들어서면 그녀의 순수한 마음과 숨결이 고스란히 전해진다. 중세 시대의 여성 옷가지와 책상 그리고 오스틴의 초상화 몇 점. 더 이상 바랄 게 없다. 그녀의 문학적 열정으로 꽉 찬 방은 숨을 제대로 쉴 수조차 없을 만큼 감동의 도가니다. 그리 큰 방이 아닌데도 불구하고 유난히 사람들의 발길이 이곳에 오랫동안 머무는 이유는 바로 위대한 작가와의 교감 때문일 것이다.

마흔두 살을 살면서 결혼도 하지 않고 독신으로 살았던 오스틴. 그런데 아이러니하게도 그녀의 작품은 대부분 남녀의 사랑을 그리고 있다. 바스로 이사한 뒤 우연히 가족들과 여름휴가로 데

본시아Devonshire에 갔던 오스틴은 그곳에서 토마스 루프로이라는 젊은 청년과 아주 잠깐 동안 사랑을 나눴는데, 남자 집안의 반대로 헤어졌다고 한다. 이것이 그녀가 스물여섯 살에 나눈 첫사랑이자 유일한 사랑이다.

그 후 여섯 살 연하의 남자 해리스 빅 위저드라고 하는 젊은 청년에게 프러포즈를 받았지만 오스틴이 거절했다고 한다. 말하자면 그녀는 소설 속에서만 사랑을 꿈꾸고 이뤄나간 셈이다.

현실에서 이루지 못한 사랑을 작품 속에서나마 이루고 싶었던 것일까?《오만과 편견》《이성과 감성》《에마》등은 결혼과 사랑을 주제로 한 작품이다.

오스틴은 이 소설 속에 등장하는 여주인공들을 독립적이고 주체적인 인간상으로 그렸다. 이는 가부장적인 시대 상황을 고려할 때 엄청난 충격이었을 것이다. 그래서 그녀의 소설이 출간 당시에 각광받지 못했던 것은 아닐까.

오스틴의 작품 속 여주인공들은 남자들에 비해 사회적으로나 경제적으로 신분이 뒤처져 있다. 이 또한 폄하되고 무시당하는 여성들의 사회상이 그대로 반영된 것은 아닐까 싶다. 만약 지금 시대에 오스틴이 태어났다면 과연 어땠을까? 그녀가 잠을 자고 차를 마시며 글을 썼던 방 안에 서서 잠시 그런 생각에 빠져본다.

벽면 한구석에 걸린 그녀의 초상화에 눈길이 머문다. 책이나 언론을 통해 본 초상화이기는 하지만 그녀의 방에서 만난 그녀의 아름다운 얼굴은 더욱 친근하게 느껴진다. 그림 속의 그녀는 레이스가 달린 모자를 쓰고 화려하지 않은 소박한 드레스를 입었으며, 오뚝한 코에 얇은 입술, 감수성이 풍부한 눈망울, 섬세한 시선을 하고 있다. 마치 오스틴의 작품 속에 등장하는 주인공 같은 모습이다.

제인 오스틴 초상화

몇 점 안 되는 그녀의 초상화는 모두 언니 카산드라가 그린 것들이다. 누구보다 오스틴을 잘 알고 있던 카산드라는 훌륭한 솜씨는 아니지만 오스틴의 따스한 감성과 때로는 도전적인 여성의 분위기를 매우 섬세하게 묘사하고 있다. 이곳에 있는 것은 복사본이며, 진품은 런던 내셔널 포트레이트 갤러리에 보관되어 있다.

1시간 남짓 천천히 내부를 둘러보고 밖으로 나오면 파릇한 잔디와 긴 세월을 품고 있는 나무 그늘이 여행자들에게 잠시 쉴 곳을 마련해준다. 시원한 나무 밑에 누워 낮잠을 자도 좋고, 그곳에서 그녀의 작품을 읽는다면 더더욱 좋을 것이다.

"오만은 다른 사람이 나를 사랑할 수 없게 만들고, 편견은 내가 다른 사람을 사랑하지 못하게 한다." 그녀의 작품 중 가장 인기 있는 《오만과 편견》의 한 부분이다. 유모와 풍자를 통해 그 시대의 가치를 간접적으로 비판하고 있는 오스틴. 그래서 영국인을 비롯해 많은 사람들로부터 오랫동안 사랑받는 것은 아닐까? 판단은 각자의 몫으로 남겨두고, 일단 그녀의 작품 하나를 읽어보거나 아니면 영화로 보는 것도 좋을 것이다. 시대적 가치와 관점을 고려해 그녀의 작품 세계를 평가한다면, 200년이 넘은 지금 왜 사람들이 그토록 그녀의 작품에 열광하며 영화와 드라마로까지 만들어지고 있는지 알 수 있을 것이다.

딱딱하고 어려운 고전문학에서 벗어나 잠시 숨을 쉴 수 있게 하는 그녀의 작품 세계를 한낱 남녀 간의 사랑 따위로만 일축하기에는 그녀가 남긴 그림자가 너무 큰 것은 아닐까.

독일 칼프
Germany Calw

수레바퀴 아래서 만난 은둔자
헤르만 헤세

감수성이 예민하던 청소년 시절, 누구나 한 번쯤은 헤르만 헤세 Herman Hesse의 글에 심취했던 경험이 있을 것이다. 지성과 철학, 때로는 따스한 감성이 자연스럽게 녹아든 그의 글은 우리에게 정신적 자양분이 되어주었다. 특히 헤세를 좋아하던 나에게 그의 그림은 또 하나의 선물이었다. 화려한 색채나 붓놀림은 아니지만, 소박하고 여린 감성이 스며든 그의 수채화와 자화상은 잔잔한 여운을 안겨주는 색다른 매력이 있다. 그의 그림은 나무, 숲, 정원, 호수 등이 주를 이루는데, 노란색의 집과 푸른빛의 하늘, 호수 그리고 하얀 뭉게구름이 어우러진 수채화는 한 편의 시만큼이나 아름답다.

내가 독일의 대문호 헤르만 헤세의 작품을 처음으로 접했던 것은 중학교 1학년 때다. 담임선생님이 무척이나 소중하게 여기던 헤세의 책을 빌려 읽으면서부터 나는 헤세의 문학 세계와 마주했다. 다 읽고 꼭 돌려달라는 선생님의 당부의 말에도 불구하고, 내심 그 책이 너무도 갖고 싶었던 나는 번번이 아직 다 읽지 못했다는 핑계를 대다가 끝내 책을 돌려드리지 않았다. 양장본으로 된 헤세의 그 시집을 나는 사춘기를 거쳐 청년이 되고 한 가정의 가장이 될 때까지 읽고 또 읽었다.

시집 한 권으로 시작된 헤세 문학과의 만남은 시간이 지날수록 또 다른 작품으로 번져나갔고, 마침내 나로 하여금 여행 칼럼니스트라는 꽤나 유혹적인 직업을 갖게 했다. 물론 지금도 생각하면 담임선생님께는 꽤나 송구한 일이지만 말이다.

그렇게 해서 점차 헤세의 문학과 그림에 빠져든 나는 이제 그가 태어나고 자란 독일의 칼프Calw와 스위스의 바젤Basel로 향한다. 《수레바퀴 아래서Unterm Rad》 《데미안Demian》 《유리알 유희Das Glasperlenspiel》 《싯다르타Siddharta》 등 헤세의 지식과 감성이 묻어나는 주옥같은 작품들은 21세기를 살아가는 데 있어서 인문학적인 보고寶庫가 되고 있다.

그중에서도 헤세의 사춘기 시절의 방황을 담은 《수레바퀴 아래서》는 우리에게 너무나도 강렬하게 다가왔다. 노벨 문학상 수상자가 겪은, 우울한 청소년 시절의 자전적 이야기는 이 시기를 거친 수많은 사람들의 공감대를 형성하기에 충분했다. 그의 글을 읽는 내내 언젠가 기회가 되면 이 작품의 배경이자 그의 고향인 칼프를 반드시 여행해보리라 다짐했었다. 소망이 깊으면 이뤄진다더니, 마침내 나는 2007년 헤세의 문학적 고향이자 그의 가족들이 소박한 꿈을 꾸었던 칼프로 여행을 떠났다.

눈이 차분해질 만큼 서정적인 그의 감성은 독일 남서부에 위치한 아주 작은 시골 마을 칼프에서 시작되었다. 헤세는 1877년 7월 2일 전나무 향기가 자욱한 이곳에서 태어나, 1962년 스위스 몬타놀라Montagnola에서 죽음을 맞이할 때까지 자유로운 영혼의 소유자로 살았다.

독일을 대표하는 대문호였지만 그의 삶은 예술가가 되기 위한 처절한 몸부림과 절규로 점철되었다. 마울브론 신학교의 학생, 시계 부품 공장의 견습공, 서점의 점원, 시인, 화가, 반전주의자 등 그의 이력만 봐도 헤세의 고난과 역경을 짐작할 수 있다.

괴테의 문학 정신이 늘 머물러 있는 프랑크푸르트에서 아침 일찍 기차를 타고 칼프에 도착하면 어느새 점심시간이 된다. 프랑크푸르트에서 그리 먼 거리는 아니지만 외진 시골 마을이다 보니 포르츠하임Pforzheim 역에서 지선으로 기차를 갈아타야 한다. 덜컹거리는 기차를 타고 대략 3시간 정도 걸리는 이 여행길은 헤세를 만나러 가는 설렘과 낭만으로 가득하다. 차창 밖으로 지나치는 전나무들의 풍경 속으로 소년 헤세의 모습이 스쳐간다.

마침내 포르츠하임 역에 내려 두 량짜리 작은 기차에 올라탄

전나무 숲에 둘러싸인 칼프

다. 이 작은 기차는 헤세의 영혼이 머물러 있는 칼프로 나를 데리고 간다. 순박한 사람들이 모여 사는 칼프는 '검은 숲'이라는 의미를 가진 도시로 전나무 숲이 울창한 곳이다. 낯선 도시의 이름에서도 알 수 있듯이 칼프는 인적이 드물고 관광객도 아주 적은 전형적인 소도시다. 산 중턱에 있는 칼프 역에 내리면 발 아래로 나골트 강과 아기자기한 집들, 검은 전나무 숲이 한눈에 들어온다. 기차역이 높은 곳에 있는 게 나의 고향 태백과 많이 닮았지만, 엘리베이터를 타고 마을로 진입하는 일은 꽤나 낯설고도 흥미롭다.

우선 마을 입구로 들어가기 위해서는 나골트 강을 건너야 한

니콜라우스
다리와 예배당
그리고 헤르만
헤세 동상

다. 헤세가 살던 시절에는 다리가 하나밖에 없었다는데, 지금은 네 개의 다리가 세워져 있다. 역 앞에 세워진 마르크트 다리는 최근의 것이고 헤세의 작품,《수레바퀴 아래서》에 등장하는 니콜라우스 다리는 서쪽으로 50여 미터 정도 올라가야 한다. 그의 작품에 자주 등장하는 니콜라우스 다리와 예배당에 이르면 헤세가 고뇌하고 방황할 때마다 친구가 되어준 그 다리와 예배당이 남다르게 느껴진다. 책을 읽을 때마다 얼마나 그리워하던 다리인가! 그 다리 위에 서 있다는 것만으로도 흥분이 가라앉지 않는다.

다리의 길이는 10여 미터 정도며 너비도 그리 넓지 않지만 한 천재 작가의 어릴 적 꿈이 담겨 있어서인지 헤세를 좋아하는 팬들에게 이곳은 오래된 친구같다. 다리의 바닥을 박석으로 깔아놓아 중세의 멋스러움이 고스란히 전해진다. 지금은 들어갈 수 없는 600년이 넘은 예배당은 다리 한편에서 세월의 먼지를 뒤집어 쓴 채 아직도 헤세를 기다리고 있다.

무엇보다 다리 한가운데 서 있는, 안경을 쓰고 중절모를 손에 든 헤세의 청동상이 모든 사람들의 발길을 멈추게 한다. 대부분의 관광객들은 헤세의 동상 앞에서 사진을 찍거나 잠시 상념에 젖기도 하고, 다리 난간에 앉아 그의 작품을 읽기도 하면서 조용한 이 마을과 함께 호흡하며 헤세의 자유로운 정신과 만난다.

헤세의 감성과 낭만이 묻어나는 니콜라우스 다리에서 나골트 강을 바라보며 나 역시 그의 작품을 되새겨본다. 금방 마을로 들어가기보다는 햇살이 머무는 다리의 난간이나 바닥에 주저앉아 헤세의 작품을 감상하는 여유로움은 또 다른 즐거움을 안겨준다.

길에서 책을 읽는다는 게 다소 생소할 수도 있지만, 헤세의 마을인 칼프에서 만큼은 충분히 낭만적인 경험이다. 여행을 통해서

만 누릴 수 있는 이 자유로운 시간을 온전히 만끽하며 다리 위에 주저앉아 지나치는 사람들을 바라보노라면 어디선가 불쑥 헤세가 나타날 것 같은 착각이 든다. 창이 큰 모자에 세월의 깊이가 묻어 있는 남루한 셔츠를 입고, 입가에 환한 미소를 짓고 있는 헤세의 모습이.《수레바퀴 아래서》에서 느낀 사춘기 소년의 모습이 아닌 아름다운 황혼을 보내고 있는 그의 모습이 니콜라우스 다리와는 더 잘 어울릴 것 같다.

몇십 미터밖에 안 되는 다리 위에서 얼마나 서성거렸을까. 나는 다시 현실 세계로 돌아와 잠시 다리와 강을 등지고 본격적으로 마을 입구로 들어선다. 투박하지만 소박한 분수 하나가 눈에 들어온다. 일명 '헤세 광장'에 서 있는 분수대는 그가 견습공으로 일하던 시계 공장 부근이어서《수레바퀴 아래서》의 주인공을 회상하기에 알맞은 장소다.

작은 광장 중심에는 헤세의 초상화가 새겨진 '헤세의 분수'가 칼프의 로맨틱한 분위기를 연출한다. 원래 이 분수는 마을의 중심지에 있었지만 헤세 탄생 75주년을 맞이해 이곳으로 옮겼다고 한다. 앙증맞은 헤세의 분수에서는 요란하게 물이 솟아오르는 게 아니라, 그의 품성을 닮은 소박한 양의 물이 쉴 새 없이 흘러나온다.

점점 마을 안쪽으로 들어갈수록 헤세의 작품에서 그려지는 것처럼 유소년 시절의 생활과 도시에 대한 묘사가 오버랩된다. 헤세는《수레바퀴 아래서》를 통해 자신의 소년 시절을 회상하며 칼프에 대한 향수를 그리고 있다. 아마 이곳을 방문하는 대부분의 사

헤세 광장과
헤세 분수

람들도 이 작품에 깊은 감명을 받아서이리라. 그렇지 않고 단지 여행지로서 이곳을 선택했다면 다소 실망스러울 수도 있다. 칼프는 여행지로서 볼거리가 많은 곳은 아니기 때문이다. 여느 도시처럼 큰 교회나 성당이 있는 것도 아니고, 전리품을 전시한 박물관이나 미술관도 없다. 다만 헤세가 보냈던 그 시절의 작은 예배당과 변함없이 흐르는 나골트 강 그리고 검은 전나무 숲과 세계 각지에 흩어져 있던 그의 유품을 전시한 헤세박물관을 보는 것만으로도 충분하다면 얼마든지 추천하고 싶은 곳이다.

 헤세 분수대를 따라 좁은 골목길을 비집고 나가면 칼프의 상징인 시청사가 눈에 들어온다. 그리고 그 뒤로 마을에서 제일 큰 시립 교회와 마르크트 광장이 여행자들의 발길을 기다린다. 현지인과 관광객들이 어우러져 있는 시청사 앞은 그나마 조금 분주한 느낌이다. 특히 시청사 정면에 있는 6번지 가옥에는 헤세의 초상화와, 1874부터 1881년까지 그의 가족이 살았다는 기록이 동판으로 아로새겨져 있다. 6번지 가옥은 바로 헤르만 헤세가 태어난 생가다.

감수성이 남달랐던 헤세는 유서 깊은 신학자 집안에서 태어났다. 그의 아버지 요하네스 Johannes Hesse는 개신교의 목사였고, 어머니 또한 유서 깊은 신학자 집안의 딸이었다. 헤세의 외조부인 헤르만 군데르트는 훌륭한 신학자로 인도에서 수년간 포교 활동을 했으며, 그의 성품과 종교적인 열정은 헤세에게도 많은 영향을 주었다.

그리고 어머니 마리 Marie Gundert는 인도에서 태어나 독일식 교육을 받았고, 인도에서 영국인 선교사와 결혼했으나 그와 사별한 뒤 아버지를 따라 칼프로 와 그곳에서 요하네스와 결혼해 헤세를 낳았다. 종교적인 신앙심이 가득한 집안에서 태어난 헤세는 이 집에서 일곱 살까지 살다가 부모님을 따라 스위스 바젤로 이주한 뒤 아홉 살 때 다시 칼프로 돌아와 청년이 될 때까지 줄곧 이곳에서 보냈다.

특히 인도에서 생활한 어머니의 영향으로 훗날 헤세는 인도를 여행하게 되는데, 그의 대표작 중 하나인 《싯다르타》와 《유리알 유희》를 통해서도 알 수 있듯이, 삶과 죽음에 대한 본질과 인간의 존엄성에 대해 많은 관심을 갖게 되었다. 인본주의 철학적 정신은 세계대전이 발발하자 그를 반전주의자로 만들었다.

벽에 새겨진 그의 부조상과 그가 유소년 시절을 보냈다는 내용의 몇 글자가 선명하게 눈에 들어온다. 헤세의 생가는 오늘날 현지 사람들이 거주하고 있어서 일반인들에게 개방되지 않아 내부를 볼 수 없다. 그의 생가 앞에서 안타까움에 잠시 머뭇거리다 보면 그의 영혼과 만날 수도 있으니 너무 실망할 필요는 없다.

만약 헤세의 문학적 향기를 좀더 느끼고 싶다면 헤세 생가에서 북쪽으로 50미터 정도 올라가보라. 헤세와 관련한 모든 기록물과 유품을 모아놓은 헤세박물관이 나타난다. 오전 11시에 문을 여는 이 박물관은 내부로 들어서면 세계 각지에서 출판된 헤세의 간행물들과 사진 그리고 헤세가 사용했던 물건들이 시대별로 잘 전시되어 있다.

이 박물관에서 무엇보다 인상적인 것은 헤세가 앙드레 지드Andre Gide, 로망 롤랑Romain Rolland, 슈바이처Albert Schweitzer 등의 유명인들과 주고받은 엽서와 헤세의 사진, 헤세의 육성이 담긴 레코드, 헤세가 사용했던 타자기, 40세 이후 감당하기 어려운 현실의 삶을 극복하기 위해 그렸던 수채화 등이다. 그중에서도 그림 그리기를 좋아했던 헤세가 남긴 수채화와 자연 풍경을 스케치한 그림들은 그의 또 다른 예술적 감성을 느낄 수 있는 좋은 기회다.

뿐만 아니라 마울브론 신학교에서 그가 사용하던 책걸상도 전시되어 있어서, 그의 절망적이고 방황하던 사춘기 시절이 손에 잡힐 것처럼 생생하게 전해진다. 《수레바퀴 아래서》에서 헤세는 자신에 대해 "열네 살에 담배를 피우기 시작하고, 열다섯 살에 연

1, 2, 3 헤세의 자화상과 수채화
4 헤세가 소설을 집필할 때 사용하던 타자기와 친필 편지

애를 하고, 열여섯 살에 술집에 드나들며 금기된 책을 읽고 대담한 글을 썼다"라고 표현했다. 마울브론 신학교에서 그가 사용했던 책상과 걸상을 보자 무슨 이유에서인지 문득 이 글귀가 나의 머릿속을 스쳤다.

그의 작품을 통해서도 알 수 있듯이 헤세는 진정한 문학가가 되기 이전인 사춘기 시절, 숱한 방황과 좌절로 점철된 시기를 보냈다. 하지만 청소년 시절의 그가 세상을 무조건 염세적으로만 본 것은 아니다. 소년 헤세는 어린 누이동생에게 그림을 그려주고 가끔씩 노래를 지어 불러주기도 했다. 여섯 살 무렵에는 프랑스 서정시인 브론델의 작품을 불어로 낭송했을 만큼 그의 문학적 감성과 그림 솜씨는 그의 부모를 놀라게 했다.

또한 그는 칼프나 바젤에서 선생님의 눈에 벗어나는 행동을 일삼았지만 성적만큼은 우수했다. 바젤에서 돌아온 헤세는 칼프 학교의 엘리트 코스인 고전어 학급에서 라틴어와 그리스어를 가장 잘 구사할 정도로 외국어 실력도 뛰어났다.

이런 실력을 바탕으로 헤세는 사춘기가 되면서 공부에 더욱 두각을 나타냈다. 할아버지와 아버지의 희망은 헤세가 목사가 되는 것이었다. 헤세 또한 목사가 되고 싶은 욕망이 있었다. 그래서 헤세는 열네 살에 칼프에서 멀리 떨어진 괴핑겐에 있는 라틴어 학교에 진학해 공부에 전념했다. 그는 1년 반 동안 라틴어를 공부한 덕에 1891년 9월 중순 독일에서 가장 유명한 마울브론 신학교에 입학해 목사의 꿈을 실현할 수 있게 되었다.

하지만 헤세는 신학교 생활에 잘 적응하지 못해 퇴학을 당하고 만다. 처음에는 라틴어, 그리스어 등 외국어 수업을 좋아했고, 자작시를 지어 친구들에게 낭송해주는 즐거움도 있어 나름대로 잘 적응했다. 그러나 엄격한 규율과 주입식 교육은 점점 더 헤세를 힘들게 했다. 열세 살부터 모든 것을 포기하고 장차 시인이 되겠다는 헤세의 욕망은 수도원에서도 사라지지 않아, 가끔 그를 수도원 밖으로 뛰쳐나가게 했다.

무단으로 신학교를 일탈할 때마다 그에게 돌아온 것은 감금이라는 억제와 감시였다. 이런 무단 일탈이 지속적으로 반복되자 1892년 3월 7일 학교 당국은 헤세를 정신병 환자로 단정하고 퇴학시키기에 이른다. 불과 6개월 전만 해도 미래에 훌륭한 목사가 될 거라고 칭찬받던 헤세는 퇴학 이후 요양지에 보내져 두통과 불면증에 시달리는 정신병 환자로 전락했다. 게다가 헤세는 자기보다 훨씬 나이 많은 여자를 좋아했는데, 자신의 사랑이 받아들여지지 않자 권총으로 자살을 시도하는 소동까지 벌였다.

그 후 헤세는 아버지와 친분이 있던 어느 목사에게 맡겨진 뒤 심신의 건강을 되찾아 다시 칸슈타트 고등학교에 입학했다. 여기서도 헤세는 고전 과목에서 뛰어난 성적을 얻었으나 학업에는 관심이 없고 시를 짓는 일을 유일한 삶의 희망으로 여겼다. 이때 헤세는 셰익스피어의 아름다운 광기에 사로잡혀 점점 더 깊이 문학 세계로 빠져들었다. 현실과 이상 사이에서 갈등한 헤세는 또다시 자살을 생각하며 1893년 1월 권총 한 자루를 사들였고, 11개월

세계문화유산으로 지정된 마울브론 수도원

만에 학교에서 또 퇴학을 당했다.

이처럼 그의 청소년 시절은 숱한 갈등과 좌절, 아픔으로 얼룩졌다. 헤세의 어머니는 자신의 일기장에 "헤세는 매우 비범해서 세 살이 지나자 벌써 육체적으로나 지적으로 조숙함이 두드러지게 나타났고, 소년이 되자 너무도 격렬한 심신 작용으로 내 자신이 고통을 받는 것 같았다"고 기록했다.

헤세는 정서적으로 안정감을 되찾지 못했지만, 어머니의 몸이 점차 쇠약해지자 마음을 잡고 시계 공장에서 3년간 톱니바퀴를 닦으며 생활을 이어갔다. 이때부터 헤세는 틈틈이 짬을 내어 문학에 열중했는데, 훗날 독일 최고의 문학가로서 성장하는 데 초석을

사진과 편지 등 다양한 유품이 있는 헤세 기념관

마련한 시기이기도 하다.

  열여덟 살에 서점 사원이 되기까지 헤세는 신학교 탈주, 자살 미수 등 이루 말할 수 없는 비행을 저질렀다. 그의 이 같은 사춘기 시절의 방황 이면에는 분명 우리가 알지 못하는 예술에 대한 열정과 제도권적인 삶에 대한 반항, 또 신앙적 분위기에 대한 거부감 등 말로 다 표현할 수 없는 무언가가 그의 마음을 흔들고 있었으리라 추측된다. 그것은 창조적인 광기와도 같은 악마의 숨은 열정이었으며, 문학으로서 하나의 출구를 찾기까지 어찌해야 할 방법을 찾지 못해 자신은 물론 어머니마저 괴롭게 했던 것이다.

  어머니가 병으로 죽은 뒤 스물두 살이 되던 해에 헤세는 고향

헤세의 손때가 묻은 유품들

을 등지고 스위스 바젤로 떠나 라이히 서점에서 점원 일을 시작했다. 그러면서 본격적으로 등단해 릴케에게 인정받기에 이른다. 그 후 스물일곱이 되던 해 최초의 장편소설 《페터카멘친트 *Peter Camenzind*》를 발표하면서 명실공이 문학가로서의 명성을 얻었다.

또한 그해 아홉 살 연상의 피아니스트 마리아 베르누이 *Marie Bernoulli*와 결혼한 뒤 바젤에서 가이엔호펜으로 이주해 본격적으로 문학에만 선념했다. 사춘기 시절부터 연상의 연인을 좋아했던 그가 결국 아홉 살 연상과 결혼에 골인한 것이다. 어머니처럼 푸근한 여성에 대한 동경은 여리고 순수하기만 한 그의 심리를 대변하는 한 부분이라고 할 수 있다.

어찌되었든 헤세는 결혼을 통해 심리적 안정을 찾았고, 이때부터 순수한 문학 세계로 폭풍 질주를 시작했다. 그러나 이런 고요함도 잠시, 제2차 세계대전이 발발하면서 당시 독일의 문단과 출판계로부터 나치를 외면한다는 이유로 비난과 공격의 대상이 되기도 했다. 광적인 폭정과 인간성의 말살로 무장된 나치에의 저항은 그의 문학 인생에서 아주 고된 시간이었다. 그럼에도 그는 외세에 시달리지 않고 자유인으로서 문학과 그림에 몰두했고, 1962년 8월 9일을 마지막으로 세상을 떠났다.

헤세 기념관에 전시된 다양한 전시물들과 마주하노라면 헤세의 일생이 영화처럼 머릿속을 흘러간다. 절제되고 완성적인 문학의 세계에 닿기 위해 자살과 방황을 일삼았던 헤세의 처절한 몸부림이 한줄기 바람이 되어 그가 숨 쉬던 거리 곳곳을 휘돌아 간다.

박물관을 나온 나는 다시 헤세가 좋아하던 니콜라우스 다리와 나골트 강변으로 자연스럽게 발걸음을 옮긴다. 그러고는 나골트 강 아래로 내려가 강물에 손을 담가본다. 소년 헤세도 이곳에서 친구들과 물장구를 치며 놀았으리라.

마을을 둘러싼 전나무 숲에서 흘러나온 물은 수정처럼 맑고 차가웠다. 그 맑은 강물 위로 헤세의 순수한 열정이 함께 흐른다. 나는 소년 헤세처럼 강물을 향해 돌을 던져보기도 하고, 나뭇가지로 강물을 쓰다듬으며 몽중한을 즐긴다.

그렇게 한참을 보내다가 오른쪽으로 고개를 돌리자 강 위에 세워진 니콜라우스 다리가 빛을 받아 반짝인다. 역광으로 인해 강물도 은빛으로 물들고, 따스한 햇살을 등에 업은 예배당은 고즈넉한 시골 풍경의 한가로운 이미지를 더더욱 그럴듯하게 만들어 놓는다.

　수레바퀴 아래서 만난 은둔자 헤세. 그는 죽어서도 행복한 사람이다. 세계 전역에서 그와 그의 작품을 사랑하는 사람들이 찾아와 그가 남긴 흔적 하나하나를 더듬고, 노천카페에서 커피를 마시며 그가 남긴 문학을 읽는다. 독일 남서부 지방의 소박함과 털털함 그리고 인심 좋은 시골 사람들과의 만남은 헤세를 기억하는 한 평생 잊을 수 없는 소중한 추억으로 남을 것이다.

체코 프라하
Czech Praha

우울한 열정의 지성
프란츠 카프카

1999년 10월, 가을이 깊어갈 즈음 아내와 함께 체코 프라하Praha를 찾았다. 대학생 때 프라하를 배낭여행하면서, 결혼해서 아내와 함께 꼭 다시 오겠다는 나 자신과의 약속을 지키기 위해서였다. 아내 역시 프라하를 처음 본 순간 "눈이 멀 정도로 아름답다"며 극찬을 아끼지 않았다. 지금은 우리나라에서 국적기가 운항될 정도로 매우 인기 있는 여행지가 되었지만 10여 년 전만 해도 프라하는 동유럽의 작은 도시에 불과했다.

나와 프라하의 인연은 음악의 신동 모차르트 때문이다. 그는 연주 여행을 할 때 프라하 귀족들의 초청을 받아 연주를 하곤 했는데, 한 편의 영화처럼 중세의 멋스러움을 한껏 품은 이곳을 너무나 사랑했다고 한다. 그 결과 모차르트는 남녀의 애잔한 사랑을 그린 〈돈 조반니 Don Giovanni〉를 오스트리아가 아닌 체코 프라하에서 처음으로 무대에 올렸다.

이런 역사적인 배경 때문인지 이 도시 어디를 가든 그의 음악이 들리지 않는 곳이 없을 정도로 모차르트의 인기는 엄청나다. 심지어 작은 소극장에서 마리오네트 형식의 인형극이나 연극으로도 〈돈 조반니〉를 쉽게 만날 수 있다.

그 후 프라하를 여행하며 깜짝 놀랄만한 예술가들을 만나면서 이 도시를 모차르트만큼이나 좋아하게 되었다. 1980년대 미국 〈타임〉지가 선정한 소설 분야 '베스트 10'에 이름을 올린 밀란 쿤데라 Milan Kundera와 청소년 추천도서 전집에 반드시 포함되는 《변신 Die Verwandlung》의 주인공 프란츠 카프카 Franz Kafka가 바로 프라하 출신이라는 사실을 알게 되면서 나의 프라하 사랑은 더욱 깊어졌다.

그중에서도 내가 더 많은 관심을 갖게 된 문학가는 밀란 쿤데라가 아니라 실존주의 문학의 거장인 카프카다. 이렇게 카프카와 나 그리고 프라하의 인연이 시작되었다. 더 이상 모차르트가 아닌 카프카의 도시로 프라하를 생각하게 되고, 이곳에 올 때마다 그의 예술적 자취를 찾아가며 인문학적 감성에 젖어든다.

카프카의 도시 프라하는 우리에게 드라마 〈프라하의 연인〉으로도 널리 알려진 바 있다. 동유럽 변방의 도시 정도로 알려졌던

거리 곳곳에서 예술이 묻어나는 도시 프라하

프라하는 오스트리아와 헝가리 제국 시절 빈 Wien과 부다페스트 Budapest에 이어 수준 높은 예술과 학문이 발달한 문화의 도시였다. 카프카, 카사노바, 모차르트, 베토벤, 리스트 등 한 시대를 풍미한 예술가들의 열정과 애잔한 삶이 스민 곳, 프라하. 여행을 업으로 삼는 나에게 유럽에서 가장 좋은 도시를 추천하라면 주저 없이 프라하를 권한다. 그 이유는 중세 시대 때부터 켜켜이 쌓인 이곳의 다양한 문화와 예술이 우리들의 눈과 마음을 풍요롭게 해주기 때문이다.

　미로처럼 얽힌 골목마다, 앵두처럼 빛나는 붉은 지붕마다, 지나가는 사람마다, 화려한 건물마다 중세의 향기가 묻어날 것 같은 낭만의 도시 프라하. 달리는 차창에 비치는 건물들은 눈이 부실 정도로 아름답고, 구시가지의 작은 골목길에는 모차르트의 오페라 〈돈 조반니〉의 음악이 흘러넘치며, 카프카의 문학적 열정이 투박한 박석 위로 나뒹군다. 시각과 청각이 환상의 조화를 이룬 프라하는 유럽에서 가장 고색창연한 도시임에 분명하다. 그래서 프랑스의 화가 로댕은 프라하를 "북쪽의 로마"라고 했으며, 카프카는 "나의 어머니"라고 불렀다.

　동유럽에서 가장 아름다운 문화와 역사를 가진 프라하에는 카프카의 이름을 딴 거리도 있고, 어디에서나 그의 고독한 눈매를 잘 보여주는 그림과 사진도 쉽게 찾을 수 있다. 또한 그의 평생 지인인 막스 브로트Max Brod와 만남의 장소로 삼았던 틴 성모 교회, 작품《성Das Schloss》을 썼던 22번지 등 그의 흔적을 더듬어 볼 수 있는 유적지들이 꽤 많다.

　프라하가 고향인 카프카는 보헤미안 왕국의 수도로 찬란한 문화와 역사가 깊이 밴 이 도시에서 예술적 자양분을 바탕으로 한 시대를 풍미하는 위대한 작가가 되었다. 물론 카프카가 이곳에서 태어나고 자랐다는 이유만으로 프라하가 유럽에서 각광받는 여행지로 발돋움한 것은 아니다. 프라하에서는 카프카의 인문학적 감성과 모차르트의 오페라, 다양한 예술가들의 작품들이 1년 내내 사람의 감성을 자극하기 때문이다.

그 중심에 체코를 대표하는 문학가, 프란츠 카프카가 있다. 카프카의 오랜 친구이자 《밀레나에게 보내는 편지 Briefe an Milena》의 편집자였던 빌리 하스 Willy Haas는 "프라하에서 태어나지 않고 프라하에서 살아보지 않은 사람은 카프카의 문학을 완전하게 이해하기 어렵다"고 했다. 프라하와 카프카는 거대한 역사의 수레바퀴 속에 서로 맞물려가는 유기체처럼 불가분의 관계다.

《변신》과 《성》 그리고 몇 편의 단편으로 잘 알려진 카프카는 1883년 7월 3일 프라하에서 태어났다. 체코어로 '까마귀'를 뜻하는 프란츠가 그의 이름이다. 마흔 살의 나이로 요절한 천재 작가의 삶을 꿰뚫어볼 수 있는 기회는 그리 흔치 않다. 빛바랜 그의 흑백사진을 들여다보노라면 짧은 생을 살다간 카프카의 철학적 고뇌와 성격을 조금이나마 느낄 수 있다. 고독하면서도 희망이 묻어 있고, 그러면서도 금방 눈물이 맺힐 것 같은 그의 큰 눈망울에서는 연민의 정마저 느껴진다.

카프카는 아버지의 엄격한 교육 때문에 소심하고 저항성이 부족한 청년으로 자랐다. 매사 수동적이고 소극적이었던 카프카에게는 고교동창인 오스카 폴락 Oskar Pollak이 삶의 창이 되어주었다. 그는 폴락에게 가끔씩 편지를 보내 감사의 마음을 표현했다. "폴락, 너는 나에게 창문과도 같은 존재야. 그 창문을 통해 나는 밖을 내다볼 수 있지. 혼자서는 할 수 없어. 나는 키가 큰데도 창틀에 미치지 못하기 때문이지." 그의 인생은 창문 밖의 세상을 제대로

카프카의
고독이 스민
프라하

볼 수 없을 만큼 정신적으로 심성이 아주 어리고 여렸던 것 같다.

그 뒤 프라하 대학에 진학하면서 만난 막스 브로트가 폴락의 자리를 대신해 그가 죽을 때까지 세상과 카프카를 연결해주는 창이 되었다. 만약 폴락과 막스 브로트가 카프카의 삶의 눈이 되어주지 않았다면 우리는 카프카의 문학을 접할 수 없었을지도 모른다. 그는 몇 안 되는 친구들과 일기장에 의지하면서 자신의 내면에 숨어 있는 예술적 본능과 대화를 나누며 조금씩 문학가로 성장해 나갔다.

수줍고 내성적인 성격은 바로 아버지의 영향 때문이었다. 카프카의 아버지는 생활력이 강하고 보수적인 성향의 사람이었다. 카프카는 아버지의 엄격함과 강한 카리스마로 인해 정신적으로도, 육체적으로도 늘 열등감을 지니고 살았다. 아버지 때문에 유태인

공동체의 예배와 의례를 마지못해 지켜야 했고, 엄격한 규율에 따라 그야말로 교과서적이고 모범적인 학창 시절을 보내야 했다.

소심하고 내성적이기는 했지만 부모님의 말씀을 잘 따랐던 카프카를 그의 선생님들은 높이 평가했다. 그러나 이와 같은 성장 배경은 카프카가 자신의 정체성을 찾는 데 많은 장애가 되었다. 체코에서 성장했지만 독일과 유태인식 교육을 받은 탓에 체코의 정치적, 문화적 변화에 공감하면서도 적극적으로 참여하지 못했고, 스스로를 사회주의자이자 무신론자라 표명하면서도 체코의 무정부주의나 사회주의 모임에서는 주변인으로 머물 수밖에 없었다. 선천적으로 유태인의 피가 흐르고 있는 카프카는 자신의 정체성을 찾는 데 많은 어려움을 겪었다.

평생 동안 자기 속에 갇혀 있었던 또 다른 카프카와 만나면서 끊임없이 자기 부정과 싸워야 했던 카프카는 폐결핵을 이기지 못하고 오스트리아 빈 근처의 킬링 요양원에서 요절했다. 짧은 생애 동안 아주 격정적이고 강렬하게 살다가 까마귀처럼 파란 하늘로 재빠르게 날아갔지만, 그가 남긴 책과 일기장 그리고 편지들은 우리의 가슴 속에서 영원히 살아 숨 쉰다.

우리는 흔히 카프카의 내성적인 성격 때문에 그가 모든 집단에서 완전히 배제된 외톨이었을 거라고 짐작한다. 또 그의 소설에 나오는 주인공들처럼 세계에 대한 이방인이었다고 생각한다. 하지만 그와 관련한 많은 자료들을 살펴보면 카프카가 폐결핵에 걸리기 전까지 그는 아버지의 경제적인 뒷받침으로 독일식 엘리트 교육을 받았으며, 친구들과 승마와 테니스, 수영 등의 운동을 즐겼다. 또한 그가 존경했던 괴테처럼 이탈리아를 여행하면서 르네상스의 풍성함과 바로크의 화려함을 배우기도 했다.

청년 시절 카프카는 여러 명의 아리따운 여인들과 사랑을 나눴는데, 더욱 놀라운 것은 카프카가 창녀라고 일컬었던 '게이샤들'의 집을 방문했던 일화를 일기와 그의 친구들에게 보낸 편지에서 밝혔다는 사실이다. 이는 카프카가 젊은 시절 성적 호기심이 왕성했다는 것을 보여주는 부분이다. 헤르만 헤세가 사춘기 시절 여자와 담배에 관심을 가졌던 것처럼 카프카 역시 잠시 동안이지만 비도덕적인 일탈 행위를 한 것은 사실이다.

카프카의 여자에 대해 좀더 말해보기로 하자. 워낙 내성적인 성격이라 여자에게 말 한마디 제대로 건네지 못했을 것 같은 그는 언제부터 사랑다운 사랑을 했을까? 그의 일기장을 보면 여러 명의 여자 이름이 등장한다.

한창 사춘기이던 열일곱 살 때 가족과 함께 여름휴가를 떠난 카프카는 그곳에서 셀마 콘이라는 여자와 사랑에 빠졌다. 또 괴테 하우스의 문지기 딸인 그레테 키르슈너와 짧은 사랑을 나누기도 했다. 청년이 된 뒤에도 사회주의자인 헤드비히 바일러와 잠시 사귀기도 했다.

하지만 이들은 카프카의 연인으로 인정할 만한 그런 사이는 아니었던 것 같다. 이들은 호기심 많은 사춘기 시절 잠깐 관심을 가졌던 여인들에 불과하다.

카프카의 진정한 연인들은 스물아홉이 되어 만난 펠리체 바우어Felice Bauer, 자신의 문학적 세계를 이해해주고 많은 조언을 아끼지 않았던 밀레나 예젠스카Milena Jesenska 그리고 옆에서 자신의 죽음을 지켜준 유태인 도라 디만트Dare Diamant 정도다. 그중에서 펠리체 바우어와는 5년 동안 사귀었고 두 번의 약혼을 했지만, 결혼은 자신을 옭아매는 속박이라고 생각한 카프카는 끝내 어느 여인과도 결혼 하지 않고 평생 독신으로 살았다.

이제 카프카의 사랑 이야기는 잠시 접어두고, 보헤미아 왕국의 수도인 프라하로 여행을 떠나보자. 도시 전체가 세계문화유산으로 지정된 프라하는 기원전 4000년부터 켈트족이 삶의 뿌리를 내리기 시작한 이후 14세기 카렐 4세가 신성 로마제국의 황제에 오르면서 최고의 전성기를 맞았다.

그리고 이때부터 다양한 양식의 건축물이 지어지기 시작했다. 15~16세기에는 고딕 양식이, 17세기에는 바로크 양식과 로마네스크 양식 등의 다양한 양식이 제각기 독특한 멋을 자랑하며 도시 전체를 중세의 아름다움으로 물들이기 시작했다.

프라하 여행의 시작점은 언제나 구시가지 광장이다. 집채만 한 천문시계가 있는 광장에 들어서면 믿기 어려울 정도로 중세의 이미지가 고스란히 남아 있다.

특히 구시가지에서 가장 많은 사람들이 찾는 구시청사에는 세계에서 가장 크고 화려한 천문시계가 있으며, 높이 70미터의 전망대에서 구시가지를 한눈에 조망할 수도 있다. 전형적인 고딕 양식으로 지어진, 구시청사의 외벽에 달린 천문시계는 매 시각마다 은은한 종소리를 울려 사람들의 귀와 시선을 사로잡는다. 이 시계는 천동설에 기초한 두 개의 원이 나란히 돌아가도록 되어 있다. 이때 원반 위에 있는 천사의 조각상 양 옆으로 창문이 열리고, 종소리와 함께 그리스도의 12제자가 창 안쪽으로 천천히 나타났다 사라진다. 유럽에 수많은 시계탑이 존재하지만 프라하만큼 아름다운 것은 없다.

천문시계의 공연을 지켜본 사람들은 일제히 도시에서 가장 낭만적인 분위기가 흐르는 카를 교와 프라하 성을 향해 간다. 광장에서 블타바 강변 쪽으로 5분 정도 걸어가면 언덕 위에 웅장한 모습으로 서 있는 프라하 성과, 유럽에서 가장 로맨틱한 카를 교가 사람들을 기다리고 있다.

프라하 최고의 명소인 카를 교는 우아하고 격조 높은 기품을 자랑하기로 유명하다. 12세기에 나무로 지어졌으나 블타바 강이 범람할 때 붕괴된 뒤, 1357년 카를 4세 때 건축가 피터 팔레지Petr Parler에 의해 지금의 모습으로 개축되었다. 카를 교는 블타바 강 위에 놓인 다리 중에서 가장 오래된 다리다. 지금은 자동차는 다닐 수 없고 보행자만 건널 수 있다. 석양이 질 무렵이면 붉게 달아오른 태양과 카를 교 그리고 프라하 성이 어우러져 그 어디에서도 볼 수

우아하고 격조 높은 카를 교

브리지 타워에서 내려다본 카를 교와 블타바 강

없는 빛과 향기를 뿜어낸다.

중세 사람들은 이 광경을 보고 이탈리아의 로마로 착각할 정도로 프라하를 칭찬했다고 한다. 그래서인지 관광객들도 눈과 마음을 빼앗긴 채 오랫동안 카를 교와 블타바 강가에서 떠나지 못한다. 프라하의 매력에 도취되는 것이다.

카를 교 안으로 들어서면 다리 양쪽에 인물을 본뜬 정교한 30체의 성상聖像이 있고, 그 아래로는 거리의 악사들이 만들어내는 아름다운 선율이 울려 퍼진다. 카프카가 산책을 즐겼던 카를 교는 유구한 역사와 함께 프라하를 세계적인 관광 명소로 만든 일등 공신이다. 대부분의 여행자들은 카를 교에서 기념품을 사거나 사

Part 2. 문학의 숲을 거닐다 225

진을 찍고 음악을 들으며 도시의 아름다움을 즐긴다.

여기서 여행 팁 하나를 소개하자면, 이 다리가 시작되는 입구에 있는 브리지 타워에 오르면 발 아래로 펼쳐진 카를 교와 프라하 성 그리고 블타바 강을 파노라마처럼 감상할 수 있다. 대부분의 사람들은 타워 밑으로 지나가기 때문에 이곳에 전망대가 있다는 것을 모른다. 아주 조그마한 통로를 따라 올라가면 매표소가 나오고 탑의 지붕 위로 올라가면 프라하 구시가지를 360도로 관망할 수 있는 프라하 최고의 명당이 나온다. 보통 여행자들은 천문시계가 있는 구시청사에 많이 오르지만, 프라하에서 멋진 사진을 찍고 싶다면 반드시 브리지 타워에 올라갈 것을 권한다. 아무 방향으로나 카메라를 들이대도 모두 작품이 된다.

만약 사진을 찍지 않더라도 전망대에 서서 카를 교와 성을 바라보는 것만으로도 여행의 즐거움을 충분히 만끽할 수 있다. 나는 프라하에 올 때마다 타워에 올라 적게는 30분, 많게는 1시간 정도를 보낸다. 그 이유는 여러분이 직접 이 타워에 올라가보면 알게 될 것이다.

타워에서 프라하 최고의 명장면을 눈에 넣고 나면 다시 카프카의 예술적 감성을 만나고 싶은 생각이 간절해진다. 왜냐하면 카프카가 남긴 모든 유품을 한눈에 감상할 수 있는 '카프카 기념관'이 바로 카를 교가 끝나는 지점에 있기 때문이다. 프라하를 찾는 여행자들 중 카프카를 모르는 사람은 거의 없지만, 이곳의 아름다운 건축물 때문에 사람들의 발길이 카프카의 기념관까지 이어지

카프카의 짧은
생애를 한눈에
볼 수 있는
기념관

는 경우는 드물다. 카프카를 좋아하면서도 그의 흔적을 느끼기에는 또 다른 열정이 필요한가보다. 그를 좋아하는 팬들에게라면 카프카 기념관은 프라하 여행의 대미를 장식할 만큼 좋은 곳이다.

    프라하 관광지에서 가장 비싼 입장료를 내고 기념관에 들어서면 은은한 음악과 깔끔하게 전시된 그의 유물이 먼저 눈에 들어온다. 내부 장식은 카프카의 성격이나 그의 철학적 고뇌를 암시하듯 다소 어둡고 우울한 분위기다. 카프카가 아버지에게 쓴 편지, 그의 대표작《변신》외 다수의 작품들이 유리관에 잘 보존되어 있다. 잘생긴 카프카의 젊은 시절 사진은 또 다른 볼거리 중 하나다. 빛바랜 흑백사진 속에 담겨진 그의 눈빛은 프라하의 가을 분위기와 무척이나 닮아 있다.

그리고 기념관 내부에 있는 또 하나의 흑백사진이 눈에 들어온다. 사진 속의 주인공은 우리에게도 잘 알려진 카프카의 연인 밀레나다. 프라하 출신의 밀레나는 카프카보다 열두 살이나 어렸고, 남편이 있는 유부녀이자 명문가의 딸이었다. 카프카가 독일어로 쓴 자신의 작품《화부 *Der Heizer*》를 그녀에게 체코어로 번역해줄 것을 부탁하면서 둘의 사랑은 자연스럽게 시작되었다.

카프카에게 있어서 밀레나는 막스 브로트처럼 미로의 세계에 빠져 있는 그에게 등불 같은 존재이자 외부와의 세계를 연결해주는 고리와도 같은 존재였다. 밀레나는 카프카가 만났던 여인 중에서 정신적으로 가장 많은 위안을 준 연인이었다.《밀레나에게 보내는 편지》는 카프카가 밀레나에게 사랑을 고백하면서 건네준 그의 일기에서 나온 작품이다. 사랑하면서도 말로 표현하지 못하고 일기장에 글로나마 옮겨야 했던 카프카의 사랑. 역시 그다운 모습이다.

그녀의 서글서글한 눈빛이 어두운 전시실을 따스하게 밝혀준다. 밀레나의 사진 이외에도 카프카 기념관에서는《변신》의 초쇄본과 그의 친필 편지를 볼 수 있는데, 그것을 마주하는 순간 숨이 멎을 것만 같은 강열한 감동이 밀려온다. 초쇄본의 표지는 세월에 의해 낡고 빛바랬지만 그 속에 담긴 카프카의 실존주의적 철학은 오늘날에도 변함이 없다.

카프카는《변신》을 통해 부조리와 존재의 불안함을 날카롭게 통찰함으로써 사르트르 Jean Paul Sartre 와 카뮈 Albert Camus 로부터 실존주의 문학의 선구자라는 평가를 받았다. 카프카의 대표작《변신》은 현대를 살아가는 세일즈맨 그레고르 잠자 Gregor Samsa 를 통해 실존의 의미와 부조리의 세계를 묘사하고 있다.

평범한 회사원 그레고르는 잠에서 깨어나 자신이 벌레로 변했다는 사실을 알게 된다. 그는 사람들에게 자신이 그레고르라고 말하지만 말이 통하지 않아 외면당하고, 끝내 불면증과 식욕부진 등의 여러 가지 주변 환경에 시달리다 죽게 된다.《변신》은 언제, 어디서, 어떤 절박한 상황에 처할지 모르는 소시민의 생활이 상징적으로 묘사된 작품으로 카프카로 하여금 프라하를 대표하는 문학가로 만들었다.

그의 성장을 한눈에 볼 수 있는 흑백사진 몇 점과 가족사진, 1921년 지인들과 함께 찍은 사진 등 카프카가 41년이라는 짧은 생애를 살다가 남기고 간 흔적을 만날 수 있는 기념관을 돌아보는 일은 그를 좋아하는 팬들에게는 프라하 성보다 훨씬 큰 감동일 것이다.

이것으로도 부족하다면 그가 젊은 시절에 작업실로 사용했던 황금소로 22번지를 찾아가야 한다. 그곳에는 또 다른 카프카가 여행자들을 기다리고 있다. 프라하 성 바로 옆에 있는 황금소로에는 16세기에 지어진 작은 집들이 모여 있다. 과거에는 입장료

카프카의 아픔이 스며 있는 황금소로 22번지

를 받지 않았지만 최근에는 모든 사람들에게 입장료를 받고 있다.
   그곳은 원래 연금술사들이 모여 살면서 '황금소로'라는 이름을 갖게 되었다고 한다. 지금의 황금소로는 다양한 기념품을 파는 상점이 되었다. 그러나 파란색으로 칠해진 22번지는 카프카가 숱한 나날 글을 쓰고, 주류에 들지 못한 채 주변인으로서 방황해야 했던 시절의 아픔이 스민 곳이다.
   22번지의 집주인은 다름 아닌 카프카의 막내 여동생인 오틀라Ottla Kafka다. 카프카는 노동재해보험협회를 다니면서 저녁이면 22번지에서 글을 썼다. 지금은 비록 기념품을 파는 작은 집으로 전락했지만 카프카의 명성 때문에 이곳은 프라하 성만큼 대단한 인기를 누리고 있다.

　이처럼 프라하는 카프카를 언급하지 않고서는 설명이 부족한 곳이다. 아무리 이곳에 고풍스런 건축물이 많다고 해도 카프카가 없었다면 그 의미는 무색할지 모른다. 오랜 역사와 독특한 건축양식이 사람들에게 볼거리를 제공하는 것은 당연하다. 하지만 프라하 출신의 카프카, 드보르작, 밀란 쿤데라 등의 예술가가 없었다면 이 도시의 울림은 어땠을까? 로댕이 프라하를 북쪽의 로마라고 부른 이유는 중세풍의 건물마다 담겨진 예술가의 뜨거운 열정과 시민들의 사랑이 녹아 있기 때문이다.

　카프카의 실존주의적 철학을 가슴에 새기며 프라하 성을 등지고 내려오자 하늘이 어느새 붉은빛과 코발트빛으로 옷을 갈아입는다. 블타바 강 위에 우뚝 솟은 프라하 성은 밤이 되면 수십만 개의 조명이 불을 밝혀 또 다른 이미지를 연출한다. 프라하가 왜 '백탑의 도시'라는 별칭을 갖게 되었는지를 확인하는 순간이다.

　밤이 깊을수록 카를 교에서 들려오는 음악 소리에 사람들의 마음은 더욱 즐거워진다. 사람 키보다 큰 콘트라베이스의 굵은 저음과 트럼펫의 고음이 어우러진 재즈 리듬에 사람들은 어깨춤을 추며 박수를 친다. 인생의 깊이가 느껴지는 악사들의 즉흥적인 리듬과 루이 암스트롱의 목소리를 닮은 노랫소리가 블타바 강물 위로 유유히 흘러간다. 카프카가 사랑한 세상에서 가장 아름다운 도시 프라하의 밤이 그렇게 그렇게 깊어간다.

영국 호수지방
United Kingdom Lake District

호수지방의 안개처럼, 무지개처럼
윌리엄 워즈워스

새소리, 자욱한 안개, 호수의 잔잔한 물결, 푸른 초원에서 풀을 뜯는 양떼 등 한 폭의 수채화와도 같은 호수지방 Lake District 은 영국 속에 또 다른 영국의 이미지를 볼 수 있는 아름다운 곳이다. 목가적인 풍경과 보드라운 햇살이 일품인 이곳은 영국을 대표하는 낭만파 시인 윌리엄 워즈워스 William Wordsworth 의 고향으로도 유명하다. 우리에게는 조금 낯선 곳이기도 하지만 워즈워스를 떠올리면 쉽게 친숙함을 느낄 수 있다.

호수지방은 윈더미어 Windermere, 그라스미어 Grasmere, 앰블사이드 Ambleside, 코커머스 Cockermouth 등 잉글랜드 북서부의 컴벌랜드

Cumberland 일대를 가리킨다. 동서 20킬로미터, 남북 30킬로미터에 걸쳐 크고 작은 호수들이 흩어져 있는 이곳은 영국에서 자연생태계가 가장 잘 보존되어 있는 지역이다. 이곳은 구릉과 구릉 사이로 이어진 산 주름마다 크고 작은 호수와 마을이 그림처럼 펼쳐져 자연의 고마움을 만끽할 수 있다.

맑은 호수를 따라 난 수많은 산책로에는 한 편의 시가 춤을 출 만큼 풍요와 여유로움이 넘쳐난다. 워즈워스 역시 이 호숫가의 산책로를 사랑했고 자연의 시가 흐르는 산책로에서 예술의 영감을 얻었다.

특히 호수지방은 봄가을이면 새벽안개가 마을과 호수를 완전히 뒤덮어 독특한 풍광을 빚어낸다. 산마루에 붉은 태양이 걸릴 때쯤 자욱했던 안개가 서서히 자취를 감추고 나면 호수지방의 마을들이 하나둘씩 자신의 속내를 드러내기 시작한다. 경이롭기까지 한 이런 멋진 풍광들이 워즈워스를 영국의 대표 낭만파 시인으로 만든 원천이 아닐까 싶다.

호수지방은 워즈워스가 가장 사랑한 곳이자 그의 인생에서 아주 중요한 부분을 차지하는 장소다. 이곳은 그의 아름다운 시심詩心의 자양분이다. 그가 쓴 〈무지개〉〈수선화〉〈초원의 빛〉 등 주옥같은 시들이 모두 이 호수지방을 배경으로 한다. 낮은 구릉과 호수가 빚어내는 더 없이 아름다운 자연 풍광 앞에 서면 워즈워스가 아닌 누구라도 시인이 될 것만 같다.

비 갠 오후의 모습을 바라보노라면 〈무지개〉가 떠오르고, 푸른 초원에서 한가롭게 풀을 뜯고 있는 양과 소를 보면 〈초원의 빛〉이, 호숫가 나무 아래에 수줍게 핀 꽃들을 바라보면 〈수선화〉가 마음속에 일렁인다. 호수지방은 꼭 시인이 아니더라도 시를 좋아하는 이들의 오감을 자극해 우리를 아름다운 감성으로 무장시킨다. 그중에서도 워즈워스가 걸었던 호숫가를 걷다 보면 그의 시, 〈수선화〉를 읊조리는 나지막한 소리가 가슴 깊이 여울진다.

호숫가 나무 아래
미풍에 하늘하늘 춤추는
금빛 수선화의 무리를
은하수에 반짝이는
별들처럼 이어져
물가 따라 끊임없이
줄지어 뻗쳐 있는 수선화
즐겁게 춤추며 고개를 까딱이는
수많은 꽃들을 잠시 바라보네

위대한 시인이 남긴 발자국을 따라 유유자적 걸으며 시와 느림의 미학을 꿈꿀 수 있는 호수지방은 굳이 지상 낙원이라는 수식어를 붙이지 않아도 충분하다. 한 편의 아름다운 서정시가 흐르는 이곳에서 워즈워스의 영혼과 만나는 일은 그 자체만으로도 또 한 편의 시를 만들어내어 바닥 깊이 눌려 있던 감성들이 스스럼없이

느림의 미학을 꿈꿀 수 있는 호수지방

1 코커머스 마을 입구에 서 있는 워즈워스 동상
2 차분한 도시 그라스미어

일어서게 만든다.

　봄바람이 아지랑이처럼 살랑거리는 날, 런던에서 기차를 타고 윈더미어에 도착한 뒤 하루에 몇 편 운행하지 않는 로컬버스를 이용해 느림의 여행을 시작해보라. 교통이 불편해서 일반 여행객들이 다가서기에는 약간의 어려움이 있긴 하지만 시간이 조금 넉넉하다면 자전거와 렌터카를 이용해 호수지방 곳곳을 여행해보는 것도 좋다. 다른 곳에서는 느낄 수 없는 전혀 색다른 여행의 즐거움을 만끽할 수 있다.

　워즈워스의 흔적을 찾아가는 호수 여행은 그의 생가가 있는 코커머스와 그의 무덤과 그가 전성기를 누렸던 그라스미어, 80세 나이로 운명할 때까지 살았던 라이달 마운트 Rydal Mount 등으로 이어진다.

　나는 윈더미어에서 여행을 시작하지 않고, 그가 태어나고 자란 코커머스와 나이 들어 만년을 보낸 라이달 마운트로 여행을 시작했다. 보통은 런던에서 기차를 타고 도착한 윈더미어에서 시작해 그의 여동생이 살았던 도브 코티지 Dove Cottage 와 그의 무덤이 있는 그라스미어 그리고 마지막으로 그의 생가 등으로 여행을 한다. 하지만 그의 삶의 이력을 감안할 때, 태어나면서 죽기까지의 시간의 흐름에 따라 코커머스에서 호수지방 아래로 내려가면 그의 문학적 감성에 좀더 가까이 다가갈 수 있다.

　우선 호수지방 가장 북쪽에 있는 코커머스는 워즈워스가 태어나서 그가 케임브리지 대학에 진학하기 전까지 살았던 마을이다.

삼거리에 자리한 워즈워스 생가는 시간의 흐름을 모두 껴안고 있어서 한눈에도 굉장히 오래되었다는 느낌이 든다. 이 집은 18세기 영국 중상류층의 전형을 보여주고 있으며, 워즈워스와 그의 여동생 도로시 Dorothy Wordsworth가 태어난 곳이다. 워즈워스 생가는 시민들이 주축인 관광자원보호재단 '내셔널트러스트 National Trust'에서 구입해서 문화재로 관리하고 있다. 유적지나 유명인과 관련한 건축물들이 사라지지 않게 하기 위한 내셔널트러스트 운동은 영국에서 처음으로 일어났는데, 그중에 하나가 바로 워즈워스 생가다. 다행스럽게 개인 소유가 아니라 내셔널트러스트의 소유가 되면서 생가는 원형 그대로를 보존하고 있다.

매표소에서 티켓을 산 뒤 위대한 시인의 집에 첫발을 내딛는 순간, 알 수 없는 감흥이 온몸의 모세혈관을 짜릿하게 자극한다. 그리 크지 않은 아담한 정원을 지나면 워즈워스 생가의 문이 열리고, 수백 년 묵은 그의 예술적 고뇌가 소리 없이 우리의 눈 속으로 파고든다.

워즈워스 남매는 초년 시절 유복하게 자랐다. 아버지가 코커머스에서 변호사를 했기 때문이다. 하지만 워즈워스가 아홉 살 되던 해에 어머니가 세상을 떠났고, 이어 열세 살 되던 해에 그는 아버지마저 잃었다. 그 후 그는 백부의 도움으로 생활했다.

생가 내부는 부모님이 사용했던 방과 워즈워스가 태어난 방 그리고 부엌 등 당시 모습이 그대로 재현되어 있다. 방 안에는 진품은 아니지만 18세기 중류층이 사용하던 책상과 가구들이 그 시대의 모습을 사실적으로 보여주고 있다.

여기서 특히 눈에 띄는 것은 워즈워스의 시가 게재된 당시 이 지역 신문의 복사본이다. 짧은 영어 실력 때문에 신문의 내용을 모두 파악할 수는 없지만, 워즈워스의 문학적 재능이 이 지역에서는 꽤나 유명했으리라는 사실을 짐작할 수 있다. 그의 생가를 찾는 사람들이 그리 많지 않아서 조용하게 그의 예술적 영혼과 감성을 느끼기에 충분하다.

워즈워스는 케임브리지의 명문인 세인트존 칼리지에 입학하는 열여덟 살까지 동생과 함께 생가와 인근의 외가댁을 왕래하며 시에 대한 열정을 불태웠다. 사실 워즈워스는 시골 문법학교에 다니거나 케임브리지에서 공부할 때만 해도 학문에 깊은 관심이 없었다. 하지만 헤르만 헤세처럼 어릴 적부터 머리가 좋았고 감성이 아주 예민했다. 청년 워즈워스는 공부보다는 자연의 생동감과 자신의 감수성을 자극하는 작은 사물에 더 깊은 관심을 가졌다.

그리고 프랑스 혁명이 일어나던 대학 시절에는 인간의 본성과 자유에 대해 깊이 탐닉했다. 이 시절에 워즈워스는 자신의 정체성과 인간의 내면적 이해를 위해 프랑스와 알프스 일대를 거쳐 도보여행을 하기도 했다. 지금이야 기차와 자동차가 잘 연결되어 있어서 여행이 쉽지만, 당시 워즈워스는 길 위에서 스승을 만나기 위해 프랑스 일대를 두 발로 걸어서 여행했다.

역시 여행이란 떠나는 순간 자신과 깊은 대화를 하게 되고, 낯선 사람과 문화를 접하면서 선입견과 편견을 없앨 수 있다는 진

1 워즈워스 박물관으로 개조된 도브 코티지
2, 3, 4 워즈워스 생가 내부

리를 워즈워스는 일찍부터 깨달았던 모양이다. 이런 것들이 바로 워즈워스를 영국 최고의 시인으로 만드는 밑거름이 되지 않았을까 짐작한다.

케임브리지에서 공부를 마친 워즈워스는 프랑스에서 1년간 유학한 뒤 스물아홉 살에 다시 고향으로 돌아왔다. 이때부터 워즈워스는 여든의 나이로 죽음을 맞이하는 순간까지 유유히 호수지방을 떠돌며 아름다운 시를 썼다. 그가 돌아와 제일 먼저 정착한 곳은 그의 무덤이 있는 그라스미어라는 작은 시골 마을의 도브 코티지이다. 도브 코티지는 그의 생가에서 자동차로 30분 남짓 거리이며, 그라스미어 시내에서는 걸어서 10분 거리에 있다. 코커머스에서 그라스미어까지 이르는 길의 그 아름다운 풍경을 무엇에 비교할 수 있을까.

제주도처럼 앙증맞은 돌담이 초원을 가르고, 워즈워스의 시구처럼 낭만적이고 로맨틱한 정경의 마을들이 밀레의 풍경화처럼 펼쳐진다. 꼬불꼬불한 길을 돌고 돌아 크고 작은 마을을 지나고, 가끔씩 산책로에서 마주치는 현지인과 자전거 하이킹을 즐기는 사람들과 가벼운 인사를 나누다 보면 어느새 워즈워스가 가장 좋아했고, 그의 작품에 가장 많이 등장하는 그라스미어에 이른다.

워즈워스는 그라스미어에서 동생 도로시와 함께 8년간 머물렀다. 당시 그가 머물렀던 집 도브 코티지는 그의 삶의 향기가 진하게 배어 있는 곳이다. 현재 이곳은 워즈워스 박물관으로 개조해 그의 일가족이 사용했던 그대로를 재현해놓고 있다. 과거에 여관으로 사용되었던 이곳에서 워즈워스 부부와 여동생이 거주하게 된 것이다.

코티지 내부는 생가와 달리 작고 아담하다. 벽난로와 그 당시 사용하던 가구, 생활용품 등이 전시되어 있는데 코커머스의 생가에 비하면 초라하기 짝이 없다. 시간에 맞춰 안내원과 함께 둘러봐야 하는 불편함과 어려운 영국 영어를 이해하는 데 따르는 약간의 어려움만 아니라면, 워즈워스의 흔적 그 자체로 흥분되고 설레는 장소인 것만은 분명하다.

도브 코티지 앞은 호수가 펼쳐져 있고, 그 안으로는 아름다운 산책로가 이어져 있다. 워즈워스는 이 산책로를 상당히 좋아했다. 그는 매일 아침 혼자 산책을 하며 시상을 떠올렸다. 하지만 아이러니하게도 워즈워스는 이 호수 주변을 산책하다 감기에 걸려 그만 목숨을 잃었다.

8년간 도브 코티지에 머물며 워즈워스는 인생의 황금기를 맞았다. 주옥같은 시를 쓰고, 자연과 인간에 대해 성찰하며 내면에 숨겨둔 무한한 감성들을 글로 옮겼다. 그의 향수를 조금 더 느끼고 싶다면 그의 무덤이 있는 성 오스왈즈 교회로 가라. 그곳에 가면 수많은 시간이 켜켜이 쌓인 그의 비석과 마주하게 된다. '1850년 윌리엄 워즈워스, 1859년 마리 워즈워스 Marie Wordsworh'라고 새겨진 부부의 비석에는 세월의 흐름을 말해주듯이 이끼가 자라고 있다.

비석 바로 앞에는 그가 좋아하던 실개천이 흐르고, 물 위에는 오리 떼가 발을 동동 구른다. 너무나 조용하고 평화로운 이 분위기는 그가 죽어서도 누릴 수 있는 마지막 행복이 아닐까 싶다.

그의 영혼이 잠든 오스왈즈 교회는 중세 시대부터 이 마을을 지켜온 터줏대감이다. 화려하지도, 세련되지도 않은 이 투박한 교회는 워즈워스의 삶과 아주 많이 닮아 있다. 어쩌면 이런 곳을 좋아했던 워즈워스는 자신의 삶을 정리할 유일한 공간으로 이 교회

워즈워스와 그의 가족이 묻혀 있는 오스왈즈 교회 뒷마당

의 뒷마당을 택했는지도 모른다.

　그라스미어 시가지는 우리나라의 '읍' 정도에 해당할 만큼 아주 작다. 마을 끝에서 끝까지 걸어서 10여 분이면 충분할 만큼 작은 곳이지만, 13세기에 지은 교회당과 작은 시냇가 그리고 워즈워스 부부의 묘가 있는 이곳은 그 어디보다 더욱 의미가 크다. 코커머스가 워즈워스 유년의 삶의 흔적이 남아 있는 곳이라면, 그라스미어는 그가 전성기를 누리며 시심을 불태우던 곳이라고 할 수 있다. 좁은 시냇가 주변에는 아담한 레스토랑이 들어서 있고, 시냇물가에서는 새들이 목을 축이고 있다.

　실개천 위에 놓인 다리는 교회만큼이나 유구한 역사를 자랑한다. 워즈워스는 교회는 물론 시냇가나 수양버들 밑에서 한가로이 산책을 즐기거나 책을 읽으며 많은 시간을 보냈다. 그의 시에 등장하는 아름다운 어휘들은 저마다 그라스미어가 숨겨온 비밀을 품고 있다. 워즈워스는 그라스미어를 "인간이 발견한 가장 사랑스러운 곳"이라고 표현했다.

워즈워스와 같은 위대한 시인의 흔적을 발견할 수 있다는 것만으로도 호수지방 여행은 빛이 난다. 화려한 볼거리가 있는 것은 아니지만, 원시적인 자연의 상태가 가장 완벽하게 보존된 마을을 이리저리 떠돌다 보면 개울에서 나는 물소리, 나무 위에서 지저귀는 새소리, 초원에서 우는 양떼 소리에 눈과 귀와 마음이 그 어느 때보다 풍요로워진다.

그러나 워즈워스의 삶은 신이 준 이 풍요로움만큼 완벽하지는 못했다. 그는 1808년 5월 도브 코티지에서 좀더 넓은 알렌 뱅크 Allan Bank로 이사를 했지만, 그곳에서 일곱 살이었던 워즈워스의 셋째 토마스가 홍역으로 그만 사망하고 말았다. 자식을 잃은 부부는 슬픔의 무게로 짓눌린 그곳에 더 이상 머물지 못했다.

워즈워스 부부는 라이달 마운트로 거처를 옮기고 그곳에서 남은 평생을 보냈다. 워즈워스는 매일 문만 열면 아들이 묻혀 있는 교회 마당이 보이는 고통 속에서 살아가는 아내를 위해서라도 알렌 뱅크를 벗어나야 한다고 결심했다. 하지만 그건 경제적으로 쉽지 않은 일이었다. 워즈워스는 라이달 마운트로 이사를 하기 위해 어떻게든 비용을 마련해야 했다.

워즈워스는 결국 잠시 동안이긴 하지만 가난한 시인에서 벗어나 평범한 사람들처럼 일자리를 구할 수밖에 없었다. 론즈데일 백작이 '납세 수거 공무원' 일자리를 제안했고, 워즈워스는 이를 받아들일 수밖에 없었다. 그렇게 해서 그들은 마침내 이사를 할 수 있게 되었다. 가난한 시인이 가족을 위해 할 수 있는 최선의 선택이었으리라. 마음이 짠해 오긴 하지만, 그런 삶의 역경들이 있었기에 역사에 길이 남을 예술 작품이 탄생할 수 있었을 것이다.

세무 공무원으로 일하면서 워즈워스는 점점 문학에서 멀리 떨어진 이방인이 되어갔다. 가족을 위해 헌신하는 동안 쌓아 왔던 그의 시 세계는 조금씩 무너져갔다. 동서고금을 막론하고 예술가의 인생에 슬픔과 좌절이 공존하지 않는다면 아름다운 작품은 단 하나도 태어나지 못했을 것이다. 우리가 알고 있는 수많은 예술가들이 대부분 생활인으로서의 삶과 예술가로서의 삶을 동시에 살아내야 했다.

워즈워스도 예외일 수는 없었다. "배부른 돼지보다는 배고픈 소크라테스"가 되어야만 진정한 예술이 나오는 것일까. 아니면 삶이 절실해야 예술에 대한 진정성이 묻어나오는 것일까. 이에 대한 정확한 대답을 찾기는 어렵다. 어쩌면 무모한 짓인지도 모른다.

현재 우리나라 예술가의 95퍼센트가 1년에 몇천만 원의 수입도 얻지 못한다고 한다. 물론 그들이 남긴 작품이 자손들에게 부를 가져다주는 경우도 있기는 하지만, 자신이 살아 있는 동안은 대부분 그리 넉넉하지 못한 삶을 영위한다.

그러나 분명한 것은 그들의 명성은 시공간을 뛰어넘어 길이길이 역사에 남는다는 사실이다. 그것은 그 어떤 물리적 보상에 비할 수 없는 것이리라.

돈을 벌기 위해 세무 공무원으로 일한 워즈워스이지만 세계 곳곳의 수많은 사람들이 그를 기억하고 그의 시를 읽는다. 더러는 나처럼 고향까지 찾아와 그가 생활하고 예술적 감성을 키웠던 마을을 걸어보기도 한다. 어쩌면 그들은 죽어서도 행복한 사람들이 아닐까 하는 생각이 든다.

이 글을 쓰는 동안에도 머릿속으로 워즈워스의 영혼이 잠들어 있는 교회 안뜰이 스쳐간다. 한 시대를 풍미하고 아름다운 시로 사람들의 마음을 일렁이게 한 워즈워스. 호수지방에서 만난 자연의 고마움과 그의 시는 영원히 잊을 수 없다.

순수한 자연을 온몸으로 느끼며 시인의 자취를 따라 그가 걸었던 호숫가를 걷는다. 바람, 구름, 산, 호수, 자연이 인간에게 베풀어준 모든 것들을 보고 즐기며 나도 바람처럼 호수지방을 걷고 또 걷는다. 길을 걷다 피곤하면 나무 그늘 아래 잠시 머물러 바람의 손길을 느낀다. 소나기라도 쏟아지면 작은 교회당에 들러 비를 피하고, 워즈워스가 그리우면 호숫가 주변을 산책한다. 호수지방의 여행은 영국 속에 숨어 있는 또 다른 영국을 만나는 일이다. 운이 좋은 날엔 워즈워스의 시구처럼 일곱 빛깔의 선명한 무지개를 만날 수도 있다.

하늘에 무지개를 바라볼 때면
나의 가슴은 설렌다
내 생애가 시작될 때도 그러했고
나 어른이 된 지금도 이러하거니
나 늙어진 뒤에도 제발 그래라
그렇지 않다면 나는 죽으리
어린이는 어른의 아버지여라
바라기는 내 삶의 하루하루가
천성의 자비로써 이어지기를

호수 위를 감싸도는 뿌연 안개 속에서 마주한 워즈워스의 삶은 회색빛 도시에 길들여진 현대인의 마음에 새로운 기운을 불어넣어준다. 느린 것이 결코 늦지 않은 것임을. 때때로 자신의 내면을 돌아보며 살아가는 일이 얼마나 중요하고 행복한 삶인지를.

좀더 높은 곳을 향해, 좀더 많은 것을 위해 앞만 보고 쉬지 않고 달리는 우리. 가끔은 하늘을 바라보고 호숫가를 걸으며 한 권의 시집을 읽을 줄 아는 여유를 누려, 감성의 부스러기들을 추스를 수 있다면 이보다 더 행복한 삶이 어디에 있겠는가?

Part 3.

음악의
마법에
홀리다

루트비히 판 베토벤 · 본　｜　프리데리크 프랑수아 쇼팽 · 바르샤바

볼프강 아마데우스 모차르트 · 잘츠부르크　｜　프란츠 리스트 · 쇼프론　｜　주세페 타르티니 · 피란

독일 본
Germany Bonn

불멸의 연인에게 보내는 비밀 편지
루트비히 판 베토벤

베토벤Ludwig van Beethoven을 말할 때 그림자처럼 따라다니는 게 바로 '불멸의 편지'다. 독일의 대문호 괴테, 제자 페르디난트 리스Ferdinand Ries, 쾰른Cologne의 선제후 막스 프리드리히Max Friedrich, 동생 요한Nikolaus Johann van Beethoven, 라이프치히Leipzig의 브라이트코프&하르텔Breitkopf&Hartel 출판사 등 그가 보낸 편지의 대상은 매우 다양하다.

그중에서도 제일 관심이 큰 편지는 수취인이 불분명한 세 통의 연애편지다. 그것은 베토벤이 죽은 뒤 그의 캐비닛 서랍에서 발견되었다. 받는 사람의 이름과 주소가 적혀 있지 않은 편지는 베토벤 전기 학자들로 하여금 의견이 분분케 하는 빌미를 제공했다. 그러나 사랑의 세레나데 주인공은 그가 죽은 지 200여 년이 지난 지금도 확실하게 밝혀지지 않고 있다. 현재까지 불멸의 연인으로 물망에 오른 사람만도 여러 명에 이른다. 줄리에타 귀차르디 Giulietta Guicciardi, 테레제 브룬스빅 Therese von Brusvik, 아말리 제발트 Amalie Sedald, 베티나 브렌타노 Bettina Brentano, 요제피네 브룬스빅 Josephine von Brusvik, 마리아 에르되디 Maria von Erdody 등이다.

베토벤은 피아노 소나타 14번 작품번호 27 〈월광 Mondschein〉을 줄리에타 귀차르디를 위해 만들었고, 작품번호 78인 피아노 소나타 24번 〈테레제를 위해 Fur Therese〉(우리는 보통 '엘리제를 위해'라고 알고 있다)을 테레제 브룬스빅을 위해 작곡했다. 그럼 이 사람들이 가장 유력한 베토벤의 연인이었을까? 많은 전기 작가들은 이에 대해 반대 의견을 제시하며 각자가 연구한 연인이 바로 베토벤의 최종적인 사랑이었다고 주장한다.

이는 마치 셰익스피어 초상화의 진위와 그의 존재에 대한 이야기처럼 아직까지 미스터리로 남아 있다. 그에게 음악적 재능을 부여한 음악의 여신 뮤즈는 과연 누구였을까? 그 답은 여러분 각자의 몫으로 남겨두기로 한다.

베토벤의 연인이 누구였건 간에 그의 음악을 좋아하는 나로서는 그가 젊은 시절을 보냈던 독일의 본 Bonn을 여행하는 것은 무엇보다 가슴 들뜨는 일이다. 물론 그의 음악적 완성도는 오스트리아 빈에서 이뤄졌지만, 하이든이 본에서 그의 음악을 듣고 단번

베토벤이 피아노를 쳤던 대성당

에 자신의 제자로 삼았던 일화는 내가 본으로 여행을 가게 된 계기가 되었다.

    동방박사의 유해가 보존되어 있다는 쾰른 대성당을 멀리하자 1949년부터 옛 서독의 수도였던 본이 눈앞에 다가선다. 본은 제 2차 세계대전 이후 독일이 동독과 서독으로 분리되었을 때 40여 년간 서독의 수도로서 독일 발전에 중요한 역할을 했다. 무엇보다 본은 우리에게 악성 베토벤의 고향이자 슈만 Robert Alexander Schumann이 라인 강에 몸을 던져 자살을 시도했던 곳으로도 잘 알려져 있다. 또한 본과 쾰른 사이에 놓인 무한질주의 아우토반 Autobahn은 자동차 마니아들 사이에서 그 명성이 대단하다.

1 본 대학 **2** 본 구시가지 광장 **3** 고풍스런 구시가지

　본의 첫인상은 수도임에도 불구하고 매우 소박하고 조용하다. 우리가 알고 있는 대부분의 수도들은 세련된 고층빌딩이나 화려한 네온사인에 감싸 있고, 빌딩 숲 사이로 수많은 자동차의 물결이 흐르며, 잘 차려입은 도시인들이 바삐 움직이는 모습이다.
　하지만 본에 발을 내딛는 순간 그런 상상은 하나의 선입견에 불과하다. 하늘을 찌를 듯한 고층빌딩도 없고, 자동차로 인해 도로가 막히는 현상도 볼 수 없다. 그 대신 로마 시대부터 지어진 대성당과 중세 시대에 건축된 바로크 양식의 고풍스런 건축물 그리고 시간과 함께 낡은 구시가지 광장 등이 여느 수도와 사뭇 다른 분위기를 연출한다. 물론 과거에 수도였던 터라 눈에 띄는 세련된 거리와 카페, 레스토랑, 호텔 등이 전혀 없는 것은 아니다. 그렇더라도 대체적으로 본의 분위기는 중세풍의 우아함을 그대로 간직하고 있다.

로마 시대 때 '카스트라보넨지아 Castra Bonnensia'라는 이름으로 명명되었던 본은 16세기 이후 쾰른 대주교 겸 선제후의 궁정 도시로 성장했다. 궁을 둘러싼 귀족들의 집들이 하나둘 늘어나면서 본은 부유하고 교양 넘치는 도시로 변모했다. 많은 귀족과 부를 바탕으로 본이 성장함에 따라 자연스럽게 문화 예술이 화려하게 꽃을 피웠고, 베토벤과 같은 위대한 음악가를 배출하게 되었다. 베토벤이 태어날 당시만 해도 1만 명 정도의 인구였지만 지금은 30만 명이 훌쩍 넘는다.

여느 도시와는 달리 이런 역사적인 곳임에도 불구하고 본은 생각만큼 번잡스럽지 않다. 프랑크푸르트의 높은 현대식 빌딩이나 뮌헨의 높은 시청사처럼 도시를 상징할 만한 건축물도 없다. 굳이 본을 대표하는 건축물을 꼽으라면 본 대학이나 베토벤 하우스처럼 18세기에 지어진 바로크 양식의 중산층 집들이다. 어쩌면 본의 이런 소박한 이미지가 많은 사람들에게 사랑받는 진짜 이유이지도 모르겠다.

바로크 양식의 건물들이 어깨를 맞대고 있는 구시가지는 현지인과 관광객들로 항상 활기가 넘쳐난다. 오렌지 빛깔의 오후 햇살이 뮌스터 광장 가득 뒹굴고, 광장 중심에 세워진 베토벤 동상은 그 햇살을 받아 더욱 찬란하고 아름답게 빛난다. 그리고 늘어서 있는 노천카페에서 흘러나오 는 베토벤의 음악과 함께 본에서 의 여행을 시작한다.

이 도시에서 가장 먼저 찾게 되는 곳은 단연 베토벤 생가다. 보통 여행의 출발점이 중앙역이 나 시청사지만 본에서 만큼은 베 토벤이 태어난 집부터 시작한다. 대부분 본을 찾은 여행자들은 건 축물이나 박물관을 관람하기보

대성당 앞에 서 있는 베토벤 동상

다는 베토벤이 스물두 살까지 살았던 그의 집을 찾는다. 조금이라 도 그의 자취를 좇고자 하는 마음이리라.

위대한 음악가가 태어난 집과 그가 뛰어놀던 골목길, 부모님 손에 이끌려 다니던 교회, 산책을 즐기던 라인 강변, 오르간을 연 주하던 대성당, 친구들과 맥주를 마시며 음악에 대한 열정을 꽃피 우던 선술집 등 본에서 그와 관련한 유적지를 찾는 일은 그리 어 렵지 않다.

바로크 양식의 두터운 대문을 열고 들어가면 짙은 담쟁이넝쿨 사이로 여러 개의 베토벤 흉상이 여행자들을 맞이한다. 생가는 외 부에서 보면 다른 집과 별 차이 없어 보이지만 내부로 들어서면 작은 마당과 파릇한 담쟁이넝쿨이 정겨운 인사를 건넨다. 문을 열 면 바로 방으로 이어질 것 같지만 베토벤 하우스는 건물 안 한가

Part 5. 음악의 마법에 홀리다 255

1 베토벤 생가 전경
2, 3 생가 내외부에 있는 베토벤 동상들
4 베토벤 친필 악보

운데 마당과 정원이 놓여 있고 그 양쪽으로 건물 두 채가 들어서 있는 구조다.

 제2차 세계대전 이후 헐릴 위기에 놓인 집이었지만 본 시민 열두 명이 기금을 모아 이 생가를 구입해 베토벤 기념관으로 만들었다고 한다. 이런 우여곡절을 안고 있는 생가 내부에는 작은 정원과 여러 개의 베토벤 흉상이 있어서 사람들의 시선을 끈다. 얼핏 흉상들을 보면 베토벤의 모습과 똑같아 보이지만 자세히 들여다 보면 생김새가 모두 다르다. 흉상의 모델은 베토벤이 분명한 듯한데, 조각가가 달라서인지 흉상의 얼굴 모습이 제각각이다. 하지만 바람결에 날리는 물결 모양의 머리카락만큼은 한결같아서, 그것만으로도 베토벤임을 한눈에 알 수 있다. 마당에 서 있는 흉상을 감상하고 나면 본격적으로 그의 음악 세계로 빠져들게 된다.

내부로 들어서면 베토벤과 관련한 다양한 유품들이 여행자의 시선을 잡아끌기 시작한다. 3층 건물의 열두 개 방에는 세계에 흩어져 있던 150여 점의 유품들이 전시되어 있다. 베토벤의 초상화, 그가 쓰던 악기, 친필 악보 등 베토벤의 향기를 느낄 수 있는 것들이 셀 수 없이 많다.

그중에서도 눈에 띄는 것은 베토벤이 마지막으로 사용했던 그랜드피아노다. 나무의 질감과 색감이 그대로 살아 있는 피아노를 보는 순간 당장이라도 베토벤이 튀어나와 그 앞에 앉아 우리를 위해 멋진 연주를 해줄 것만 같다. 네 살밖에 안 된 어린 베토벤이 아버지에게 지도를 받으며 열심히 피아노를 배우는 모습도 떠오르고, 사춘기 시절 사랑하는 여자 친구를 위해 밤새 세레나데를 치던 베토벤의 모습도 스쳐간다. 한 대의 그랜드피아노가 전해주는 여운은 기대 이상의 큰 감동이다.

그런데 시도 때도 없이 울려대는 베토벤의 이 피아노 소리에 이웃 사람들은 실제로 눈살을 찌푸렸다고 한다. 아무리 아름다운 선율이라도 하루 종일 밤낮 없이 들어야 한다면 항상 감동적일 수만은 없을 것이다. 베토벤은 짧은 생애 동안 수없이 이사를 다녔던 것으로도 유명하다. 베토벤이 오스트리아 빈에 머물 때만도 30~40번 이사를 했을 만큼 그의 피아노 소리가 이웃들에게는 곤혹이었다고 한다.

이런 저런 생각에 휩싸여 베토벤 생가 꼭대기 층에 오르면 또 다른 감동이 기다리고 있다. 이 건물 맨 위에 자리하고 있는 다락방이 바로 그곳인데, 여기가 바로 1770년 12월 17일에 베토벤이 태어난 곳이다. 그런데 흥미로운 사실은 베토벤 자신도 그의 출생년도를 잘못 알고 있었다는 것이다. 베토벤의 아버지는 그를 모차르트처럼 음악 신동으로 만들기 위해 가급적 나이를 줄여서 말했다고 한다. 베토벤 자신도 마흔이 되어서야 자신의 나이가 원래보다 적다는 것을 알게 되었다고 한다.

생가 여행의 또 다른 즐거움은 바로 천재가 태어난 그 장소에 서보는 것이다. 별것 아닌 것 같지만 막상 서보면 그 느낌은 상상 이상이다. 눈을 감는 순간부터 다락방에는 베토벤의 울음소리로 가득하고 이어 마음속에 그의 음악 선율들이 가득 차오른다. 두 평 남짓한 이 작은 다락방에서 태어난 인물이 전 세계를 뒤흔들 줄이야.

그는 태어날 때부터 운명적으로 음악가가 될 수밖에 없었다. 할아버지와 아버지 모두 음악가이다 보니 베토벤은 자연스럽게 음악을 접할 수밖에 없었다. 그는 어릴 적부터 타고난 재능을 유감없이 발휘해 모차르트처럼 멋진 연주 솜씨를 뽐냈다고 한다.

베토벤은 네 살부터 아버지로부터 혹독한 음악 훈련을 받았고,

아홉 살인 1778년 3월 26일 처음 공개 연주회를 가졌다. 모차르트, 쇼팽, 리스트 등이 어린나이에도 불구하고 대중 앞에 서서 천재적인 음악적 재능을 선보였듯이 소년 베토벤도 마찬가지였다. 베토벤의 이런 재능은 모차르트 아버지가 궁정 악단에서 일했던 것처럼 그의 할아버지와 아버지가 음악적으로 타고난 사람들이었기 때문에 가능했다. 플랑드르 집안 출신인 그의 할아버지는 독일 쾰른 대주교 선제후의 궁정 합창단에서 음악감독을 지냈고, 아버지 역시 선제후 합창단의 테너로 활동했다. 그의 음악적 재능은 여지없이 드러나 열두 살에 궁정 예배당 오르간 연주 보조를 맡을 정도였다고 한다.

어느덧 세월은 흘러 1787년 그의 나이 열여덟이 되던 해 대주교 막시밀리안 프란츠Maximilian Franz의 후원을 받아 그는 오스트리아 빈으로 떠났다. 빈에서 어머니가 죽자 그는 다시 본으로 돌아왔다. 이때 베토벤은 모차르트와 처음으로 만났다. 청년 베토벤이 본에서 작곡한 음악을 연주하자, 음악의 신동 모차르트는 청년 베토벤에게 "장차 훌륭한 음악가가 될 것이라"고 극찬했다. 혹자들은 이때 베토벤이 모차르트의 제자가 되었다고도 말하지만 확실한 근거는 없다.

1787년은 모차르트가 프라하에서 자신의 오페라 〈돈 조반니 Don Giovanni〉를 발표한 해이기도 하다. 돈 조반니를 들은 베토벤은 자신이 작곡한 것처럼 마냥 즐겁고 흥분된다고 말하며 "저는 모차르트의 모국 오스트리아 사람들보다 훨씬 더 그를 존경합니다"

라는 말을 남기기도 했다. 하지만 훗날 나이가 든 베토벤은 〈돈 조반니〉에 대해 "이 곡은 매우 이탈리아적이다. 신성한 예술을 평가 절하하는 일은 결코 없어야 한다"고 말하며 젊은 날에 했던 자신의 주장을 번복했다.

베토벤은 이렇게 모차르트와의 짧은 인연을 뒤로하고 다시 알코올 중독자로 살아가는 아버지의 집으로 돌아왔다. 그는 고향에서 요제프 폰 브로이닝 Joseph von Breuning 의 자녀들을 가르치며 조용하게 음악인으로 살아갔다. 뮤즈의 신이 끊임없이 그를 자극했지만 베토벤은 좀처럼 기회를 잡지 못했다.

그러던 어느 날 그에게 운명 같은 사람이 나타났다. 그의 나이 스물한 살이던 1790년, 런던 여행길에서 우연히 베토벤이 작곡한 악보를 본 하이든이 그를 자신의 제자로 삼겠다고 제안한 것이다. 뮤즈가 그에게 음악인으로서 살아가도록 길을 열어준 것이다. 청년 베토벤은 망설임 없이 자신의 고향 본을 등지고 음악의 도시 빈으로 영원한 음악 여행을 떠났다. 베토벤은 모차르트와 함께 21세기에도 여전히 세계인들이 가장 좋아하는 음악가로 남는다.

잔잔한 그의 음악을 따라 이제는 그가 세례를 받았던 성당으로 발걸음을 옮긴다. 본 거리 20번지, 생가에서 브르데르 거리로 5분만 이동하면 베토벤이 열 살부터 오르간을 연주했던 성 레미기우스 성당이 나온다. 지금은 세월에 의해 많이 낡았지만 이곳에서 베토벤이 고사리 손으로 멋진 연주를 했다고 한다.

성당은 본에 있는 고딕 양식 건축물 중 유일하게 남아 있는 곳

라인 강변

이다. 과거 이곳은 미노리텐 수도원이었고, 1276년에 건축을 시작해 14세기 말엽에 완성되었다. 베토벤은 매일 아침 성당에서 연주를 했고, 예배가 없는 시간에도 이곳에서 오르간 연습을 하거나 놀이터처럼 편안하게 시간을 보냈다.

지금 현존하는 오르간은 베토벤이 사용하던 것은 아니다. 불행히도 그가 사용하던 것은 제2차 세계대전 당시 파괴되었다. 성당 좌측 회랑에는 성수를 담아놓은 세례반이 있는데, 베토벤이 태어나자마자 이 세례반의 성수로 세례를 받았다고 한다. 레미기우스 성당은 베토벤의 출생에서부터 유소년 시절까지 그의 일생에서 아주 중요한 부분을 차지한다.

레미기우스 성당 이외에도 본에는 베토벤과 관련한 유적지들이 몇 군데 더 남아 있다. 본 거리 20번지에서 태어난 베토벤은 5년 뒤 가족과 함께 라이 거리 24번지로 이사했다. 라인 강변에 위치한 이 집은 제빵업자 고트프리드 피셔의 소유지로 베토벤 가족이 세 들어 살던 곳이다. 여기서 베토벤의 동생 니콜라우스 요한이 태어났다.

24번지에서 30미터 정도 걸으면 본의 젖줄이자 독일의 기적을 만든 라인 강이 나온다. 이 강변은 베토벤이 무척이나 좋아했던 곳이다. 그는 평생 이곳에서 산책을 즐겼다. 오스트리아 빈에도 베토벤의 산책로가 있을 만큼, 그는 시간이 날 때마다 라인 강변을 찾아 악상을 생각했다. 잠시도 쉬지 않고 흐르는 강물처럼 그의 머릿속에는 언제나 음악이 흘렀다.

바람이 심하게 불면 베토벤의 음악처럼 물결이 춤을 추며 흘러간다. 잠시나마 베토벤처럼 강변 벤치에 앉아 무심히 흐르는 강물을 바라보고 느린 걸음으로 산책을 하며 그가 느꼈던 감성들을 되짚어보는 것도 여행의 또 다른 추억이 될 것이다.

강변의 날카로운 바람을 등지고 다시 구시가지 중심으로 나오면 청년 베토벤이 본의 축제나 행사가 있을 때마다 오르간을 쳤던 본 대성당이 눈에 들어온다. 이곳은 본에서 가장 큰 건물이자 가장 오래된 역사를 가진 성당이다.

본 대성당은 라인란트Rheinland 지역에서 아주 특별한 건축물로 꼽힌다. 대성당은 로마 시대 후기에 초석이 놓인 뒤 기독교의 부흥을 지켜본 산증인이기도 하다. 3세기 때 로마 시대 공동묘지 한

편에 설치한 사망자 위령소가 이 대성당의 기원이다. 위령소가 예배 장소로 바뀌면서 점차 성당의 형태로 변했고 그것을 바탕으로 1153년 로마 시대 건축 양식을 전승한 성당이 세워졌다. 이처럼 본의 역사와 함께한 산증인인 대성당은 본에서 가장 높은 건물이다. 베토벤은 이 대성당 내부에 있는 오르간을 연주하며 본의 축제를 더욱 즐겁게 만들었다고 한다.

스물두 살의 젊은 베토벤은 대성당의 연주를 끝으로 오스트리아 빈으로 유학을 떠났다. 그를 아끼고 사랑하던 많은 사람들은 그를 위해 선술집에서 융성하게 송별회를 열어주었다. 본에서 가장 문화적 열정이 가득했던 이 선술집의 여주인 안나 마리아 코흐는 문학과 음악을 무척이나 좋아해서 베토벤이 떠나는 날 몹시 슬퍼하며 청년 베토벤을 위해 많은 사람들을 초대해 큰 잔치를 열었다고 한다.

이날 빈의 귀족 출신이자 음악 애호가였던 페르디난트 폰 발트슈타인 백작도 참가해 베토벤에게 "당신은 지칠 줄 모르는 열정으로 하이든의 기교에서 흘러나오는 모차르트의 영혼을 얻을 수 있을 것입니다"라는 멋진 덕담을 남겼다. 그때 당시 백작이 썼던 훌륭한 글은 베토벤 생가에 그대로 전시되어 있다.

스물두 살의 젊은 나이에 고향을 등지고 머나먼 타국으로 유학을 간 베토벤은 평생 고향을 그리워했다. 그가 태어나자마자 세례를 받고 오르간을 쳤던 성 레미기우스 성당, 뚱뚱한 빵집 주인 피셔, 축제 때마다 멋진 연주를 했던 대성당, 로페르츠 사립학교를 다닐 때 좋아했던 여학생 등은 그의 음악 속에 고스란히 녹아들었다.

아마 본을 여행하고 나면 베토벤의 음악을 들을 때마다 그가 활동했던 모든 장소가 새로운 의미로 기억될 것이다. 우리가 영원히 그의 음악을 기억하듯이 베토벤의 삶과 사랑 그리고 열정은 오늘도 변함없이 라인 강처럼 본의 곳곳을 휘감는다.

베토벤이 없는 라인 강변에서 나는 그가 남긴 불멸의 편지를 다시 한 번 읽는다. 우리나라에 출간된《베토벤, 불멸의 편지》를 읽다보면, 베토벤은 어린나이에도 불구하고 음악에 대한 자신의 신념이나 재능을 알고 있었던 것 같다. 1783년 소년 베토벤이 쾰른의 선제후 막시밀리안 프리드리히에게 자신이 작곡한 〈선제후 소나타 3Piano Sonatas, WoO 47〉를 헌정하면서 선제후에게 다음과 같은 편지를 보냈다.

> 저는 일찍이 네 살 때부터 음악에 매료되었습니다. 이처럼 빨리 제 마음을 아름다운 하모니로 가득 채워주신 뮤즈를 저는 진심으로 사모하고 있으며, 여신 또한 저를 아껴주시는 듯합니다. 뮤즈는 예전부터 '네 마음속의 하모니를 적어라' 하고 제 귀에 속삭입니다. 그러나 이제 겨우 열한 살인 제가 작곡가인 척하면 다른 음악가들이 뭐라고 할까 생각하며 용기를 잃었습니다. 그러나 뮤즈가 계속해서 저를 재촉하는지라, 이에 복종해 감히 작곡을 하게 되었습니다. 저의 첫 작품을 옥좌의 발밑에 바침을 허락해주소서.

열한 살 난 어린이의 편지에는 음악에 대한 열정과 진정성이 고스란히 담겨 있어서 정신적으로 꽤나 성숙한 느낌이 든다. 자신의 나이를 정확하게 몰랐던 베토벤은 원래 열세 살이었지만 편지에서는 만으로 열한 살이라고 쓰고 있다. 이 글귀에서 가장 마음에 와 닿는 것은 "제 마음을 아름다운 하모니로 가득 채워주신 뮤즈를 저는 진심으로 사모하고 있다"라는 표현이다.

서른 살이 채 되기도 전에 귀가 먼 베토벤이 절망하지 않고 멋진 곡을 만들어낼 수 있었던 것도 그의 영혼에 음악적 영감을 불어넣어준 뮤즈 때문이리라. 어쩌면 어린 나이에 만난 뮤즈가 아니었다면 베토벤의 천재성은 무르익지 못했을지도 모른다. 베토벤 전기 학자들은 불멸의 연인이 누구인지를 밝히기 위해 지금도 그와 관련한 자료들을 쌓아놓고 연구를 거듭하고 있을 것이다.

베토벤의 불멸의 연인은 과연 누구일까. 그가 음악에 대해 절망하고 고뇌할 때마다 손을 내밀어주고 메마른 영혼에 영감을 불어넣은 뮤즈야 말로 베토벤의 진정한 연인이 아니었을까 생각해본다. 그래서 이름과 주소도 적지 않은 편지를 자신의 서랍 깊숙이 감춰두었던 것은 아닐까.

폴란드 바르샤바
Poland Warszawa

한여름 밤의
즉흥환상곡
프리데리크 프랑수아 쇼팽

한여름 밤 젤라조바 볼라 공원에 아름다운 피아노 선율이 흐른다. 피아니스트의 손끝에서 연주되는 〈즉흥환상곡 Fantaisie Impromptu〉은 화려하기 그지없다. 영롱한 피아노 선율 앞에서 동유럽의 우울한 풍경은 한 장의 엽서가 된다.

'동토의 왕국' 폴란드. 그곳엔 쇼팽 Fryderyk Franciszek Chopin이 있어서 더욱 낭만적이고 아름답다. 손끝의 움직임에 따라 울려 퍼지는 다양한 높낮이의 화음이 달콤하다. 쇼팽의 선율은 따뜻한 햇볕을 받으며 담벼락에 매달린 담쟁이넝쿨처럼 가련하고도 애달프다.

'피아노의 시인', '피아노의 신', '피아노의 신사' 등 피아노에 관해서 오늘날에도 최고의 찬사와 존경을 받고 있는 쇼팽. 마흔 살에 요절한 그의 인생은 한 편의 드라마였다. 왜 신은 그를 그토록 일찍 데려갔을까? 그가 떠난 자리에는 주옥같은 음악이 남아 사람들의 마음을 뒤흔든다.

지난 2010년 쇼팽 탄생 200주년을 기념하는 음악회가 폴란드와 프랑스를 중심으로 유럽 도처에서 열렸다. 2006년 모차르트 탄생 250주년 때와 마찬가지로 우리나라에서도 쇼팽을 추모하고 그의 탄생을 축하하는 연주회가 서울을 비롯해 여러 지방에서 공연되었다. 쇼팽이 남긴 삶의 궤적과 음악적 자취는 21세기를 살아가는 우리들에게 여전히 기쁨과 행복을 안겨준다.

10여 년 전, 쇼팽이 태어난 3월에 바르샤바Warszawa를 찾은 적이 있다. 동토의 왕국답게 비행기의 문이 열리자마자 차고 날카로운 바람이 매섭게 옷깃을 파고들었다.

공항에서 시내로 들어가기 위해 전차와 버스를 탔다. 우연히 현지인의 가방과 내손이 스쳤는데, 순간 가방을 가슴으로 껴안으며 다른 자리로 옮겨버리는 그의 모습에 몹시 당황했었다. 다소 경직된 사회 분위기 때문인지 외지인들을 대하는 그들의 모습은 낯설고 무뚝뚝하게 느껴졌고, 경계의 눈초리가 확연한 그 눈빛은 오랫동안 기억에 남았다.

하지만 폴란드 민박집에서 며칠을 지내는 동안 그건 순전히 나의 선입견이었다는 사실을 깨달았다. 시간이 흐를수록 나는 그들과 친해졌고, 가족들과 따뜻한 정을 나누는 그들의 모습에서 한민족의 정서와 꽤나 닮아 있다는 생각마저 했다. 과거 대우자동차의 유럽 현지 공장이 바르샤바에 있었기 때문인지 그들은 한국 사람에 대해 아주 잘 알고 있었고, 대우자동차를 통해 경제 발전을 이룬 측면을 긍정적으로 평가하고 있었다.

사실 폴란드의 역사를 살펴보면 우리나라와 비슷한 점이 꽤 많다. 국토 크기는 한반도의 1.4배로 동유럽 국가 중 제일 크고, 인구는 우리와 비슷한 5000만 명 정도다. 단일 민족에 단일어를 사용하고 있다는 점, 외세의 침략을 자주 받았다는 점, 타민족에 의해 국토를 점령당했었다는 점 등이 우리와 많이 닮아 있다.

폴란드는 10세기 후반에 세워져 15~16세기 야기에우워 왕조 때 전성기를 맞았다. 하지만 1795년 러시아, 오스트리아, 프로이센에 의해 국토가 분할된 뒤 1918년 독립국가로 재기할 때까지 지도상에서 사라지는 불행을 겪기도 했다. 또한 제2차 세계대전이 일어나기 직전까지 독일과 러시아에 의해 동서로 분할되는 등 폴란드인들은 타민족의 끝없는 침략으로 어두운 역사의 상처를 안고 살아왔다.

제2차 세계대전으로 도시 전체가 파괴된 뒤 1988년 바르샤바 시민들과 재외동포의 도움으로 도시 재건에 성공했고, 구소련이 붕괴되자 1989년 2월 민주화와 자유화 물결이 일어나 민주주의 시장 경제 사회로 거듭났다. 그러면서 오늘날에 이르러 경제 발전과 함께 폴란드 공화국 재건에 박차를 가하고 있다.

바르샤바에 도착하면 제일 먼저 눈에 들어오는 것이 문화과학궁전이다. 시내 어디에서든 볼 수 있는 이 건물은 높이 234미터로 도시의 이정표 역할을 한다. 이는 스탈린이 폴란드를 위해 지은 사회주의 시대의 대표적 건물로 러시아 건축 양식으로 지어졌다. 이 건물에 대해 러시아 사람들은 '스탈린이 보내준 선물'이라고 하지만, 정작 폴란드인들은 '러시아 무덤'이라며 그다지 좋아하지 않는다. 폴란드인들은 이 문화과학궁전에 사는 사람들이 바르샤바에서 가장 행복한 사람이라고 말한다. 왜냐하면 건물 속에 있어서 이 건물을 보지 않아도 되기 때문이란다.

문화과학궁전 주변에는 중앙역을 비롯해 세련된 건물과 많은 음식점, 카페 등이 모여 있다. 특히 신세계 거리에는 관광객들을 위한 기념품점과 옷가게, 레스토랑 등 다양한 편의시설이 있어서 폴란드를 찾는 관광객은 반드시 이곳을 들른다.

신세계 거리를 구경했다면 성 십자 교회, 바르샤바 대학, 코페르니쿠스 동상이 있는 과학아카데미 본부와 현재 대통령이 집무하는 대통령궁 등이 있는 크라쿠프 교외 거리로 걸음을 옮긴다.

이곳에서부터는 어두운 바르샤바의 역사와 현재의 모습을 동시에 볼 수 있다. 크라쿠프 교외 거리가 끝나는 곳에는 바르샤바를 상징하는 옛 왕궁과 복원된 구시가지 광장이 펼쳐져 있다. 왕궁을 지나 작은 골목길에 들어서면 바로크 양식, 고딕 양식으로 지어진 집들과 직사각형의 광장이 있고, 그 광장의 한가운데에는 둥근 모양의 테두리를 한 분수가 잔잔하게 물을 흘려보내고 있다.

테두리 안에는 한 손에 칼과 한 손에 방패를 든 인어상이 눈보라를 맞으며 하늘을 향해 못다 한 절규를 몸짓으로 표현하고 있다.

쇼팽의 음악이 울려 퍼지는 구시가지 광장 중심에 서 있는 인어상에는 수도 바르샤바의 어원과 관련한 전설이 있다. 아주 옛날 비스와 강 근처에는 갈대숲이 우거져 많은 물고기들이 살았다고 한다. 물고기를 잡아 생계를 이어가던 '바르Wars'라는 젊은 어부가 어느 날 아름다운 인어를 잡게 된다. '사바Sawa'라는 이름의 인어는 바르의 마음을 한순간에 사로잡을 만큼 미모가 뛰어났다. 결국 둘은 부부의 연을 맺고 자식을 낳아 살아갔다. 그러나 끝내 사바는 자신의 고향인 물속으로 떠나고, 그녀가 떠난 빈자리는 바르와 그의 자식들이 흘린 눈물로 가득 채워졌다.

우리나라의 '선녀와 나무꾼'과도 흡사한 이 전설이 바로 바르샤바라는 지명의 유래다. 그래서 바르샤바에서는 버스나 전차 그리고 고풍스런 건물 등에서 인어상을 자주 발견할 수 있다.

14세기 때부터 만들어졌다는 인어상은 바르샤바의 대표적인 이미지가 되었고, 지금은 그들의 정체성을 나타내는 상징물이기도 하다. 칼과 방패를 든 인어상은 고단한 폴란드의 역사를 그대로 보여주는 것만 같다. 매서운 바람을 가르는 칼과 압제에 굴하지 않는 방패의 정신에서 외부의 침략과 수탈에 저항하는 바르샤바인들의 강한 정신을 느낄 수 있다.

인어상을 등지고 다시 크라쿠프 교외 거리로 나오면 쇼팽의 자취를 느낄 수 있는 바르샤바 대학과 십자가를 짊어진 예수상이 있

1 로맨틱한 구시가지 광장
2 구시가지 야경과 인어 동상

1 쇼팽이 다닌 바르샤바 대학
2 쇼팽의 심장이 묻힌 성 십자 교회

는 성 십자 교회를 만난다. 바르샤바 대학은 청년 쇼팽이 음대를 다니면서 음악가로서의 꿈을 키웠던 곳이다. 신작로를 사이에 두고 마주한 성 십자 교회에는 그의 심장이 묻혀 있다. 오전의 붉은 태양은 쇼팽의 영혼이 숨 쉬는 교회를 비추고, 오후의 태양은 대학 캠퍼스를 비추며 그가 걸어온 삶의 자취를 따라가며 변함없는 동반자가 되어준다. 오후에 찾아간 캠퍼스 안은 겨울 햇살을 받아 무척이나 평온하고 아늑하다. 우리나라의 대학처럼 젊은이들의 패기가 넘쳐난다. 교정의 잔디와 벤치마다 쇼팽의 부드러운 선율이 스며 있는 것만 같아 더더욱 친근한 인상이다.

반면 쇼팽의 영혼이 잠들어 있는 성 십자 교회에 들어서면 경건한 마음이 들어 대학에서 느꼈던 분위기와는 사뭇 다르다. 마흔의 나이로 요절한 그의 삶을 생각하지 않을 수 없다. 교회에서 느끼는 쇼팽의 선율은 그 어떤 음악보다 슬프고 애절하다.

사실 쇼팽은 바르샤바에서 50킬로미터 정도 떨어진 젤라조바 볼라라는 곳에서 태어났다. 쇼팽의 어릴 적 꿈과 희망이 살아 숨 쉬는 그의 고향 젤라조바 볼라는 드넓은 평야와 포플러나무가 빼곡하게 들어서 있는 곳이다. 바르샤바에서 차로 1시간도 채 걸리지 않는 작은 마을에서 쇼팽은 1810년 2월 22일 아버지 니콜라스 쇼팽 Nicolas Chopin 과 어머니 유스티나 크지노프스카 Justine Krzyzanowska 사이에서 태어났다.

그의 아버지는 포도농장 집 아들로 프랑스대혁명 당시 사회적 불안을 피해 프랑스 로렌의 마렌발에서 폴란드로 이주했다. 그 뒤 스카벡 백작 집에서 프랑스어를 가르치는 가정교사로 일하다가 몰락한 폴란드 귀족 출신 가정부 유스티나와 결혼해 첫딸 루드비카, 둘째 쇼팽, 셋째 이사벨라, 넷째 에밀리아를 낳았다. 아버지를 제외한 가족이 모두 여자다 보니 쇼팽은 어릴 때부터 자연스레 내성적이면서도 섬세한 감수성을 싹틔웠다.

대로변에서 숲길로 조금 걸어가면 하얀색으로 칠해진 아담한 집 한 채가 나온다. 이곳이 바로 피아노의 시인 쇼팽이 태어난 생가다. 한겨울을 지나 봄의 서곡을 알리는 2월 말, 그의 생가를 둘러싼 담쟁이넝쿨이 새봄을 기다리며 앙상하게 벽에 매달려 있다. 물어물어 찾아온 그의 생가는 음악만큼이나 가슴시리고 서글프다. 거의 해질녘에 도착한 탓인지 붉은 석양빛이 하얀 벽에 드리워져 늦겨울의 정취가 애잔하게 다가온다.

그런데 이게 어찌된 일인가. 생가 관리인이 관람 시간이 다 되었다고 입장을 허락하지 않는 게 아닌가. 어떻게 찾아온 쇼팽의 생가인데! 다행히 나 이외의 관람객이 없어서 나는 용기를 내어 관리인에게 사정사정해 30분의 관람을 허락받았다.

젤라조바 볼라 공원 한가운데 자리한 쇼팽의 생가는 바르샤바로 이사하기 전까지 그가 어린 시절을 보냈던 곳이다. 쇼팽 일가족이 볼라를 떠난 뒤 생가는 농장의 마구간으로 사용되다가 19세기 말 쇼팽을 좋아하던 러시아 음악가에 의해 복원되었다. 그러다가 세계대전 때 파괴되었고 그것을 다시 복구해 지금의 박물관으로 탈바꿈했다고 한다.

애처롭고 고단한 나무들 사이로 붉은 태양의 흔적들이 조금씩 묻어나면 숲속 한가운데 자리한 하얀 쇼팽의 생가에는 아이스크림처럼 부드럽고 달콤한 선율이 울려 퍼진다. 창문 틈으로 새어나오는 피아노 소리를 따라 도둑고양이처럼 조심스럽게 문을 여는 순간 쇼팽의 영혼이 나의 가슴으로 슬며시 스며든다.

그의 때묻지 않은 고귀한 순수성을 상징하기라도 하듯 포근한 땅 위에 내려앉은 생가의 내부와 외부의 벽과 창문은 모두 순백색으로 장식되어 있다. 잔잔한 바람에 하얀 커튼이 흔들리고 투명한 유리창에 가끔씩 그의 초상화가 반사되면 온몸이 긴장감으로 가득 찬다. 생가 입구에는 1969년에 세워진 쇼팽의 동상이 있고, 해마다 녹음이 짙어지는 5월부터 9월까지 매주 일요일 오전에 쇼팽을 기념하는 작은 피아노 연주회가 열린다.

쇼팽의 아름다운 선율을 따라 내부로 들어가면 1층에 쇼팽과 그의 부모님의 초상화가 걸려 있다. 그리고 연주회 때 사용되는

쇼팽의 순수성을 상징하는 듯한 순백의 생가

검은색 피아노가 놓여 있다. 2층에는 쇼팽의 자화상과 가족사진, 악보, 악기 등이 전시되어 있다.

시간은 없고 볼 것은 많아 마음이 점점 더 조급해진다. 급할수록 돌아가라는 말처럼 나는 몇 차례의 심호흡으로 긴장된 마음을 가라앉히며 침착하게 생가를 둘러본다.

그중에서도 특히 눈에 띄는 것은 쇼팽이 어릴 적 사용했던 풍금과 벽에 걸린 그림 그리고 친필로 쓴 편지다. 연필로 그린 그림을 꼼꼼하게 살펴보니 섬세하고 여성적인 그의 감수성이 그대로 묻어난다. 학창 시절 쇼팽은 피아노를 잘 치는 것 이외에도 그림을 잘 그렸고, 남의 흉내도 잘 내어 친구들 사이에서 인기가 높았

1 쇼팽이 그린 그림
2, 3 쇼팽 생가의 내부

다고 한다. 문학과 역사를 좋아했지만 자연과학이나 어학에는 별다른 관심을 보이지 않던 쇼팽은 그 시간이 되면 노트에 그림을 그리며 시간을 보냈다고 한다.

방 안에는 화려하게 치장하거나 고급스런 가구들은 거의 찾아볼 수 없다. 대신 소박하고 서민적인 식탁과 의자 그리고 몇 개의 가구들이 쇼팽 가족의 검소함을 말해준다. 벽에는 그와 부모의 초상화가 나란히 걸려 있고, 중간중간에 쇼팽의 흔적들이 전시되어 있다.

다른 방으로 눈길을 돌리자 낮게 드리운 창문을 등에 지고 나이 어린 쇼팽이 낡은 오르간 앞에 앉아 보이치에흐 지브니Wojciech Zywny 선생으로부터 건반 위에 손가락 놓는 법을 배우고 있는 모습이 스쳐간다. 고사리 같은 손가락으로 만들어 내는 선율은 쇼팽이 어떻게 태어나고 자랐는지에 대한 호기심을 한층 북돋아 좀더 그의 세계로 달려가고 싶은 충동을 일으키게 한다.

쇼팽에게 처음으로 피아노 치는 법과 예술의 혼을 불어넣어 준 사람은 환갑의 나이를 훌쩍 넘긴 지브니 선생이었다. 술을 좋아하고 호탕한 성격의 소유자였던 지브니는 쇼팽에게 바흐와 모차르트의 음악적 지식을 가르치며, 자신이 이루지 못한 소망을 어린 천재를 통해 이루고 싶어 했다. 하나를 알려주면 열을 아는 쇼팽에게서 점점 천재성이 배어나고, 더 나아가 자신 앞에서 즉흥 연주를 선보이자 지브니는 자신의 수준을 넘어 새로운 악상을 창조해내는 쇼팽의 능력에 깊은 감동을 받았다고 한다. 어린 나이에도 불구하고 남다른 재능을 보이기 시작한 쇼팽의 천재성은 폴란드 상류 사회로 퍼져나가 명망 있는 귀족이나 정치가들의 집에 초대되는 영광을 얻게 된다.

특히 열다섯 살이 되던 해에 쇼팽은 러시아 황제 알렉산더 1세 앞에서 바르샤바를 대표하는 피아니스트로서 멋진 연주를 선보여 많은 사랑을 받기도 했다. 그 후 청년 쇼팽은 가까운 이웃나라 귀족들에게까지 초빙되어 연주 여행을 다녔고, 상류층 사람들과 자주 접촉하면서 자연스럽게 우아한 귀공자의 모습과 인품을 지닌 청년으로 성장했다.

사춘기를 벗어날 무렵 쇼팽은 자신의 음악적 완성도를 높일 수 있는 한 예술가의 연주를 듣게 되는데, 바로 파가니니 Niccolo

Paganini의 연주였다. 1829년 바르샤바에서 이태리 출신의 명 바이올린 연주자인 파가니니의 연주를 듣고 쇼팽은 깊은 감명과 예술적 충격을 받았다고 한다.

청년이 되면서 다소 나약하고 여렸던 쇼팽의 심성은 이성 문제에 적잖은 걸림돌이 되기도 했다. 쇼팽은 바르샤바 음악학교에 다닐 때 동갑내기 오페라 가수 콘스탄치아 글라드코프스카Konstancja Gladkowska를 만나 처음으로 사랑에 빠졌다. 하지만 쇼팽의 첫사랑은 한낱 짝사랑에 그치고 말았다. 콘스탄치아에게 말 한마디 제대로 붙여보지 못하고 그는 다락방에 처박혀 애를 태워야만 했다.

결국 소심했던 쇼팽은 그녀에게 자신의 감정을 제대로 표현하지도 못한 채 파리로 떠난 뒤 죽어서야 다시 바르샤바에 돌아왔다. 이루지 못한 그의 절절한 첫사랑은 그대로 음악 속에 녹아들었다. 콘스탄치아를 생각하며 비좁은 다락방에서 만든 〈피아노 협주곡 제1번 E단조Piano Concerto No. 1 in E minor〉와 초기 왈츠 곡에는 그의 애절한 사랑이 잘 드러나 있다.

쇼팽의 서글픈 사랑은 파리에서도 계속되었다. 콘스탄치아를 잊을 때쯤 쇼팽은 폴란드 출신이자 파리 사교계의 꽃으로 불리는 포트츠카 백작부인과 또다시 사랑에 빠졌다. 포트츠카 부인은 쇼팽보다 세 살 연상인데다가 결혼까지 한 유부녀였다. 그는 백작부인과 3년간 뜨거운 사랑을 나눈 뒤 다시 외톨이로 돌아왔다. 여성으로부터 받은 계속된 사랑의 상처는 그의 음악적 열정을 불태워 좋은 소품과 왈츠를 탄생하게 만들었다.

그러나 쇼팽이 가장 깊이 사랑한 여인은 프랑스 파리 출신의 소설가 조르주 상드George Sand다. 상드는 뒤드방 남작Baron Casimir Dudevant과 결혼한 두 아이의 엄마였지만 남편과 이혼하지 않고 집을 나와 파리에서 자유연애 사상과 진보적인 계몽주의자로서의 삶을 살았다.

어느 날 쇼팽의 절친한 친구이자 라이벌인 프란츠 리스트가 쇼팽을 파티에 초대했다. 리스트와 사귀고 있던 다구 백작부인이 파티를 열었는데 여기에 상드도 함께 초대받았다. 이날 파티에서 쇼팽은 리스트에게서 상드를 소개받았다. 쇼팽의 가냘픈 마음과 나약한 성격은 상드의 모성 본능을 자극했고 둘은 운명처럼 사랑에 빠졌지만, 쇼팽은 남성처럼 거친 성격을 가지고 있고 담배를 즐기는 상드를 처음부터 좋아하지는 않았다고 한다.

그럼에도 불구하고 쇼팽은 10년이라는 시간을 그녀와 함께 보냈는데, 마흔 살이 되기 전에 요절한 쇼팽의 나이로 볼 때 10년이라는 세월은 결코 짧은 시간이 아니다. 인생의 4분의 1을 함께 했으니 말이다. 쇼팽이 상드와 함께 보내며 음악적 전성기를 맞이했다는 사실은 그녀와의 사랑이 그의 인생에서 얼마나 중요한 부분을 차지했는지를 말해준다.

상드는 어머니의 품처럼 쇼팽에게 든든한 삶의 울타리가 되어주었다. 폐병으로 지친 그의 삶이 스러져 갈 때도 그녀는 변함없이 헌신적인 사랑을 쏟아 부었다. 쇼팽의 병세가 극도로 악화되자 두 사람은 상드의 별장이 있는 프랑스 노앙Nohant으로 이사를 갔다. 노앙에서 그들이 보낸 날들은 영화처럼 아름다운 시간이었다.

스페인의 마요르카 섬에서 보낼 때보다 건강 상태가 좋아지자 쇼팽은 다시 작곡에 전념했고, 상드는 쇼팽의 피아노 소리를 벗삼아 글을 썼다. 상드와의 사랑으로 쇼팽의 음악 세계는 한 단계 더 성숙해 〈폴로네이즈 Polonaise〉〈발라드 Ballade〉〈녹턴 Nocturne〉과 같은 훌륭한 작품을 탄생시켰다.

사실 쇼팽과 상드의 사랑을 두고 많은 사람들이 보통 남녀가 나누는 일반적인 사랑이 아니라고 말한다. 상드는 쇼팽을 어린아이처럼 여겨 어머니와 같은 사랑을 베풀었고, 쇼팽은 격정적이고 다혈질적이며 정서가 불안한 상드에게 자신만이 가지고 있는 여유와 차분함으로 그녀를 안정시켜주곤 했다고 한다. 훗날 어떤 이들은 상드가 쇼팽을 정성스럽게 간호했다고 평가하면서도 그녀의 거친 성격이 쇼팽의 마음과 영혼에 상처를 주어 내성적이고 소심한 그의 병을 더 악화시켰다고 주장하기도 한다.

정작 쇼팽과 10년을 같이 산 상드는 "쇼팽이 평생 동안 진정으로 사랑한 여자는 그의 어머니뿐이다"라고 말했다. 이 말을 통해서 그들의 사랑을 간접적으로 짐작할 뿐이나. 누 사람이 어떤 방식으로 사랑을 나누었든 쇼팽이 상드를 만나 그의 음악적 전성기를 누렸다는 것은 그 누구도 부인할 수 없는 사실이다. 상드와 있는 동안 쇼팽의 건강이 많이 악화된 것은 사실이지만, 쇼팽의 음악은 이때 전성기를 맞이했다.

모차르트가 죽기 3~4년 전에 자신을 대표하는 최고의 음악을 만든 것처럼, 쇼팽도 비슷한 삶의 여정을 헤쳐나간 셈이다. 사람들에게 더없이 많은 사랑을 받는 천재들을 시샘한 신이 그들에게 비극적인 형벌을 내린 것은 아닐까 하는 어린애 같은 생각도 해본다. 아니면 아름다운 선율을 가까이에서 감상하고 싶어서 데려간 것은 아닐는지.

이유야 어찌되었든 쇼팽은 상드와 헤어진 뒤 몸은 더욱 쇠약해졌고, 경제적으로도 몹시 힘들었다. 병들고 가난한 이 음악가는 1848년 39세의 나이로 영국과 스코틀랜드로 연주 여행을 떠났다. 그곳의 짙은 안개와 궂은 날씨로 쇼팽의 건강 상태는 더욱 악화되었고, 이듬해인 1849년 다시 파리로 돌아온 그는 어느 가을날 영영 돌아올 수 없는 먼 곳으로 여행을 떠났다. 웅장하게 공중으로 울려 퍼졌다가 이내 사라지고 마는 선율처럼 짧은 생을 살다 간 쇼팽. 그의 생가를 둘러보다 애틋하기만 한 그의 삶이 자꾸만 떠올라 가슴 한쪽이 시려온다.

쇼팽의 소박한 영혼이 자라난 생가를 등지고 발걸음은 그의 심장이 영원히 살아 숨 쉬는 성 십자 교회로 향한다. 그의 젊은 시절의 풋풋함이 스민 바르샤바 대학을 길 하나에 두고 서 있는 성 십자 교회가 바로 쇼팽의 영원한 안식처다.

스무 살의 나이에 조국 폴란드를 등지고 아버지의 나라 프랑스로 간 쇼팽은 죽어서야 비로소 자신이 태어난 고향 하늘 아래로 돌아와 묻혔다. 그가 프랑스에서 삶을 마감하자 폴란드인들은 그의 유해를 조국으로 가져오려 했지만 그 뜻이 쉽게 이뤄지지 않았고, 장례식도 한동안 연기되었다.

    쇼팽이 공식적으로 사망한 날짜는 1849년 10월 17일이다. 하지만 쇼팽의 장례식은 2주가 지난 10월 30일 성 마들렌 교회에서 거행되었다. 이렇게 장례식이 늦어진 이유는 쇼팽이 자신을 묻을 때 모차르트의 레퀴엠을 연주해달고 요청한 데서 비롯했다.

    당시 성 마들렌 교회는 합창단원으로 여성 성악가를 허용하지 않았기 때문에 장례식이 한동안 연기될 수밖에 없었다고 한다. 결국 교회 측에서 쇼팽의 소원을 감안해 여성 성악가의 노래를 부르게 함으로써 무사히 장례식을 치를 수 있었다. 그의 시신은 파리 페르 라셰즈 공동묘지에 묻혔으며, 그의 심장은 그의 여동생이 바르샤바 성 십자 교회에 묻었다. 쇼팽은 죽어서도 두 개의 조국인 폴란드와 프랑스에 각각 묻히게 된 것이다.

    성 십자 교회의 본당 중앙 왼쪽 돌기둥 아래에는 쇼팽의 심장이 묻혀 있다. 이 기둥에는 쇼팽의 영혼이 잠들어 있다는 비명이 새겨져 있고, 그를 아끼는 바르샤바 시민들의 꽃 행렬이 매일매일 이어진다.

    여섯 살 때부터 피아노를 배우고 여덟 살에 공연을 펼쳤던 천재 음악가 쇼팽. 그는 일생동안 200여 곡에 이르는 피아노곡을 작곡하는 데 모든 열정을 쏟아 부었다. 즉흥곡, 녹턴, 마주르카, 왈츠 등 다양한 형식에 도전했던 쇼팽에게는 '피아노의 신'이라는 말이 부족할 정도다. 글을 읽고 쓰기도 전에 쇼팽은 어머니의 피아노 연주를 듣고 눈물을 흘릴 정도로 감수성이 예민했다고 한다.

쇼팽의 고귀한 음악과 닮은 바르샤바, 시민들이 사랑하는 와젠키 공원

그런 감수성이 바로 쇼팽 음악의 원천이었던 것은 아닐까 싶다.
비록 그의 몸은 묻혔지만 그의 아름다운 음악은 바람처럼 구름처럼 자유롭게 흩날리며 오늘도 우리의 가슴을 어루만진다.

오스트리아 잘츠부르크
Austria Salzburg

열정과 환희로
세상을 점령한
볼프강 아마데우스 모차르트

하늘에서 주먹만 한 함박눈이 피아노 선율을 타고 소금의 도시 잘츠부르크 Salzburg에 내려앉는다. 새하얀 눈을 볼 때면 사람들의 마음은 아름다운 음악을 들을 때처럼 흥분하기도 하고 때로는 감상에 젖기도 한다.

　더군다나 천재 음악가 모차르트 Wolfgang Amadeus Mozart 의 고향인 잘츠부르크에서 그의 음악을 들으며 온몸으로 눈송이를 맞는 그 감격의 순간을 어찌 말로 다 표현할 수 있을까. 인구 16만 명의 작은 도시 잘츠부르크에는 모차르트의 예술에 대한 열정과 음악가로서의 환희가 거리 곳곳에 공기처럼 떠돈다.

'음악의 신동' '천재 작곡가' 등 늘 수많은 수식어가 따라붙는 모차르트. 세상에 그를 모르는 사람이 과연 몇이나 될까. 그가 죽은 지 200년이 지난 지금도 그의 음악은 우리의 일상에 늘 자리하고 있다. 하루 수백만 명이 이용하는 지하철 환승역에서는 〈kv525 세레나데 3악장〉이 울려 퍼지고, 종착역에서는 〈피아노 소나타 11번_Piano Sonata No.11_〉이 이별을 고한다.

소설가이자 편집자인 필리프 솔레르_Philippe Sollers_는 자신의 책 《모차르트 평전_Mysterieux Mozart_》을 통해 "현대인은 누구나 할 것 없이 모차르트의 음악 속에서 살아간다"고 말한다. 실제로 우리의 일상을 차분하게 들여다보면 우리의 삶은 그의 말처럼 온통 모차르트의 음악에 포위당해 있다고 해도 과언이 아니다.

우리는 태어나기 전 엄마 뱃속에 있을 때부터 그의 음악 〈마술피리_Die Zauberflote k.620_〉를 듣는다. 성장하면서 〈아이네 클라이네 나흐트무지크_Serenade No.13 in G major 'Eine Kliene Nachtmusik' K.525_〉와 〈피아노 소나타〉를 듣고, 그러다 연인이 생기면 피가로의 결혼 K.494 중 〈사랑의 그리움 그대는 아는가〉를 들으며, 언젠가 마지막이 찾아오는 그 순간 〈레퀴엠_Requiem_〉의 선율을 듣는다. 태어나면서 죽을 때까지 우리는 그의 음악과 함께 생을 보낸다. 과연 누구도 따를 수 없는 천재 음악가임이 분명하다.

지난 2006년 모차르트가 태어나고 자란 잘츠부르크에서 그의 탄생 250주년 기념 음악회가 열렸다. 매서운 추위가 맹렬하게 기세를 부리는 1월에 태어난 모차르트. 그러나 그의 음악은 차가운

한 폭의 수채화 같은 잘츠부르크

　겨울바람마저도 잊게 할 만큼 따스하고 감미롭다. 세계 도처에서 그의 탄생을 축하하기 위해 모인 사람들로 잘츠부르크는 북새통을 이뤘다. 그의 인기가 어느 정도인지를 실감하는 순간이다. 어둠이 도시를 삼키자마자 모차르트의 음악이 밤하늘을 수놓는다. 사람들은 너나할 것 없이 한 천재의 탄생을 박수와 환호로 답례한다.

　드디어 모차르트 탄생 250주년 음악회가 시작되었다. 〈마술피리〉〈피아노 소나타와 협주곡〉〈피가로의 결혼〉 등을 들으며 성장해온 사람으로서 모차르트의 250주년 기념 음악회를 볼 수 있다는 것은 인생에 있어서 더없는 행운이리라. 2006년에는 잘츠부르크 이외에도 그가 생을 마감한 빈과 연주 여행 때 들렀던 유럽의 도시들, 유럽 반대편에 있는 호주의 시드니, 미국의 뉴욕 등지에서 그의 탄생을 축하하는 공연들이 많이 열렸다.

사실 내가 모차르트의 흔적을 더듬기 위해 제일 먼저 찾아간 곳은 그의 고향 잘츠부르크가 아닌 체코 프라하였다. 그 이유는 그의 주옥같은 수많은 작품 중에서 개인적으로 오페라 〈돈 조반니 *Don Giovanni*〉를 좋아하기 때문이다. 2막으로 구성된 이 오페라는 1787년 10월 29일 프라하에서 초연될 당시 자신이 직접 피아노를 쳤을 만큼 모차르트의 열정이 가득 담긴 작품이다.

〈돈 조반니〉의 초연으로 인연을 맺은 프라하는 마치 오스트리아에 온 것마냥 어디에서나 모차르트의 음악을 들을 수 있다. 음악뿐만 아니라 마리오네트 인형극으로도 그의 아름다운 선율을 감상할 수 있다.

프라하에서 시작된 모차르트에 대한 사랑은 자연스럽게 그의 조국 오스트리아로 이어졌고, 그의 음악적 감성과 열정이 묻어 있는 잘츠부르크는 마치 천재 음악가의 성지처럼 여겨져 유럽을 여행할 때마다 자주 방문하게 된다.

한 폭의 수채화나 동화 속에 등장할 것 같은 잘츠부르크는 도시 한가운데로 잘차흐 강이 가로지르고, 삼면의 숲으로 둘러싸인 도시는 체코의 프라하와 함께 '북쪽의 로마'라고 불릴 만큼 중세의 건축물들이 어깨를 나란히 하고 있는 세계문화유산이다. 우리에게는 〈사운드 오브 뮤직 *The Sound of Music*〉이라는 영화의 배경지로도 잘 알려져 있어서 도시 분위기를 말로 설명하지 않아도 대충 짐작할 수 있을 것이다.

잘차흐 강을 중심으로 수천 년간의 예술적 풍요로움이 도시 곳곳에 스며 있는 잘츠부르크는 가톨릭이라는 종교적 신앙심의 토대 위에 건설된 공국이다. 로마인에 의해 세워진 이 도시는 1816년 오스트리아로 병합되기 이전에는 독일과 오스트리아 두 나라 사이에 존재한 아주 작은 공국에 지나지 않았다. 8세기 이후 대주교와 추기경들이 종교뿐 아니라 정치의 수장 역할을 겸하면서 이 도시를 가톨릭 문화의 중심지로 발전시켰다.

그래서일까. 시내에는 가톨릭의 진한 향기가 곳곳에 배어 있고, 사람들에게서는 검소함과 친절함이 묻어난다. 모차르트가 세례를 받은 대성당에서는 시민들의 종교적 향기가 새어난다.

'소금의 산'이라는 뜻의 잘츠부르크는 유럽 전역에 소금을 공급하면서 막대한 부를 축적했고, 그것을 바탕으로 종교와 예술을 화려하게 꽃피웠다. 무엇보다도 잘츠부르크가 세계 역사의 중심지가 된 것은 모차르트라는 걸출한 천재 음악가를 배출했기 때문이다. 19세기 이후로는 소금의 도시라는 명성보다 음악의 도시라는 수식어가 이 도시의 이미지를 더 잘 말해준다.

실제로 도시를 여행하다 보면 모차르트의 얼굴이 새겨진 티셔츠와 컵, 열쇠고리, 라이터, 골프공, 맥주잔, 초콜릿 등 다양한 기념품들을 볼 수 있다. 경제 전문가들은 모차르트의 브랜드 가치를 돈으로 환산하면 대략 7조 원 정도라고 평가한다. 가난과 궁핍으

도시 전체를 조망할 수 있는 잘츠부르크 성

로 말년을 보낸 그의 삶과 무척이나 대조적인 평가다.

조상의 음덕으로 잘사는 구시가지에 발을 내디디면 여행자들은 마치 타임머신을 타고 중세 시대로 거슬러온 것 같은 느낌을 받는다. 도시는 그리 크지 않아서 걸어 다니기에 충분하며, 옹기종기 모여 있는 볼거리들이 여행자의 눈과 마음을 매혹시킨다. 잘차흐 강을 중심으로 북동쪽에는 꽃의 향연이 펼쳐지는 미라벨 정원이 있고, 강 건너편에는 대성당과 호헨잘츠부르크 성, 구시가지 등이 자리하고 있다.

그중에서도 구시가지의 중심은 모차르트 부자가 작곡가로 근무했던 호헨 성이다. 도시의 터줏대감처럼 늠름하게 버티고 있는

Part 5. 음악의 마법에 홀리다 289

1 잘츠부르크의 아름다운 가을
2 모차르트가 세례를 받은 대성당
3 모차르트의 영혼이 흐르는 구시가지

성 밑으로 중세의 멋스러움을 고스란히 간직한 골목길과 바로크, 고딕, 르네상스식의 독특한 건축물들이 즐비하게 들어서 있다.

언제나 여행의 시작은 그 도시에서 가장 높은 곳에서 천천히 마을로 내려오며 구경하는 것이 좋다. 그래서 대부분의 관광객들은 도시 전체를 조망할 수 있는 호헨 성으로 달려간다. 영화 〈사운드 오브 뮤직〉의 첫 장면을 장식한 호헨 성은 1077년 게브하르트 대주교가 독일의 공격을 대비해 만든 것으로 17세기에 완성되었다. 그리고 모차르트가 빈으로 떠나기 전 몇 년 동안 궁정 작곡가로 일할 당시 무료하고 지루한 시간을 보낸 곳이기도 하다.

그는 자신의 누나 난네를 Nannerl(본명 Maria Anna Walburga Ignatia Mozart) 에게 쓴 편지에서 "꼬마 볼프강은 작곡할 시간이 없어. 사실은 작곡할 게 아무것도 없거든. 벼룩과 씨름하는 개처럼 방안을 빙빙 돌고 있을 뿐이야"라고 말했다. 그가 이곳에서의 시간을 어떻게 보냈는지 간접적으로 느낄 수 있는 대목이다.

아버지의 강요로 성을 떠날 수 없었던 모차르트는 싫은 내색 없이 작곡을 하긴 했지만 뜨거운 열정 같은 건 없었던 것 같다. 군주의 명령에 따라 음악을 작곡하는 자신의 처지가 처량하게 느껴질 때마다 그는 마을을 내려다보며 자신의 꿈과 음악에 대한 상상의 나래를 펼쳤다. 이곳에 들어서면 이처럼 고민과 방황으로 한숨 짓는 가엾은 모차르트의 모습이 눈에 선하다.

성 위에서 내려다본 잘츠부르크의 풍경은 모차르트의 음악만큼이나 아름다워서 평생 잊지 못할 그림 같은 장면을 연출한다. 쉼 없이 도시를 가로지르는 잘차흐 강, 모차르트의 선율이 배어 있는 대성당, 봄부터 가을까지 황홀한 꽃향기를 풍기는 정원, 수천 년 동안 이곳 사람들의 역사적 숨결이 녹아 있는 구시가지 등 그야말로 잘츠부르크가 가진 모든 것을 성 위에서 감상할 수 있다. 성벽 한 귀퉁이에 앉아 눈을 감고 바람소리에 귀를 기울이면 마치 모차르트가 가만히 다가와 어깨에 손이라도 얹어줄 것 같은 환상에 빠진다.

고풍스런 성을 등지고 구시가지로 내려오면 닫혔던 작은 골목길이 새로운 길로 안내하고, 그 길이 닫힐 즈음이면 또 다른 길을 내놓으면서 사람들을 점점 더 중세 시대로 빠져들게 한다. 무엇보다 모차르트가 스물다섯 살까지 살았던 도시를 걸어보는 것은 몹시 흥분되는 일이다. 더욱이 구시가지에서 가장 번화한 게트라이데 거리에 들어서면 도시의 활기가 한껏 느껴진다. 카푸치노 한 잔과 모차르트의 음악을 잠시 누리는 여유와 낭만으로 여행의 즐거움은 배가 된다. 아마 모차르트도 이 거리에서 차를 마시며 사람들과 어울리며 세상의 모든 근심과 음악에 대한 열정을 쏟아냈으리라.

프랑스의 샹젤리제 거리만큼의 규모는 아니지만 게트라이데 거리는 카페, 레스토랑, 기념품점, 호텔 등 아기자기한 볼거리들이 옹기종기 모여 있어 여행자의 발길을 묶어두기에 안성맞춤이다. 소년 모차르트가 친구들과 삼삼오오 짝을 이뤄 즐거운 시간을 보냈던 이 거리에서 가장 눈에 띄는 것은 좁은 골목 사이로 보이는 예쁜 간판이다.

네온사인의 현대식 간판과는 달리 하나의 예술품으로 여겨질 만큼 정교하고 중후한 중세의 멋이 느껴진다. 옷수선 가게의 간판은 가위 모양, 주전자와 커피를 파는 가게의 간판은 주전자 모양, 시계를 파는 곳은 시계 모양, 모차르트와 관련한 상점은 모차르트의 초상화 등 간판만 봐도 그곳에서 무엇을 파는지 알 수 있게 한 것이 무척이나 이색적이다. 이런 모양으로 간판을 만든 이유는 과거에 글을 모르는 많은 사람들을 위해서였다고 한다.

예술작품과 같은 간판이 늘어선 게트라이데 거리

수백 개의 간판을 지나면 드디어 도시의 심장부인 게트라이데 거리 한복판에 서게 되는데, 그중에서 특히 노란색의 아름다운 건물이 눈에 들어온다. 게트라이데 9번지, 이곳이 바로 한 시대를 풍미하며 영화 속 주인공처럼 살다간 모차르트의 생가다. 어쩌면 잘츠부르크를 찾는 대부분의 여행자들은 게트라이데 거리의 중심이자 천재 음악가의 흔적이 남아 있는 이곳을 찾아 왔다고 해도 과언이 아닐 것이다. 그래서 그의 생가 앞에는 200여 년이 지난 지금도 수많은 사람들이 줄을 선다. 나 또한 몇 번이나 이 집을 방문하며 모차르트의 영혼과 조우하기 위해 애를 썼는지 모른다.

모차르트는 1756년 1월 27일, 12세기에 지어진 이 생가 건물 3

노란색으로
칠해진
모차르트 생가와
내부 전경

층에서 태어났다. 모차르트는 스물다섯 살까지 잘츠부르크에서 살았는데 그중 17년을 이곳에서 가족들과 함께 살았다. 1917년 국제 모차르테움Mozarteum 협회에서 이곳을 인수한 뒤 그의 생가는 모차르트 기념관으로 개조되어 1층에서 4층까지 모차르트와 그의 가족이 사용했던 바이올린과 피아노, 아버지와 주고받았던 편지, 침대 등의 유물을 전시하고 있다.

가장 눈길을 끄는 곳은 그가 태어난 3층과 오페라 〈마술피리〉

를 초연할 때 사용했던 소품을 모조로 만들어 전시한 2층이다. 그 외에도 중세 시대 중산층이었던 모차르트 가족이 사용했던 가구와 생활 도구들, 복도 중간에 수북하게 쌓인 여행 가방 등이 눈길을 끈다. 모차르트와 부모, 모차르트의 부인이었던 콘스탄체와 아들의 초상화 역시 인상적이다.

모차르트의 생가를 나와 그의 흔적을 조금 더 느끼고 싶다면 그가 세례를 받고 오르간 연주자로 있었던 대성당과, 1767년 열 살의 나이로 자신이 작곡한 〈오라토리아 $Oratoria$〉를 연주하고 열두 살에 자신의 첫 오페라를 공연한 레지덴츠, 1783년 〈C단조 미사곡 $Mass\ in\ C\ Minor$〉을 지휘한 성 페테 성당 그리고 열일곱 살에 생가를 떠나 1777년부터 빈으로 이주하기 전까지 살았던 모차르트 하우스 등을 찾아 볼 수 있다.

모차르트 하우스는 그의 가족이 생가를 떠나 새롭게 마련한 집이고, 그의 아버지가 1787년까지 머물렀던 곳이기도 하다. 1995년에 복원한 이곳에는 모차르트의 음악과 가구, 악보 등이 전시되어 있어서 생가와 함께 모차르트의 흔적을 더듬을 수 있다. 생가와 모차르트 하우스를 천천히 둘러보면 그가 남긴 다양한 음악과 유물들을 통해 잠시나마 모차르트의 숨결을 느낄 수 있다.

1000년의 유구한 역사를 자랑하는 도시와 모차르트의 음악이 한데 어우러져 고풍스럽고도 독창적인 분위기를 만들어내는 잘츠부르크. 잘차흐 강변에 앉아 모차르트가 일했던 호헨 성을 바라보자 그의 삶이 슬라이드처럼 흘러간다. 문득 과연 모차르트는 부모로부터 어떤 유전자를 물려받았기에 이토록 세계적인 음악가가 될 수 있었을까 하는 궁금증이 든다. 누구로부터, 무엇으로부터 어떤 영향을 받았기에 이토록 아름다운 음악을 작곡할 수 있었던 것일까. 신의 축복을 받은 것은 아닐까. 그렇지 않고서야 어떻게 사람의 영혼을 정화시켜주는 이런 음악을 만들 수 있단 말인가. 이런 저런 생각들이 뒤섞여 잘차흐 강물과 함께 흘러간다.

함박눈이 내리던 어느 날 모차르트는 독일 아우크스부르크Augsburg의 한 제본공인 레오폴트 모차르트Johan Georg Leopold Mozart와 잘츠부르크의 공무원 딸인 안나 마리아 페르틀Anna Maria Pertl 사이에서 태어났다. 모차르트의 부모는 일곱 명의 아이들을 낳았지만 태어나자마자 병으로 모두 죽고, 딸 난네를과 막내 모차르트만 남았다.

그의 인생에 가장 많은 영향을 준 것은 바로 아버지 레오폴트와의 연주 여행이었다. 잘츠부르크 궁정 작곡가였던 레오폴트는 모차르트가 힘든 연주 여행과 어려운 시기를 보낼 때마다 옆에서 격려해주고 때로는 혹독한 가르침으로 모차르트를 세계적인 음악가로 키우는 데 많은 공헌을 했다. 10여 년 동안 꾸준하게 이어진 부자는 편지를 통해 음악에 대한 견해와 연주 여행 그리고 여자 이야기까지 다양한 주제를 가지고 허심탄회하게 의견을 나눈 것으로 잘 알려져 있다.

모차르트가 짧은 생애를 사는 동안 그의 옆에는 어머니 안나 마리아보다 늘 아버지 레오폴트의 그림자가 훨씬 크게 자리하고 있었다. 아버지의 관심은 모차르트가 슬기롭게 세상의 시련을 이겨내며 장차 음악의 거장으로 태어날 준비를 하는 데 크나큰 도움이 되었다.

글을 읽기도 전에 음악을 작곡한 모차르트를 본 레오폴트는 아들의 재능을 개발하고 미래를 위해 과감하게 연주 여행을 떠날 것을 결심했다. 그래서 레오폴트는 모차르트가 여섯 살이 되던 해부터 유럽의 여러 나라를 돌며 연주 여행을 시작했다. 모차르트는 음악가 중에서 가장 유럽을 많이 여행한 사람으로도 유명하다. 중세 시대에 기껏해야 주변 몇 개 나라와 도시를 방문하는 것이 전부였던 데 반해 모차르트는 도버해협을 건너고, 알프스를 넘어 유럽의 여러 나라를 방문했다.

아버지와 함께 독일 뮌헨에서의 첫 연주를 시작으로 그의 연주 여행은 20여 년 동안 쉴 새 없이 이어졌다. 그는 짧은 생애를 연주 여행에 모두 바쳤고 그 여행을 통해 자신의 음악과 사랑을 키워 나갔다. 연주 여행은 모차르트에게 새로운 세계를 열어주었고 자신의 음악을 더욱 성숙시키는 원동력이 되었다. 우리가 흔히 하는 "여행을 통해 세상과 자신을 배운다"는 말처럼 모차르트는 아버지와 어머니 그리고 누이 난네를과 함께 연주 여행을 하면서 훌륭한 오페라와 연주회 등을 통해 천재 음악가다운 면모와 천부적인 재능을 마음껏 펼쳤다.

1762년 6개월 동안 모차르트와 레오폴트는 뮌헨을 거쳐 오스트리아의 수도 빈에 입성한 뒤, 곧바로 합스부르크 왕가에 초청되어 쉔브룬 궁전에서 멋진 연주회를 가졌다. 궁전에 모인 합스부르크 왕족과 많은 재상 그리고 귀족들은 여섯 살 난 어린 아이가 하프시코드로 빚어내는 아름다운 선율에 모두 감탄했다. 이날의 연주가 얼마나 성공적이었으면 합스부르크의 여제 마리아 테레지아는 모차르트를 자신의 무릎 위에 올려놓고 무척이나 귀여워했을 정도라고 한다. 아버지와의 첫 연주 여행은 모차르트의 이름과 그의 천재성을 세상에 알리는 계기가 되었다.

그가 일곱 살이 되던 1763년부터는 본격적으로 연주 여행을 시작했다. 녹음이 짙어가던 6월 어느 날 모차르트 일가족은 3년 6개월간 본, 쾰른, 코블렌츠, 브뤼셀, 파리, 런던, 헤이그, 암스테르담 등 유럽 전역의 주요 도시를 돌며 모차르트의 천재적인 선율을 전파했다. 머무는 도시마다 모차르트의 음악에 심취한 사람들이 감탄사와 박수갈채를 보냈고, 많은 귀족들은 그에게 좋은 음악을 만들도록 후원을 아끼지 않았다.

소년 모차르트는 수많은 청중들 앞에서 그들이 원하는 대로 하프시코드와 바이올린을 자유자재로 연주했다. 그 결과 유럽의 상류층 사이에는 "일곱 살의 어린 소년이 눈을 감고 하프시코드를 연주하고, 즉흥적으로 바이올린 협주곡을 만든다"는 소문이 자자하게 퍼졌다. 이 소문은 도버해협을 건너 영국 왕정과 귀족 사회에 널리 퍼져나갔다.

모차르트 일가는 영국에 도착하자마자 버킹엄 궁으로 초대를 받았다. 볼프강은 프랑스의 베르사유 궁에서 연주했던 것처럼 영국의 왕족과 귀족 그리고 수많은 청중들 앞에서 바흐와 헨델, 아벨 등의 악보를 보며 연주를 하거나 왕비의 노래에 맞춰 바이올린과 오르간을 연주해 영국인들을 감동의 바다로 이끌었다.

어린 모차르트의 연주 여행은 도처에서 마련해준 음악회로 인해 행복하고 즐거운 순간의 연속이었다. 일곱 살에 연주 여행을 떠난 모차르트의 나이는 어느새 열한 살이 되었고, 그는 여행을 통해 유럽의 유명한 음악가와 후원자 등 다양한 사람들을 만나면서 자신의 음악 세계를 더 한층 발전시켰다.

4년에 가까운 기나긴 여행을 마치고 고향으로 돌아온 모차르트는 모처럼 평온하고 행복한 시간을 보냈다. 음악적인 면에서는 성숙한 천재였지만 모차르트의 나이 아직 열한 살에 지나지 않았다. 그는 잘츠부르크의 게트라이데 거리를 뛰어다니거나 호헨 성에 올라가 아름다운 도시를 감상하고 여름이면 정원과 잘차흐 강변에서 아이들과 정신없이 뛰어놀았다. 시간은 강물처럼 흘러 모차르트도 어느새 사춘기에 접어들었다. 어린 티를 막 벗은 모차르트에게는 또 다른 도전과 새로운 에너지가 필요했다.

1769년 열네 살이 된 모차르트는 아버지와 단 둘이서 이탈리아로 연주 여행을 떠났다. 한창 호기심이 많을 나이인 모차르트에게 이탈리아는 지극히 매력적인 나라였다. 그가 어머니에게 보낸 편지에는 "이곳에서의 생활이 너무 행복하다"고 쓰여 있다.

밀라노, 파르마, 피렌체, 로마, 나폴리 등 이탈리아 전역을 돌면서 모차르트는 점점 더 이탈리아에 빠져들어 아예 이름까지 바꾸게 되었다. 모차르트의 원래 이름은 '테오필루스 모차르트Johannes Chrysostomus Wolfgangus Theophilus Mozart'였다. 그러나 그는 이탈리아에서 라틴어로 '신의 총아'라는 뜻을 가진 '볼프강 아마데우스 모차르트'로 이름을 개명하기에 이른다.

이탈리아를 여행하는 동안 모차르트는 그렇게 많은 곡을 만들지는 않았다. 그 대신 다양한 오페라를 감상하며 새로운 음악에 대한 열정을 키웠다. 그렇게 2년간의 여행을 마치고 모차르트 부자는 다시 잘츠부르크로 돌아왔다.

사춘기 소년에서 청년으로 성장한 모차르트는 1777년 9월, 어머니 안나 마리아와 함께 둘이서 연주 여행을 떠났다. 그러나 이 연주 여행은 모차르트에게 좌절과 시련의 아픔을 안겨주었다. 이들 모자는 뮌헨과 아버지의 고향인 아우크스부르크를 거쳐 만하임Mannheim에 도착했다.

모차르트는 그곳에서 운명적인 사랑을 마주했다. 스물두 살의 청년 모차르트는 한 살 연하의 소프라노 가수 알로이지아 베버Aloysia Weber를 처음 보는 순간 그만 사랑에 빠지고 말았다. 모차르트는 이 주체할 수 없이 벅차고 흥분되는 감정을 오페라로 만들고 싶었다. 그는 아버지에게 편지를 보내 이 사실을 알렸다.

그러나 모차르트는 아버지에게 이 사실을 알리지 않았어야 했다. 모차르트의 아버지는 아들이 소프라노 가수와 사랑에 빠졌다는 소식에 몹시 분개했고, 더욱이 그녀의 아버지가 궁정의 하급 직원이라는 사실에 격분했다. 아들의 반려자로서 턱없이 부족하다고 생각했던 것이다. 아버지의 반대를 이겨내지 못한 모차르트는 사랑하는 연인 알로이지아를 만하임에 남겨놓은 채 슬픔을 머금으며 프랑스 파리로 향했다.

파리에 도착한 그는 생계를 위해 몇 명의 학생들을 가르치며 다소 무료한 생활을 보냈다. 어쩌면 만하임에 두고 온 알로이지아를 만날 수 없다는 현실이 그로 하여금 파리에서의 생활을 더욱 나른하고 무기력하게 만들었는지도 모른다. 그리움이 가슴까지 차오를 때마다 모차르트는 당장이라도 파리를 벗어나 그녀가 있는 만하임으로 가고 싶었다.

사랑에 목마른 모차르트에게 파리는 또 다른 슬픔의 도시가 되었다. 평생 동안 자신을 뒷바라지해주던 어머니가 사망하고 만 것이다. 알로이지아를 볼 수 없다는 안타까움과 어머니의 죽음으로 인한 허망함이 한꺼번에 모차르트를 엄습했다. 이 참혹한 슬픔을 견딜 수 없었던 모차르트는 하루라도 빨리 파리를 떠나 알로이지아의 곁으로 가서 위로받고 싶었다.

모차르트는 고향으로 돌아갈 결심을 한 뒤 1778년 9월, 잘츠부르크로 가던 길에 만하임에 들러 알로이지아를 만날 계획을 세웠다. 하지만 운명의 장난은 그들을 만나게 해주지 않았다. 어쩌면 둘의 인연은 거기까지였는지도 모른다. 그가 돌아왔을 때 그녀는 이미 뮌헨으로 떠나 그곳에서 훌륭한 오페라 가수로 명성을 날리고 있었다. 뮌헨까지 달려간 모차르트는 그녀와 재회했지만 이미 그녀의 사랑은 식을 대로 식어 있었다.

잘츠부르크 박물관 앞에 세워진 모차르트 동상

헤어짐이 너무 길었던 탓일까. 모차르트는 결국 그녀에게 버림받고 말았다. 어머니를 잃고, 사랑도 잃은 모차르트의 마음은 만신창이가 되었다. 하지만 한때 진심으로 사랑했던 알로이지아를 위해 그는 〈테살리 사람들아 *Popoli di Tessaglia K.316*〉라는 멋진 곡을 만들어 그녀에게 이별의 선물로 바쳤다.

어머니의 품처럼 푸근한 잘츠부르크로 다시 돌아온 모차르트는 스물다섯 살까지 조용하게 이 도시에서 지내다가 대주교와 다툼을 벌인 뒤 오르간 연주자 일을 그만 두고 자유를 찾아 다시 빈으로 갔다. 모차르트는 더 이상 새장 속에 갇혀 살기를 원치 않았다. 아버지의 반대를 무릅쓴 채 그는 잘츠부르크에서 얻은 모든 혜택을 버리고 자유로운 삶을 위해 빈으로 떠난다. 가난했지만 마음만은 행복했다.

모차르트는 빈에서 과거 자신이 사랑했던 알로이지아의 어머니가 운영하는 하숙집에 머물렀다. 이때 모차르트의 인생에 새롭게 등장한 여인이 있었으니, 바로 그녀의 여동생인 콘스탄체 Constanze Weber였다. 알로이지아만큼 사랑하지는 않았지만 모차르트는 그녀의 어머니에게 떠밀려 1782년 8월 4일, 빈의 성 슈테판 대성당에서 결혼식을 올렸다. 훗날 세상 사람들은 콘스탄체를 두고 사치스럽고 낭비벽이 심해서 모차르트가 가난과 질병에 시달릴 수밖에 없었다고 평가한다.

일곱 살 연하의 콘스탄체는 자주 스위스 바덴의 온천장엘 다녔고, 화려한 옷과 경제관념이 없는 생활로 모차르트를 상당히 힘들게 했다. 하지만 콘스탄체의 입장에서 보면 남편인 모차르트의 마음속에 자신이 들어갈 자리가 없었기 때문이 아니었을까 싶기도 하다. 자신보다 언니를 좋아하는 모차르트의 모습을 보면서 콘스탄체는 온천장엘 가거나 사치를 하는 등의 행동을 통해 대리만족을 얻고자 했는지도 모른다.

어쨌거나 그녀는 착실하게 남편을 내조하는 여인이기보다는 밖에서 파티를 즐기는 외향적인 여인으로 변해갔다. 그래서 혹자들은 콘스탄체와의 결혼이 모차르트의 운명을 짧게 만들어버렸다고 평가하기도 한다. 그러나 모차르트는 아버지에게 보낸 편지에 "콘스탄체가 머리는 좋지 않지만 아이의 어머니로서는 의

무를 다했다"고 쓰고 있다. 모차르트는 여섯 명의 아이를 낳았지만 카를 토마스Karl Thomas Mozart 와 프란츠 볼프강Franz Xaver Wolfgang Mozart 둘만 살아남았다. 두 아들은 모두 결혼하지 않았으며 형인 카를 토마스는 공무원으로, 동생은 작곡가로 살았다.

서른 살이 되면서 모차르트는 예술가로서의 고독을 느꼈고, 경제적으로도 몹시 어려운 상황에 처했다. 정신적으로나 육체적으로 힘들기만 한 이 시기에 모차르트는 마치 예술에 반항하기라도 하듯 엄청난 에너지를 발산하며 자신의 최대 걸작들을 만들어냈다. 한 천재의 역동적인 에너지가 정점을 향해가는 동안 그의 몸은 점점 쇠약해져 갔다.

1787년 프라하에서 툰 백작의 초청을 받은 모차르트는 그곳에 머물며 마지막으로 〈돈 조반니〉를 다듬었고 이는 곧 이탈리아 오페라단에 의해 처음으로 공연되었다. 그리고 그는 다시 빈으로 돌아와 세상에서 가장 아름다운 〈레퀴엠〉을 준비했다. 자신이 가진 에너지가 얼마 남아 있지 않다는 사실을 안 모차르트는 죽은 자를 위한 가톨릭 미사곡인 레퀴엠을 만드는 데 자신의 모든 에너지를 쏟아 부었다. 하지만 미완성으로 남긴 채 1791년 12월 5일, 자신이 좋아하던 겨울날에 그는 다시 돌아올 수 없는 곳으로 연주 여행을 떠났다.

그의 여행은 끝나지 않았다. 언젠가 다시 돌아와 그는 레퀴엠을 완성할 것이다. 어쩌면 눈이 되어, 구름이 되어, 바람이 되어 그리고 잘차흐 강물이 되어 다시 우리 곁에 머물지도 모르겠다.

나는 나의 재능을 다 펼치기도 전에 생을 마치게 되었다. 인생은 너무나 아름답고 내 생애는 무척이나 전도유망하게 시작되었다. 그러나 누구도 운명을 바꿔놓을 수 없고, 누구도 자신의 죽음을 예측할 수 없다. 모든 것은 신의 뜻대로 될 것이다. 이제 나의 생을 마감한다. 여기 내가 미완으로 남겨서는 안 되는 '레퀴엠'이 있다.

그가 남긴 마지막 말과 함께 모차르트의 음악은 전 세계인의 가슴에 영원한 감동으로 남았다. 음악 천재 모차르트의 삶은 한 편의 영화다. 태어나자마자 탁월한 재능을 보이기 시작하면서부터 서른다섯 살의 젊은 나이로 생을 마감하기까지 그의 손에는 늘 오선지가 있었다. 다른 것에는 별다른 흥미와 재능을 갖지 못했던 그는 오직 음악에 대한 열정만으로 인생을 살았다. 잘츠부르크의 한복판에 서서, 쉬지 않고 흐르는 잘차흐 강물처럼 영원한 감동으로 남아 있는 모차르트의 음악과 인생에 대해 잠시 생각해본다.

헝가리 쇼프론
Hungary Sopron

사랑의 상처를 품은 풍운아
프란츠 리스트

중세의 분위기를 고스란히 간직한 헝가리의 쇼프론Sopron에 서서히 땅거미가 밀려오자 말끔하게 차려입은 신사숙녀들이 푀 테르 광장에 하나둘씩 모습을 드러낸다. 광장에 마련된 무대 앞은 아홉 살 난 한 소년의 연주를 듣기 위해 모인 청중들로 인산인해를 이뤘다. 소년이 등장하자 사람들의 웅성거림은 멈추고, 연주가 시작되자 청중들은 아름다운 피아노 선율에 집중한다. 흑백의 건반 위에서 자유롭게 춤추는 어린 아이의 손가락은 시간이 흐를수록 점점 더 청중들의 마음을 사로잡는다. 소년의 손끝은 포르테와 아다지오를 넘나들며 세상에서 가장 아름다운 하모니를 빚어낸다.

시간이 얼마나 흘렀을까? 사람들은 숨죽인 채 소년의 몸놀림에 모든 시선을 집중한다. 은은하게 울려 퍼지는 피아노 선율은 바람을 타고 쇼프론을 물들이며 사람들의 영혼을 울린다. 청중들은 한 시간 남짓한 이 공연에 깊은 감동과 경이로움을 느끼며 어린 소년에게 박수갈채를 보낸다.

이날 펼쳐진 한 천재 소년의 연주는 서양 음악사의 한 획을 긋는 대음악가의 탄생을 예고했다. 청중들의 마음을 사로잡은 소년은 바로 프리데릭 쇼팽과 쌍벽을 이룬 헝가리 출신의 풍운아 프란츠 리스트Liszt Ferenc다. 오늘날 '피아노의 마술사'로 불릴 만큼 뛰어난 음악성을 자랑하는 리스트는 쇼프론 근교 라이딩Raiding이라는 작은 마을에서 태어나 헝가리를 대표하는 음악가로 명성을 날렸다.

특히 쇼프론은 리스트가 1820년 프레스부르크(현재 슬로바키아의 수도인 브라티슬라바Bratislava)에서 정식으로 데뷔하기 전, 음악가로서의 가능성을 처음으로 선보인 곳이며 서른 살 즈음 2년간 머물며 음악적 영감을 키운 도시이기도 하다.

유럽의 수많은 도시를 여행했지만 헝가리의 작은 도시 쇼프론은 조금 생소하다. 쇼프론은 솔직히 도시라기보다 시골 마을 정도로 생각하면 더 어울릴 것이다. 하지만 와인을 좋아하는 애호가들이라면 헝가리를 대표하는 와인 산지로도 유명한 이곳을 모를 리 없다.

내가 쇼프론을 찾은 이유는 리스트가 정식으로 데뷔하기 전 마을 사람들 앞에서 마지막으로 멋진 연주를 선보였던 곳이자 그의 음악적 감성이 켜켜이 쌓여 있는 곳이기 때문이다. 현재는 리스트가 노년을 보내며 후진 양성에 힘썼던 부다페스트에 그의 박물관이 있지만, 어릴 적 음악에 대한 열정과 감성이 남아 있는 쇼프론이 내게는 더 색다른 여행지로 다가온다.

오스트리아와 헝가리 국경이 서로 맞닿은 곳에 위치한 쇼프론은 오스트리아 알프스 산맥의 한 귀퉁이를 차지하고 있다. 여름철에도 멀리 알프스의 만년설이 보일 만큼 빼어난 자연 경관이 사람들의 마음을 풍요롭게 한다. 드넓은 대지를 차지하고 있는 파릇파릇한 포도잎사귀들이 이곳이 와인 산지임을 보여준다.

오스트리아의 수도 빈에서 기차로 한 시간 정도 거리에 있는 쇼프론은 헝가리보다는 오스트리아의 분위기가 더 강하게 느껴지는 곳이다. 하지만 이곳 사람들은 자신들이 헝가리인임을 강조한다. 실제로 쇼프론은 제1차 세계대전이 끝난 직후 시민들의 투표로 오스트리아가 아닌 헝가리에 편입되었다. 쇼프론 주변 몇 개의 작은 도시들이 오스트리아에 합병될 당시 쇼프론은 헝가리를 택했고, 그래서 리스트도 오스트리아인이 아닌 헝가리아인으로 남게 되었다.

리스트의 열정과 삶이 스며 있는 쇼프론은 우리에게는 잘 알려져 있지 않지만, 유럽에서는 리스트를 언급할 때마다 꼬리표처럼 따라다니는 곳이다. 아홉 살의 어린 나이에도 불구하고 많은 청중들 앞에서 멋진 피아노 솜씨를 뽐낸 리스트는 "쇼프론은 나의 음악적 감성을 키워 온 도시"라는 말을 남기기도 했다.

오스만과 몽골제국의 침략에 헝가리의 대부분 지역이 많은 피해를 입었지만 쇼프론만은 예외였다. 그래서 다행스럽게도 이 도시는 중세의 고풍스러움이 그대로 남아 있다. 인구 6만 명의 작은 도시지만 해마다 이곳을 찾는 관광객은 수십 만 명에 이른다고 한다.

독일에서는 외덴부르크Odenburg라고 불리는 쇼프론은 켈트Celts인에 의해 마을이 형성되기 시작했고, 로마 시대에는 스카라반티아라는 이름으로 불렸다. 제1차 세계대전 후에는 부르겐란트Burgenland 주 일부로 오스트리아 령이 되었다가, 1921년에 헝가리에 귀속되었다. 중세 후기 가톨릭의 베네딕트 파의 성당을 비롯한 역사적인 건축물들이 아주 많고, 예로부터 무역 중심지로 성장했다. 도시의 규모는 그리 크지 않지만 여행하는 데 하루가 다 소요될 만큼 쇼프론은 중세의 보물이 많은 곳이다.

여행은 여권 검사를 받는 쇼프론 중앙역에서부터 시작한다. 만약 부다페스트에서 왔다면 여권 검사를 받지 않아도 되지만, 오스트리아에서 온 경우라면 간단한 입국 심사를 거쳐야 한다. 구시가지는 계란 모양의 타원형으로 역에서 걸어서 10여 분 남짓 걸린다. 구시가지에 들어서면 과거에는 화려함을 자랑했을 쇼프론의 성곽이 초라한 모습으로 여행자를 맞는다. 외세의 침략은 간신히 피했지만 세계대전을 피할 수는 없었기에 마을을 보호하던 성곽이 많이 부서진 모습이다.

낡은 건물에서 중후함이 느껴지는 쇼프론 시가지

쇼프론이 헝가리에 귀속된 것을 축하하기 위해 세운 '충성의 문'에 들어서면 쇼프론의 중앙 광장과 시청사가 눈에 들어온다. 광장 중심에 발을 디디면 소년 리스트의 멋진 연주가 여행자의 영혼을 감싼다. 중세의 멋스러움이 묻어나는 도로의 바닥에는 쇼프론의 역사가 녹아 있고, 세월의 흐름에 따라 낡은 건물에서는 중후함마저 느껴진다.

중세 시대 때 지어진 건축물들이 모두 거기서 거기지만 리스트의 음악적 열정이 남아 있는 쇼프론의 건축물은 그의 음악만큼이나 모습이 빼어나다. 수많은 청중들 앞에서 멋진 연주를 선보였던 리스트를 상상하노라면 마음은 어느새 그의 곁으로 달려간다. 과연 어디서 그가 연주를 했을까? 낯선 도시를 두리번거리는 동안 청중들의 환호와 박수갈채가 귓가에 쩌렁쩌렁 울리는 것만 같다.

눈가에 웃음 주름이 깊이 팬 노인의 모습을 바라보다가 도시 어디에서나 볼 수 있는 화약 탑으로 발길을 옮긴다. 이제부터 본격적인 여행의 시작이다. 마을의 중심인 높이 61미터의 화약 탑에 올라서면 붉은 지붕과 뾰족한 교회 첨탑 그리고 탁 트인 시가지의 전경이 그림처럼 펼쳐진다.

둥근 발코니가 인상적인 화약 탑

둥근 발코니가 인상적인 화약 탑은 하단부에서 상단부로 올라가면서 로마네스크, 르네상스, 바로크 양식 등 시대를 달리해 지어진 것이 특징이다. 탑에 올라 도시를 내려다보노라면 어느새 리스트가 곁에 다가와 "저기 저 광장에서 내가 피아노를 쳤고, 바로 이 밑에 있는 스토르노 저택에서 잠시 머물렀지" 하고 속삭이는 것만 같다. 상상만으로도 마음이 들떠 어느새 걸음은 계단을 내려와 쇼프론 시민의 삶과 애환이 스민 광장에 이른다. 광장에는 삼위일체 동상이 서 있고, 주변에는 15세기에 지어진 아름다운 집

쇼프론의 구시가지 광장

들과 교회가 또 다른 세계를 펼쳐 보인다.

다른 도시에 비해 중앙 광장은 매우 작은 규모이긴 하지만 쇼프론 시민과 희로애락을 함께한 역사의 산 증인이다. 아홉 살의 리스트가 이곳에서 공연을 했을 때도 광장은 그의 열정과 청중들의 환호성을 함께 했고, 시민들이 독일군의 총칼에 맞설 때도 그들과 함께 눈물을 흘렸다.

오래된 역사만큼이나 쇼프론에는 크고 작은 박물관들이 많다. 전통 공예를 전시한 길드 박물관, 14세기에 지어진 시나고그 박물관, 천사의 약국이라는 이름으로 창업한 약국 박물관 등, 도시에 숨겨진 역사를 한눈에 볼 수 있는 박물관들이 구시가지를 가득 메운다. 박물관의 규모는 그리 크지 않지만 수천 년 동안 쇼프론 시민들과 함께한 역사적 산물이라는 이유만으로도 감동은 충분하다.

그중에서도 여행자들의 큰 관심을 끄는 곳이 바로 바로크 양식과 르네상스식으로 건축된 세 개의 건축물이다. 이 세 개의 건축물은 귀족들이 일상생활의 거주지로 사용했던 공간을 박물관으로 개조한 것이다. 건물을 둘러보는 데만 각각 한두 시간이 걸릴 만큼 세 개의 건축물이 저마다 독특한 컬렉션을 자랑한다. 삼위일체 탑을 등지고 왼쪽으로부터 파브리치우슈 저택, 락네르 저택 그리고 리스트가 머물었던 스토르노 저택이 위치해 있다. 이 세 개의 저택은 모두 귀족들이 개인 주거지로 사용했던 곳이다.

파브리치우슈 저택은 외부의 아름다운 장식물이 인상적인 곳으로 전형적인 바로크 건축 양식을 하고 있다. 과거 파브리치우슈가의 기품과 성향을 느낄 수 있는 공간으로 바로크 양식뿐만 아니라 고딕 양식의 발코니와 르네상스식의 회랑이 단아하고 우아한 귀족적 기품을 그대로 담고 있다. 건물은 총 3층이며 1층은 레스토랑으로 사용하고 있고 2, 3층은 브리치우슈가의 생활 모습을 그대로 전시해놓고 있다.

그 옆의 락네르 저택은 일명 '장군의 저택'이라고도 불리는 곳으로 과거 사령관의 숙박시설로 사용되었던 곳이다. 그 후 이곳의 시장이었던 락네르 크리스토프가 전쟁으로부터 건축물을 보존하기 위해 애쓴 열정에 보답하기 위해 '락네르'라는 이름을 붙였다고 한다.

마지막은 쇼프론에서 가장 인기 있는 관광 명소이자 리스트의 삶의 흔적을 느낄 수 있는 스토르노의 저택이다. 앞에서도 잠시 언급했듯이 이곳은 헝가리 최고의 음악가 리스트가 2년간 머문 곳이며, 15세기 헝가리 왕국을 지배했던 마차시 Matyas 왕이 쇼프론을 방문할 때마다 머물렀던 곳이라는 기록이 있다. 그 만큼 스토르노 저택은 쇼프론 여행의 중심이자 리스트의 향수를 느낄 수 있는 곳이다.

건물 구조는 파브리치우슈 저택처럼 3층으로 이뤄져 있으며 1층은 레스토랑이고 2, 3층은 스토르노가 평생 동안 모은 컬렉션들을 잘 정리해놓고 있다. 돋보기를 쓴 매표소 할아버지에게 표를 구입해서 2층으로 올라가면 스토르노의 개인적인 관심사가 무엇이었는지 알 수 있는 여러 개의 전시물이 눈에 들어온다.

이곳은 여느 박물관과 달리 개인이 자유롭게 둘러볼 수도 없으며 사진 촬영도 엄격하게 금하고 있다. 각 층과 방마다 안내원들이 관광객의 동작을 면밀히 주시하며 관람 방향을 알려준다. 영어가 통하지 않기 때문에 안내원들은 영어로 된 설명서를 보여주며 방을 안내한다.

명화에서부터 장신구, 가구, 의복 등 스토르노의 다양한 컬렉션이 세월을 뛰어 넘어 21세기 문명인들에게 새로운 볼거리를 제공한다. 앤티크와 예술품을 모으기 위해 스토르노는 유럽 전역을 수십 차례 여행했고, 부다페스트에서도 많은 돈을 주고 좋은 작품과 가구를 수집했다고 한다. 그의 열정적인 노력으로 우리는 짧은 시간에 중세 시대 사람들의 가치관과 세계관을 조금은 느낄 수 있다. 감탄사가 절로 나올 만큼 스토르노의 컬렉션은 여행자의 눈과 마음을 사로잡기에 충분하다. 하지만 이 집을 방문하는 대다수 사람들의 목적은 리스트와 관련한 무언가를 찾기 위해서다.

스토르노의 컬렉션을 감상하고 있노라면 2층 한구석을 차지한 위대한 음악가 프란츠 리스트의 유품이 냉장고만 한 장식장 안에서 빛나고 있다. 드디어 리스트와 만나는 순간이다. 물론 도시에 들어오기 전에 안내센터 입구에 서 있는 리스트의 흉상과 '리스트'라는 거리 이름에서 그와 첫인사를 나누긴 했지만, 실질적인 만남은 그의 초상화와 공연 팸플릿 그리고 악보 등이 전시되어 있는 스토르노 저택의 2층에서 이뤄진다.

그의 전시물 앞에 서자 그의 음악이 낡은 스피커를 통해 들려온다. 아, 프란츠 리스트! 그는 누구인가? 감상하는 데 채 3분도 걸리지 않는 몇 개의 전시물 앞에서 사람들은 걸음을 옮기지 못하고 그의 열정과 사랑에 빠져든다.

내가 리스트의 음악과 그의 생애에 관심을 갖게 된 것은 그의 가장 친한 친구이자 영원한 라이벌인 쇼팽 때문이다. 쇼팽의 음악과 그와 관련한 에피소드를 읽을 때마다 마치 그림자처럼 따라다니는 인물이 바로 리스트다. '피아노의 마술사'라는 별명을 가진 리스트와 '피아노의 시인'이라고 불리는 쇼팽은 19세기 피아노 연주 역사상 최고의 라이벌이자 돈독한 우정을 과시하는 사이였다.

미술계의 고갱과 고흐의 관계를 생각하면 적절한 비유가 될지도 모르겠다. 미술사에서 인상주의적 표현주의라는 공통점을 제외하면 고갱과 고흐는 성격이나 생활 그리고 여자관계에서 있어서 극과 극이었다.

리스트와 쇼팽도 그들과 크게 다르지 않다. 피아노라는 악기의 공통분모만 있을 뿐, 성격이나 생활 면에서는 아주 다른 모습을 보였다. 일단 피아노를 시작할 때 리스트는 베토벤의 제자인 체르니Carl Czerny를 통해 독일 정통 음악의 계보를 이어갔지만, 쇼팽은 음악의 계보를 잇는 음악가가 아니라 독창적인 세계를 만들어나갔다.

또한 불혹에 나이에 결핵으로 요절한 쇼팽에 비해 리스트는 일흔이 넘도록 왕성하게 활동한 인물이기도 하다. 여자와 관련해서도 리스트는 당대 최고의 바람둥이로 음악계와 사교계를 누비며 수많은 여성과 사랑을 나눴지만, 쇼팽은 해바라기처럼 오로지 조르주 상드 한 명만을 사랑했다. 쇼팽의 이야기는 앞서 이미 다뤘으니 리스트와 다시 한번 비교해 읽어보는 것도 흥미로울 것이다.

쇼프론에 온 만큼 리스트의 이야기를 좀더 해볼까 한다. 리스트는 여섯 살에 아버지로부터 직접 피아노 치는 법을 배우기 시작해서 여덟 살 때 처음으로 작곡을 했다. 아홉 살 때 쇼프론에서, 열 살 때 브라티슬라바(슬로바키아의 수도)에서 처음으로 공개 연주를 가졌다. 리스트가 어려서부터 음악가로서 명성을 얻게 된 데는 아버지의 역할이 컸다.

이 점에서는 모차르트와 성장 배경이 비슷하다. 리스트와 모차르트는 아버지로부터 음악적 재능을 물려받은 것은 물론 극진한 보살핌을 받았다. 이 두 음악가는 자연스레 아버지를 자신의 멘토 삼아 함께 연주 여행을 다녔다. 모차르트가 여섯 살에 첫 연주 여행을 시작한 반면, 리스트는 이보다 조금 늦은 열 살 때부터 프랑스, 오스트리아, 독일, 영국 등을 돌면서 음악가로서의 명성을 쌓기 시작했다.

다만 모차르트와 달리 리스트는 사춘기 시절인 열여섯 살 때 연주 여행 도중에 아버지가 죽음으로써 수년 동안 정신적인 어려움을 겪었다. 아버지의 죽음으로 인해 리스트는 적잖이 방황했고 성격적으로도 불안정해졌다. 늘 아버지의 품이 그리웠던 리스트는 여자에게 집착하는 애정결핍 증세를 보이기도 했다. 실제로 리스트는 75세의 나이로 죽음을 맞이할 때까지 수많은 여자와 염문을 뿌린 것으로도 유명하다. 한마디로 파란만장하기 이를 데 없는 삶이었다.

예술가와 성직자(59세에 로마 가톨릭의 수사가 됨)라는 특이한 삶의 이력과, 젊은 시절의 적잖은 방황과 좌절 그리고 음악에 대한 열정 등 그는 바람 같은 인생을 살았다. 절제할 수 없는 광기와 사랑의 상처에 괴로워하며 리스트는 쇼프론을 찾았다. 그때가 그의 나이 스물아홉이었다.

리스트는 2년 동안 쇼프론의 뒷골목을 헤매 다니며 쓰라린 사랑의 상처를 달랬고, 예술이라는 멍에에 괴로워하며 밤이 새도록 술을 마셨다. 술을 마시며 이루지 못한 첫사랑의 여인 카롤린 Caroline de Saint-Cricq을 지우려 애썼고, 종교적인 목마름을 달랬다. 그의 방황은 예술가가 겪는 광기의 몸부림이었다. 그러나 그의 광기는 아름다운 쇼프론의 자연환경에 동화되어 서서히 그의 잠재의식 속으로 사라져갔다.

선술집에 들어서자 희미한 불빛 아래에서 고뇌에 찬 리스트의 그림자를 발견한다. 연주 생활을 잠시 접고 어머니 품처럼 따뜻한 쇼프론에서 그는 자신을 둘러싼 예술, 종교, 사랑 등 다양한 고민을 털어냈다. 사실 리스트가 이곳을 찾았을 때 이미 그는 음악가로 명성을 날리고 있었지만, 다구 백작 부인과의 결별을 앞두고 있던 때이기도 했다. 또한 어린 아들을 잃은 슬픔으로 몹시 흔들리고 있을 때였다.

유명한 연주자로 그리고 작곡가로 화려한 인생을 살았던 프란츠 리스트. 일흔다섯의 나이로 세상을 떠날 때까지 그는 세 명의 음악가로부터 큰 영향을 받았고, 세 명의 여성에게서 사랑의 기쁨과 슬픔을 배웠다고 한다.

리스트의 음악 세계에 커다란 영향을 미친 세 사람 중 한 명은 1830년 말에 만난 헥토르 베를리오즈 Hector Berlioz다. 그의 〈환상곡 Symphonie Fantastique〉을 듣고 리스트는 관현악법과 악마적 표현을 배웠다. 또 한 명은 니콜로 파가니니 Niccolo Paganini다. 환상적인 파가니니의 바이올린 연주에 도취되었던 리스트는 그로 인해 피아노로 바이올린 효과를 표현하는 방법을 터득했다.

마지막으로 리스트의 음악 생애에 가장 영향을 많이 준 사람은 쇼팽이다. 리스트보다 한 살 많은 쇼팽의 서정적인 음악은 리스트의 삶을 송두리째 바꿔놓았을 만큼 충격적이었다. 쇼팽의 시적인 감성 코드가 감수성이 풍부한 리스트의 심장을 요동치게 한 것이다. 리스트는 서른 살을 넘겨 베를리오즈, 파가니니, 쇼팽, 바그너 등과 교제하면서 음악적으로 완숙한 세계를 갖추었다.

사실 리스트는 자신의 음악 세계보다 가십으로 더 유명한 인물이다. 그의 작품을 잘 모르는 사람도 그의 여인들은 기억할 정도다. 피카소가 그랬던 것처럼 리스트의 인생에서도 여성을 빼놓을 수 없다. 어쩌면 피카소가 리스트의 삶을 답습했는지도 모를 일이다. 리스트는 특히 연상의 여인들과 많이 사귀었는데, 그가 먼저 여성에게 다가간 적은 없었다고 한다.

피카소가 여성을 통해 화풍에 변화를 가졌듯이, 리스트도 여성을 통해 음악적 형식과 리듬, 멜로디, 감성 등을 변화시켰다. 리스트의 손끝에서 아름다운 선율이 흐를 때마다 여인들은 감탄하며 그에게 돈과 은밀한 유혹을 던졌다. 리스트는 그 여인들과 사랑을 나누었는데, 당시 파리 사교장에서 그는 스캔들 제조기로 명성을 날렸다.

바람둥이 리스트가 처음으로 사랑을 나눈 여인은 카롤린이다. 열여덟 살 때 자신의 피아노 제자였던 카롤린과 사랑을 나눴다. 그러나 이들의 사랑은 끝내 이뤄지지 않았고, 그 후 리스트는 수많은 여인들을 만나며 그의 첫사랑을 대신할 사랑을 찾기 위해

리스트의 딸과
사위인 바그너

안간힘을 썼다. 그의 음악도 사랑의 열병만큼이나 강렬했던 모양이다.

쇼프론을 떠나 파리에서 파가니니, 쇼팽 등과의 음악적 교류를 통해 음악 세계를 점점 넓혀갔던 리스트는 1835년 다구 백작의 부인인 마리 다구 Marie d'Agoult 와 스위스에서 동거하며 세 명의 아이를 낳았다. 그중 둘째 딸인 코지마는 훗날 바그너의 부인이 된다. 그러나 이들의 부적절한 관계는 5년 만에 막을 내리게 되는데, 그녀는 아이들과 파리로 떠나고 리스트는 8년이라는 기간에 걸친 음악 여행을 떠났다.

그는 이 기간 동안 모든 열정을 음악에 쏟아 부었고, 더 이상 사랑 따윈 하지 않겠다고 자신과 약속했다. 하지만 여자들은 이 잘생긴 남자 리스트를 그냥 내버려두지 않았다. 30대 후반으로 접어들어 중후한 멋이 풍기자 리스트 앞에 새로운 여인 비트겐슈타인 공작 부인이 나타났다. 당시 리스트는 종교적인 열망으로 가득 차 사제가 되고 싶어 했는데, 이때 신앙심이 깊었던 비트겐슈타인 공작 부인과 만나 둘의 관계는 급속도로 발전했다. 혹자들은 리스트가 진심으로 사랑한 여인은 첫사랑 카톨린과 리스트가 1886년 7월 31일 폐렴으로 죽자 자살로 그 뒤를 따랐던 비트겐슈타인 공작부인이라고 말하기도 한다.

예술과 사랑, 이 두 가지 면에서 리스트는 타의 추종을 불허할 만큼 큰 자취를 남겼다. 그리고 그런 그의 삶에서 쇼프론을 빼놓을 수는 없다. 수백 년 동안 변하지 않는 건축물과 거리처럼 리스트의 순수한 열정이 녹아 있는 쇼프론은 앞으로도 영원히 그와 함께 빛날 것이다.

좁은 골목길을 따라 쇼프론 역으로 가는 동안 귓가에 그의 대표곡 〈헝가리 광시곡 작품 2번 C단조 *Hungarian Rhapsody No.2 C# Minor*〉가 은은하게 울려 퍼진다. 영화 〈샤인〉의 배경음악이기도 했던 이 곡은 유유히 흐르는 강물처럼 부드러우면서도 서정적이고 때로는 거센 물결처럼 강하고 열정적이다. 슬픔과 밝음이 교차하는 그의 음악처럼 쇼프론은 서정적이면서도 사람의 마음을 사로잡는 강한 에너지가 넘치는 곳이다.

슬로베니아 피란
Slovenia Piran

바이올린 선율로
아드리아 해를 울린
주세페 타르티니

뜨거운 여름 햇살이 서서히 사위어가는 8월의 말. 아드리아 해를 끼고 있는 슬로베니아의 피란Piran에서는 한여름 밤을 아름답게 수놓는 음악 축제가 한창이다. 피란은 바이올린의 대가 주세페 타르티니Giuseppe Tarrini의 고향이다. 하늘이 에메랄드빛으로 물드는 피란은 1년 내내 타르티니의 바이올린 소나타가 끊이지 않는 음악의 도시다. 오늘날 피란은 슬로베니아의 휴양 도시이지만 과거 이곳은 베네치아 공국에 속해 있던 작은 항구 도시였다. 베네치아를 그대로 옮겨놓은 듯한 피란은 아드리아 해의 '작은 베네치아'라는 별칭이 무척이나 잘 어울리는 곳이다.

아드리아 해의 짙푸른 바다를 떠올리며 무작정 달려간 피란. 아름다운 항구도시 피란을 찾은 이유는 1990년대 섹시한 옷차림에 현란한 전기 바이올린을 연주하던 바네사 메이Vanessa Mae 때문이다. 그 당시 우리에게는 다소 생소했던 전기 바이올린의 등장은 충격 그 자체였다. 악기도 낯설 뿐 아니라 그녀의 옷차림과 무대를 휘젓는 퍼포먼스 등은 클래식계에 큰 충격을 주었다. 기존의 연주 무대와 달리 바네사 메이의 모습은 바이올린을 좋아하는 팬들에게 기대와 놀라움을 동시에 안겨주었다.

바네사 메이가 대표적으로 연주했던 곡이 바로 타르티니의 〈악마의 트릴 Sonota per violine e continuo "Il trilo del diavolo"〉이다. 보통 바이올린 기교를 보여주려면 파가니니의 곡을 연주했던 것과 달리 바네사 메이는 바이올린 연주에서 최고의 기교를 엿볼 수 있는 타르티니의 곡을 연주해 일약 세계적인 연주자로 발돋움했다.

바네사 메이가 연주한 〈악마의 트릴〉을 들으며 슬로베니아 수도 류블랴나Ljublijana에서 기차를 타고 에메랄드빛 파도가 넘실거리는 피란으로 달려간다. 타르티니의 고향이자 〈악마의 트릴〉의 선율이 스민 피란의 첫인상은 한 폭의 수채화처럼 환상적이었다. 우리의 어촌 마을과는 동떨어진 느낌의 피란은 타르티니의 음악만큼 매우 이색적이다.

이스트라 반도Istra Peninsula 끝에 위치한 피란은 고대 시대의 문헌 자료가 거의 없어서 언제부터 이곳에 사람들이 살기 시작했는지 정확히 알 수 없다. 고대사를 연구하는 학자들은 피란의 의미가 켈트어로 '언덕 위에 세워진 도시'인 것으로 미뤄볼 때 켈트족에 의해 처음으로 도시가 형성되었을 거라고 말한다. 또 다른 학자들은 피란이 그리스어의 불을 의미하는 '피르$_{Fire}$'에서 유래된 것으로 미뤄볼 때 그리스의 식민지 중 하나였을 거라는 학설을 주장하기도 한다.

도시의 유래는 여전히 미스터리로 남아 있지만 로마 시대 때부터 일리리안$_{Illyrian}$ 사람들은 북아드리아 해에서 로마인들의 교역을 방해하며 괴롭혔다. 이때 로마인들은 아드리아 해안에 있는 작은 도시로 거처를 옮겨와 마을을 요새화했다. 아마 피란도 이 시기에 로마 후손들에 의해 본격적으로 도시다운 면모를 갖추며 발전했을 것이다. 그 후 10세기 중세 시대에 들어서면서 아드리아 해에서 가장 세력이 강했던 베네치아 공국에 의해 크고 작은 섬과 해안 도시들이 복속되었다.

해상 무역을 발달시키기에 최적의 지리적 조건을 가졌던 피란 역시 베네치아 공국의 지배를 받았다. 베네치아는 새로운 시장과 아드리아 해의 중남부로 세력을 확장하기 위해 피란을 전초 기지로 삼았다. 933년 베네치아 공국은 피란을 보호한다는 명분으로 피란과 통상 교역을 맺었지만 속내는 이곳의 독립과 자유를 억압하기 위한 것이었다.

시간이 지날수록 베네치아의 간섭과 핍박은 피란 사람들에게 크나큰 상처를 주었다. 거세지는 압박을 피해 주민들은 항구 도시를 떠나 줄리안 알프스의 산맥 언저리에 위치한 코페르$_{Koper}$로 삶의 터전을 옮기기 시작했다. 피란의 지도자들은 코페르와 동맹을 맺었고, 더 나아가 아드리아 해의 스플릿Split이나 두브로브니크Dubrovnik와 힘을 합쳐 거대한 베네치아 공국과 맞서 싸우려 했다.

이때 베네치아는 아드리아 해에서 해상 무역을 완전히 장악하기 위해 막대한 군대를 파견해 1279년에 코페르를 정복하고, 1283년에 피란을 복속시켰다. 그 결과 베네치아는 아드리아 상류에 위치한 피란을 전진 기지로 활용해 크로아티아의 스플릿과 두브로브니크까지 자신들의 세력을 확장시켰다.

베네치아 공국이 피란을 통치하면서 도시의 이미지도 점차 달라졌다. 두브로브니크처럼 베네치아풍의 건축물이 들어서기 시작했고, 광장과 골목길 그리고 성당 등이 늘어나면서 도시의 규모는 점점 커졌다. 피란은 두브로브니크와 지형적으로 상당히 구조가 비슷하다. 3면이 아드리아 해에 둘러싸여 있고, 육지로 통하는 길은 높은 돌산과 언덕에 가로막혀 있어서 외부의 침략이 쉽지 않은 지형이다.

둘레 2킬로미터 정도의 성곽이 두브로브니크를 둘러싸고 있다면 피란은 마을 언덕에만 성벽을 쌓아 외부의 침입을 막았다는 것이 차이점이다. 남쪽으로 뻗은 산을 30분 정도 따라가면 중세 동맹을 맺었던 도시 코페르가 나오고 여기서부터 기차로 슬로베니아의 수도인 류블랴나와 유럽의 여러 도시가 연결된다.

아드리아 해의 좋은 기후 조건 때문에 베네치아 공국의 상인과 금융가들은 점점 더 피란으로 이주해 정착했다. 피란은 베네치아의 수준 높은 문화와 문명을 거부하기보다는 융통성을 발휘해 이들의 문화를 적극적으로 받아들이기 시작했다. 그리고 자신들이 생산하는 풍부한 수산물과 와인, 기름, 수공예품 등을 베네치아를 비롯한 이탈리아 전역에 수출했다.

무엇보다 피란에서 생산되는 소금은 상품 가치가 매우 뛰어나 막대한 부를 축적하는 밑거름이 되었다. 베네치아에서 건너온 상인과 금융인들은 소금 교역으로 피란이 번성하자 이탈리아 출신의 음악가를 초빙해 주기적으로 연주회를 열었다.

이탈리아 출신의 유명 음악가들은 피란에서 몇 달을 지내며 아름다운 선율로 사람들의 마음을 매혹시켰다. 이때 이탈리아에서 건너온 상인들 중에 소금으로 가장 돈을 많이 번 사람이 바로 타르티니의 아버지다. 그는 자식이 작곡가나 연주자가 되는 것을 바라지 않았지만 베네치아에서 유명한 음악가를 초청해 여러 귀족들과 서민들을 위한 오페라와 음악 공연을 자주 열곤 했다.

피란의 소금이 유럽에서 점차 유명해지고 헝가리를 비롯한 내륙 지방에서 밀거래가 성행하자 피란은 국력이 강한 주변 국가들의 침략의 대상이 되었다. 대외적으로 불안한 위치에 노출된 피란은 오스만 제국이 아드리아 해로 진출하려고 하자 마을 남쪽 언덕 모고론Mogoron까지 성벽을 확장해 이들의 침략에 대비했다. 지금까지도 이 성곽의 일부가 그대로 남아 있어서 과거 피란의 어두웠던 역사를 말해준다.

18세기 말 아드리아 해를 완전히 장악하던 베네치아 공국이 점

요트들이 한가로이 낮잠을 즐기는 피란 항구

차 쇠락하자 오스트리아 합스부르크 왕가가 이곳을 지배하면서 소금 생산과 수출에 전성기를 맞이했다. 프랑스의 부르봉 왕가와 더불어 유럽에서 가장 강력한 힘을 가진 합스부르크 왕가는 피란의 소금과 잘츠부르크의 소금으로 터키를 비롯한 지중해 연안까지 교역로를 확대해 엄청난 부를 쌓았다. 소금 생산이 늘어나자 당연히 피란의 항구는 무역선들로 가득 찼고, 거리와 광장은 아름다운 음악의 선율로 더욱 풍성해졌다.

그러나 평화는 그리 오래가지 못했다. 제1차 세계대전 이후 피란은 라팔로조약에 따라 이탈리아령에 복속되었다가, 1991년 이후 비로소 슬로베니아가 유고슬라비아 연방으로부터 분리·독립

배의 뾰족한 선수와 닮은 피란의 전경

하면서 지금에 이르게 된다.

　타르티니의 아름다운 선율이 머무는 피란은 기차가 없어 코페르 역에서 버스나 택시를 타고 30분 정도 가야 한다. 버스를 타고 아드리아 해안을 따라 달려가면 하얀 돛대와 요트들이 한가로이 낮잠을 즐기고 있는 피란 항구에 도착한다. 왼쪽에는 파도가 넘실대는 푸른 바다가 있고 그 옆으로 베네치아와 지중해풍의 건물들이 해안을 따라 들어서 있다. 도시는 그리 크지 않지만 7세기 때 지어진 건물부터 19세기 오스트리아가 지배할 당시 건축된 집까지 볼 수 있어서 여행자의 마음을 훈훈하게 한다.

　이 도시의 윤곽을 파악하기 위해서 마을 남쪽에 있는 모고론 언덕에 오르면 정말이지 믿을 수 없을 만큼 눈부시게 아름다운 피란의 모습이 눈에 들어온다. 사람들은 새의 날개나 배의 뾰족한 선수船首처럼 생긴 피란의 모습에 감탄사를 연발한다. 언덕 주변은 15세기 오스만 제국의 침략을 대비해 만든 성곽의 일부가 남아 있어서 이곳에 올라 피란의 전경을 한눈에 감상할 수 있다. 성곽에서 내려다보면 작은 베네치아라는 별명답게 높게 솟아오른 종탑과 울긋불긋한 벽돌집이 아드리아 해와 어우러져 멋진 풍경을 빚어낸다.

사실 피란을 이탈리아로 생각하는 사람들이 꽤 많다. 베네치아 공국으로부터 오랫동안 지배를 받았고, 도시의 형태나 가옥 구조도 이탈리아의 색채가 강하기 때문이다. 그래서 성곽에 서서 한참 동안 도시를 보고 있노라면 슬로베니아가 아닌 이탈리아에 있는 것처럼 느껴진다. 붉은 지붕들이 모여 있는 가운데로 그리 크지는 않지만 피란의 중심지라고 할 수 있는 타르티니 광장이 보인다. 이 광장을 중심으로 북서쪽에 마을이 집중적으로 발달해 있다.

13세기 말에 형성된 중앙 광장 중심에는 이 도시의 상징이자 위대한 인물인 타르티니의 동상이 서 있다. 바이올린을 들고 있는 그의 동상은 금방이라도 멋진 소나타를 연주할 것처럼 생동감이 느껴진다. 음악에 별 관심이 없는 사람들은 그의 동상 앞에서 기념사진만 찍고 총총히 사라지지만, 그의 바이올린 소나타와 콘체르토를 좋아하는 사람들에게 타르티니 동상은 매우 의미 있는 조형물이다.

피란 구시가지
광장에 서 있는
타르티니 동상

    토스카니니, 비발디 등과 함께 이탈리아 최고의 음악가로 손꼽히는 타르티니. 바이올린 하나로 아드리아 해를 울게 만든 그는 1692년 4월 8일 피란에서 태어났다. 타르티니는 어려서부터 언변이 뛰어났고, 음악을 비롯한 예술 분야에 많은 관심과 재능을 보였다. 하지만 그의 아버지는 그가 성직자가 되길 바랐기 때문에 이탈리아의 파도바 대학에서 법학과 신학을 공부했다.

    하지만 그의 마음에는 언제나 음악에 대한 열정이 가득 차 있었다. 게다가 스무 살도 안 된 타르티니는 자신의 신분보다 낮은 계층의 여자와 그만 사랑에 빠지고 말았다. 당연히 그의 아버지는 반대했다. 하지만 이들은 부모 몰래 결혼식을 감행했다. 열아홉 살 되던 해에 그의 아버지가 세상을 떠나자 타르티니는 음악에 빠져 본격적으로 음악의 거장으로 가는 길에 들어섰다.

타르티니는 아시시Asisi의 한 수도원에서 처음으로 바이올린 연주와 작곡법을 배우기 시작하며, 그곳에서 음향학에 대한 공부도 하게 된다. 그는 아시시에서 수많은 극장 오케스트라와 공연을 하는가 하면 가끔은 솔로로 바이올린 연주를 선보이기도 했다. 귀족들에게 그의 명성이 알려지기 시작하자 여기저기서 초청이 이어졌다.

그는 자신의 음악적 수준을 한층 더 높이기 위해 안코나Ancona에 2년 동안 머물기도 하고, 체코 프라하에서 제법 긴 시간을 보내기도 했다. 기나긴 연주 여행을 마치고 제2의 고향인 파도바로 돌아온 그는 성당의 최고 지휘자로서 새로운 생활을 시작했다.

그 후 타르티니는 1728년에 국립 바이올린 학교를 세웠다. 그의 바이올린 이론을 배우기 위해 유럽 전역에서 학생들이 모여들었을 만큼 타르티니의 주법과 이론은 18세기 최고였다고 음악가들은 평가한다.

그는 1750년부터 죽을 때까지 170곡의 바이올린 소나타와 130여 곡의 콘체르토를 작곡하며 여생을 음악에 바쳤다. 바이올린 하면 우리는 이탈리아 제노바 출신의 파가니니를 많이 떠올린다. 작곡가이면서도 연주가로 더 유명한 파가니니의 연주는 지금까지도 많은 사람들에게 사랑받고 있다. 하지만 혹자들은 파가니니의 음악 세계에 대해 다소 부정적인 견해를 제시하기도 한다. 그 이유는 타르티니는 체계적인 작곡법과 다양한 음악적 이론을 정리했지만 파가니니는 지나치게 연주에만 몰두했고, 즉흥적인 연주로 많은 사랑을 받자 이론적으로 자신의 음악을 체계화하지 못했기 때문이라는 것이다. 또한 타르티니가 음악 전문학교를 세워 후진 양성에 힘썼던 것과 달리 바람처럼 살다간 파가니니는 제자를 많이 두지 않아 자신의 현란한 주법과 이론을 후대에 전하지 못하는 아쉬움을 남겼다는 차이점이 있다.

300여 곡에 이르는 그의 작품들 중에서 바네사 메이가 가장 좋아했던 〈악마의 트릴〉은, 타르티니가 스물세 살 때 악마에게 자신의 영혼을 판 대가로 악상을 선물 받아 만든 작품이라는 재미있는 일화가 전설처럼 내려오고 있다.

음악에 심취한 타르티니는 좋은 악상을 떠올리기 위해 매일 밤을 전전긍긍하며 보냈다. 그러던 어느 날 그는 꿈속에서 악마를 만났다. 악마는 음악적 열정에 가득 찬 그에게 '너의 영혼을 나에게 팔면 소원을 들어주겠다'고 유혹했다. 타르티니는 주저 없이 자신의 영혼을 악마에게 주고 그 대가로 소원을 하나 말했다. 그의 소원은 자신의 바이올린으로 악마가 연주하는 기상천외한 연주를 듣고 싶다는 것이었다. 악마는 그가 지구상에서 단 한 번도 들어 본 적이 없는 천상의 소리로 젊은 타르티니를 매혹시켰다. 악마가 다루는 바이올린 솜씨는 인간이 도저히 흉내 낼 수 없는 고차원의 기술과 화려한 선율로 타르티니의 마음을 빼앗기에 충분했다. 영혼을 울릴 만큼 대단한 악마의 공연이 끝나자마자 그는 꿈에서 깨어나 정신없이 악마가 연주한 놀라운 음악을 오선지에 그리기 시작했다. 악마의 연주를 그대로 재현할 수는 없었지만 타르티니는 구

슬픔을 흘리며 자신의 모든 열정을 작곡
에 쏟아 부었다.

이것이 바로 오늘날 많은 사람들에
게 사랑받는 〈악마의 트릴〉에 얽힌 일
화다. 타르티니 자신이 직접 '악마의
트릴'이라는 부제를 붙인 이 곡은 타르
티니의 작품 중 가장 뛰어난 곡으로 평가받고 있다.

타르티니,
〈악마의 트릴〉에
얽힌 일화

처음 이 곡을 듣는 사람들은 두 가지 반응으로 나뉜다. 어떤 이
는 극찬을 하는가 하면, 어떤 이들은 혹평을 하기도 한다. 3악장
으로 이뤄진 바이올린 소나타 〈악마의 트릴〉의 제 1악장은 매우
서정적이며 아름다운 선율이 흐른다. 2악장은 서서히 흥분하기
시작해서 아주 강한 연주와 풍자적인 트릴이 있다. 마지막 3악장
은 악마의 연주를 연상케 하듯 괴기하면서도 초인적인 느낌을 준
다. 바네사 메이가 무릎을 꿇고 머리를 흔들며 혼신의 힘을 다해
연주하는 장면이 바로 이 3악장이다.

타르티니는 수많은 곡을 썼지만 오페라나 성가 음악을 작곡한
적이 한 번도 없었다. 오직 바이올린 소나타를 위해 자신의 모든
열정을 쏟아 부었다. 그 결과 〈악마의 트릴〉 같은 명곡이 나온 것
이기도 하겠지만 말이다. 그의 작품 대부분이 수준 높은 테크닉
을 필요로 하는 것이다 보니 사람들은 그의 왼손가락이 여섯 개
일 거라는 추측까지 한다. 그렇지 않고서는 도저히 이중주법이 나

Part 5. 음악의 마법에 홀리다

올 수 없다고 생각했기 때문이다. '육손'의 전설이 언급될 정도로 오늘날에 이르기까지 바이올린 기교에서 그를 따를 사람은 아무도 없다. 바네사 메이가 연주하는 〈악마의 트릴〉을 듣는다면 자연스럽게 대중 앞에서 연주를 선보이는 타르티니의 열정적인 모습을 떠올리게 될 것이다.

이런 역사적이고 훌륭한 음악가의 동상 앞에서 잠시 그의 생애를 떠올려본다. 다만 아쉬운 것은 동상 이외에 그의 유물과 유적 등을 관람할 수 있는 기념관이나 박물관이 없다는 점이다.

타르티니 동상 주변에는 시의 업무를 관장하는 시청사와 베네치아풍의 건축물들이 들어서 있다. 피란에서 색다른 볼거리를 찾는 것은 무의미하다. 베네치아를 다녀온 사람들은 어느 정도 짐작하겠지만 피란에서는 다양한 볼거리를 찾기보다는 아드리아 해의 아름다운 풍광과 베네치아풍의 집들의 매력에 빠지거나 느릿느릿 골목길을 거닐며 그의 음악을 듣는 것이 훨씬 어울린다. 그것이 피란만의 여행법이다.

무작정 길을 나서 이곳저곳을 헤매다보면 자연스레 길은 광장으로 이어지고, 건물과 건물 사이에 새겨진 문양이나 작은 광장에 서 있는 다양한 로마식의 조각상들이 눈에 들어온다. 좁은 골목길이 지루하게 느껴질 즈음이면 성곽이 있는 언덕에 올라 아드리아 해의 바람을 맞아보는 것도 좋고, 이 도시에서 가장 큰 조지 교회와 종탑을 방문해 마음을 추슬러보는 것도 좋을 것이다.

12세기에 지어진 이 교회는 도시의 인구가 늘어남에 따라 14세기에 바로크 양식으로 증축되었다. 외부는 매우 단순하지만 실내는 아름다운 장식으로 꾸며져 있다. 과거 부유했던 도시답게 실내장식들은 도시의 규모에 비해 상당히 고급스럽고 우아하다. 특히 피란의 수호신이라고 할 수 있는 성 조지 St.George가 갑옷을 입고 말을 탄 이미지의 은 장식품은 피란 사람들의 섬세한 솜씨를 느끼게 해준다.

교회 의자에 앉아 천장에 그려진 성화와 스테인드글라스를 보고 있노라면 마음 한구석이 경건해진다. 피란을 방문하는 모든 여행자들은 야트막한 언덕 위에 있는 이 조지 교회를 빼놓지 않고 방문한다. 관광객의 70퍼센트는 이탈리아 사람들이다. 이들은 과거 자신의 민족이 만들어놓은 피란을 방문해 건축 기술과 양식에 대해 열심히 공부한다.

교회에서 나와 시원한 바람이 불어오는 뒤편으로 가면 깎아지른 절벽이 나오고, 그 밑으로 일렁이는 아드리아 해가 끝없이 펼쳐져 보는 이로 하여금 가슴이 탁 트이는 기분을 느끼게 한다. 눈이 시릴 만큼 파란 수평선과 그 위를 가로지르는 하얀 요트가 한 폭의 그림처럼 펼쳐진다.

자동차가 거의 없는 이 도시에서 듣는 뱃고동 소리와 파도 소리는 정겹기까지 하다. 그만큼 피란은 고요하고 평화로운 도시이며, 소음에 지친 도시인들의 해방구이자 유토피아다. 복잡하고 어지러웠던 영혼을 아드리아의 바람으로 씻어낸 뒤 마을로 이어진 투박한 돌담길을 내려가면 몸과 마음이 더없이 가벼워진 것을 느끼게 될 것이다.

교회에서 마을을 향해 나 있는 길은 타르티니 광장으로 이어진다. 이정표 하나 없는 좁고 복잡한 골목길이 조금은 당황스럽기도 하지만 크게 걱정할 필요는 없다. 이곳의 모든 길은 타르티니 광장으로 연결되기 때문에 무작정 아래로만 내려가면 어떻게든 광장에 이르게 된다. 대부분의 길은 타르티니 광장과 반도 끝에 있는 해안도로로 이어지고, 해안도로는 또 마을을 둘러싸고 있기 때문에 결국 타르티니 광장으로 돌아오게 된다.

피란의 매력은 무엇보다도 세월의 무게를 떠안고 있는 거리의 바닥이 아닐까 싶다. 광장에서 성곽으로 올라가는 좁은 골목길은 전부 박석으로 깔려 있다. 크고 작은 돌멩이를 땅에 박아 만들어 놓은 길은 그 자체만으로도 고풍스러움이 절로 묻어난다. 울퉁불퉁한 돌바닥을 밟으며 유유자적 산책을 하는 이 기분을 어떻게 설명할 수 있을까.

천천히 광장과 골목길을 산책하다 보면 자연스럽게 어민들의 삶을 엿볼 수 있는 항구에 이른다. 피란은 역사적으로 항구가 발달한 도시다. 마을 서쪽의 루카$_{Luka}$ 포구에는 어부들의 배와 요트, 유람선 등이 정박해 있다. 이곳은 언제나 바다로 나가고 육지로 들어오는 배들로 인해 부산스러우면서도 활기로 넘쳐난다. 그물을 손질하는 어부와 출항을 준비하는 어부, 요트를 타고 아드리아 해의 바람을 맞으려는 관광객들이 항구에 또 하나의 생명력을 불어넣는다.

어선과 요트가 꽉꽉 들어찬 루카 포구

루카 포구에서 프레세르노보 나브레제 Presernovo Nabrezje 해안도로를 따라 서북쪽으로 이동하면 해안을 따라 아담하고 예쁜 음식점과 카페, 호텔들이 들어서 있다. 많은 상가들 중에서도 다이빙을 전문으로 가르치는 곳이 눈에 띈다. 피란은 다이빙을 좋아하는 이들에게 인기가 아주 많은 지역이라고 한다. 피란의 해안은 수심이 깊지 않고 해류의 속도가 빠르지 않아 잠수하기에 좋은 조건이어서 이탈리아나 인근 지역에서 다이빙을 하려는 사람들이 많이 찾아온다고 한다.

땅거미가 피란을 삼킬 때쯤 되면 거리는 더욱더 아름다워진다. 붉은 태양이 수평선 위에 걸리면 거리의 집은 온통 붉은 색으로

변한다. 바다 위에 떠 있는 요트들은 검은 그림자가 되어 파도가 일렁이는 대로 흔들흔들 춤을 춘다. 그 모습은 마치 타르티니가 연주하는 아름다운 선율에 따라 검은 배들이 일제히 춤을 추는 것만 같아 또 하나의 볼거리를 제공한다.

 태양이 완전히 수면 밑으로 잠기고 나면 짧은 순간 박명薄明이 피란의 하늘을 코발트빛으로 물들인다. 30분도 채 되지 않는 박명이 지나고 나면 다시 파도 소리가 도시를 삼킨다. 눈을 감고 파도 소리에 귀를 기울이고 있으면 마음 깊은 곳에서 타르티니의 선율이 나지막하게 울려 온다. 피란에서 그의 음악을 듣게 된다면 타르티니가 꿈에서 만난 그 악마에게 우리의 영혼도 팔아야 할지 모른다. 악마에게 영혼을 판 대가로 우리는 과연 무엇을 얻게 될까? 미리 소원 하나쯤 생각해두는 것도 좋으리라. 소망이 깊으면 이뤄진다니, 어느 골목쯤에서 악마를 만난다면 타르티니처럼 주저 없이 외쳐라. 당신의 소원을!

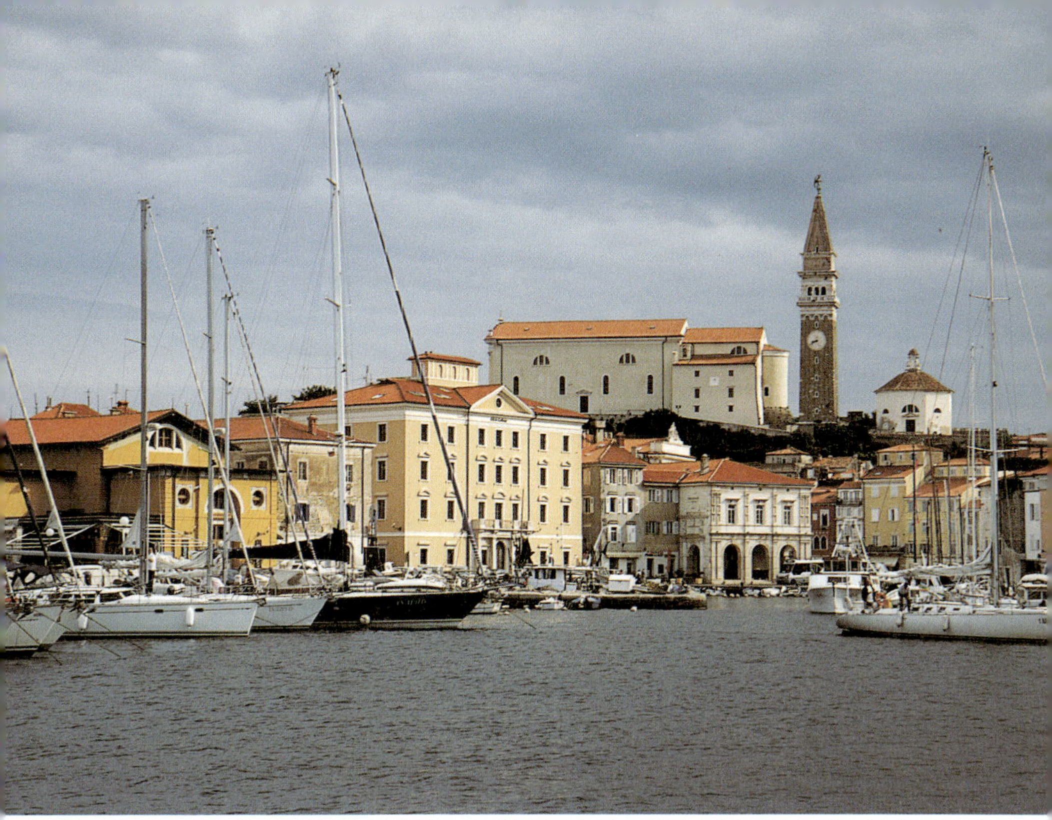

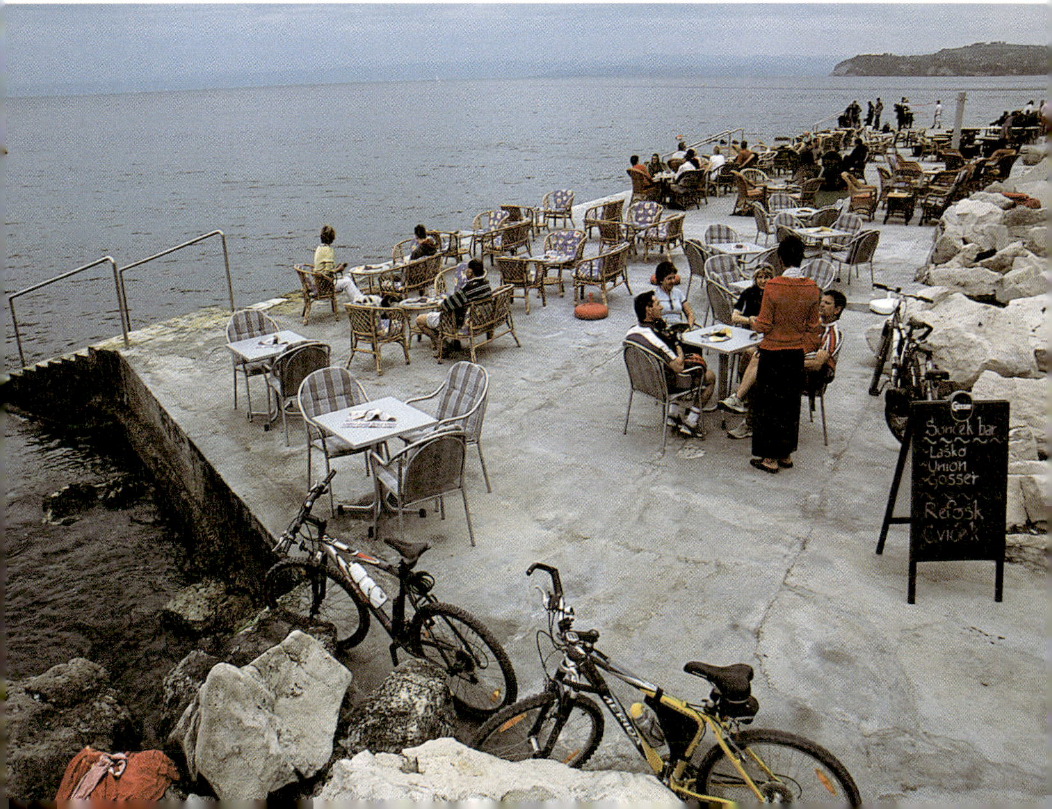
Šonček bar
Laško
Union
Gosser
Refošk
Cviček

© RenéMagritte / ADAGP, Paris—SACK, Seoul, 2011
이 서적내에 사용된 일부 작품은 SACK를 통해 ADAGP와 저작권 계약을 맺은 것입니다.
저작권법에 의하여 한국 내에서 보호를 받는 저작물이므로 무단 전재 및 복제를 금합니다.

KI신서 3646

끌리다 거닐다 홀리다

1판 1쇄 인쇄 2011년 11월 7일
1판 1쇄 발행 2011년 11월 14일

지은이 이태훈
펴낸이 김영곤 **펴낸곳** (주)북이십일 21세기북스
출판콘텐츠사업부문장 정성진 **출판개발본부장** 김성수 **국내개발팀장** 정지은
책임편집 윤홍 **디자인** 오월의디자인 **해외기획** 김준수 조민정
마케팅영업본부장 최창규 **마케팅** 김현섭 김현유 강서영 **영업** 이경희 정병철
출판등록 2000년 5월 6일 제10-1965호
주소 (우 413-756) 경기도 파주시 문발동 피주출판단지 518-3
대표전화 031-955-2100 **팩스** 031-955-2151 **이메일** book21@book21.co.kr
홈페이지 www.book21.com
21세기북스 트위터 @21cbook **블로그** b.book21.com

ⓒ 이태훈, 2011

ISBN 978-89-509-3402-6 13810
책값은 뒤표지에 있습니다.

이 책 내용의 일부 또는 전부를 재사용하려면 반드시 (주)북이십일의 동의를 얻어야 합니다.
잘못 만들어진 책은 구입하신 서점에서 교환해 드립니다.